名师工程
教师成长系列

乡村教师的幸福之路

钟发全 / 著

XIANGCUN JIAOSHI DE
XINGFU ZHI LU

西南师范大学出版社
国家一级出版社 全国百佳图书出版单位

图书在版编目(CIP)数据

乡村教师的幸福之路 / 钟发全著. — 重庆 : 西南师范大学出版社, 2020.12

ISBN 978-7-5697-0354-2

Ⅰ. ①乡… Ⅱ. ①钟… Ⅲ. ①农村学校 - 师资培训 - 研究 - 中国 Ⅳ. ①G451.2

中国版本图书馆CIP数据核字(2020)第136218号

乡村教师的幸福之路

XIANGCUN JIAOSHI DE XINGFU ZHI LU

钟发全 著

责任编辑:陈才华
责任校对:李　勇
封面设计:险峰设计
排　　版:张　祥
出版发行:西南师范大学出版社
　　　　地址:重庆市北碚区天生路2号
　　　　邮编:400715
经　　销:全国新华书店
印　　刷:重庆市国丰印务有限责任公司
幅面尺寸:170 mm×240 mm
印　　张:13.75
字　　数:253千字
版　　次:2020年12月 第1版
印　　次:2020年12月 第1次印刷
书　　号:ISBN 978-7-5697-0354-2
定　　价:45.00元

目录

前言　心灵归处，幸福就是你看它的样子 …… 1
代序　脱离“成某事就幸福”的神话 …… 1

一、守住宁静的乡村时光
1.必须改变，明白什么是乡村 …… 1
2.驻守乡村，落地就要花开 …… 6
3.二次成长，将读书作为大事安排 …… 10
4.三观分明，防教师职业抑郁症 …… 14

二、做现代化的乡村教师
1.表达愿景，做现代化的教师 …… 21
2.迈向现代化以缩小差距 …… 25
3.遵循乡村智力的发展逻辑 …… 29
4.永远走在追逐乡村现代化的路上 …… 33

三、不忘专业化发展
1.勇于迈开专业成长的步伐 …… 41
2.铸就专业化发展的精神支柱 …… 43
3.扫除任何阻挡专业化进程的障碍 …… 48
4.有序推进专业化发展进程 …… 53

四、打破乡村视域的界线
1.时刻拥有改变的勇气 …… 59
2.寻变从克服乡村危机开始 …… 62
3.借助外部力量拓展自我视域 …… 67
4.找到适合自我发展的秩序 …… 73

五、抓好职后品格的修炼

1.适时增添品格修炼意识 …… 79
2.促进“一块璞玉的苏醒” …… 81
3.围绕乡村教育铸就理想 …… 86
4.全面铸就核心竞争力 …… 90

六、铸就强大的课程力

1.一个存在而被忽视的重要概念 …… 97
2.从“生活意志”到“生命意志”的嬗变 …… 101
3.为了持续提升增添紧迫性 …… 106
4.努力代表未来素养发展的要求 …… 111

七、让自我拥有教学主张

1.有主见到教学主张 …… 119
2.坚持“两条腿”稳步向前 …… 124
3.泥沙俱下时突出重围 …… 129

八、学会教学建模

1.通过教学建模统整课程现代化 …… 136
2.让自我有力量向前奔跑 …… 142
3.抓好“最后一公里”的突围 …… 147

九、有拿得出手的精品课堂

1.铸就富有生命张力的教学风格 …… 154
2.着力于课堂目标技术的提升 …… 159
3.习得教学产品生产的目标技术 …… 165

十、家的概念和幸福的佐证

1.让幸福之家的概念变得清晰 …… 173
2.从家门开始让幸福之路延展 …… 178
3.坚守“我”变“我们”的内涵 …… 182

后记 …… 189
主要参考文献 …… 191

前言

心灵归处，幸福就是你看它的样子

多数人因为看见而相信，只有少数人因为相信而看见。

——金一南

为了探寻幸福的路径，经多年努力，我总感觉时间不够用。我想成为你构建幸福之路的同行者，为更好地携手同行紧锣密鼓地张罗着。经常一件事还没有做完，另一件事又开始，整日似乎在与时间赛跑。也许有人会认为这是一种苦，其实是另一种幸福——有事可做的幸福。

忙，会成为一部分人的习惯；闲，也会成为一部分人的习惯。忙的人总是在忙着，闲的人总是在闲着。我固执地认为，有事做比没事做好。我常见一些无所事事的人，烦躁不安，心灵无处安放。乡村教师，属于有事做的人。有事做，成为乡村教师幸福的泉源。泉源丰盈，幸福才会滚滚而来。

在未来的一段时光里，期待与您携手前行，风雨兼程，一路芬芳。时间不够用，已经成为我最近的心病，甚至严重影响我的心情。一架高速运转的机器，在匆匆的岁月中像老人一样不经意间磨光了自己的牙床。我半年高速运转，等做完一件事以后，发现自己就像那被碾压过的自行车车胎一样无力回弹而感到疲惫。但这是我的责任与担当，是我心甘情愿完成的事。

我从来没有因劳累而后悔，没有因透支而后悔，没有因曾经成为乡村教师而后悔。相反，我会因虚度时光而后怕，因努力无方向而后怕，因发展速度缓慢而后怕，因无知无为而后怕。

在乡村为师，心灵归处的乡村，幸福全是你看它的样子。乡村不影响一个人的格局，我希望每一位乡村教师都是现代化、专业化和知性的代表，能在完成乡村教育使命的过程中创造幸福，感受幸福。总之，为了让一切变得越来越好，我不断反省，让幸福成为目的，让幸福成为一种观念，以引领乡村教师的行为发展方向。

我们需要幸福作为目的

我是一位有着十七年乡村从教经历的人，是一个有故事的人。这也许是我与您谈幸福话题的资本。

让幸福作为一切行动的目的，让一切行动体现合目的性，让合目的性体现合理性，这是我们努力的全部理由。此刻，虽已身处乡村，但必须保持清醒的批判意识和精神的独立意识，这样我们才不会将自我锁定在孤岛。我们只有拥有强大的意志力来统领行动，才可能感受到个体价值的存在，从而能将乡村的一切资源利用起来，为行动服务。我们每个人都有自己潜在的价值，应积极地努力将一切可利用的资源组织起来，体现一位师者的才干和特质。

我不管走到哪里，总留有乡村教师的影子。这么多年来，我习惯性只做一件事——寻梦。寻自己的梦，圆他人的梦，是我经年努力的方向。但我要说明的是，我的努力不是为了特定的谁，而是为了追求幸福，哪怕再苦，我也总会为之不懈努力。就像当初选择当教师一样，那是最好的去处，只有那样我才能找到属于我的幸福；就像今天依旧选择留下来当教师一样，这是我最好的去处，只有这样我才能找到属于我现在和未来的幸福。

我为圆梦而努力。我是一位高产梦者，经常性地整晚做着连续剧似的梦。做梦我不怕，让我心悸的是当眼睛睁开时，梦如小孩子吹起的肥皂泡，刚吹出时五彩斑斓，可风飘过一会儿就破裂了。这种梦浪费了我的精力，也浪费我的才情。我这高产的梦，尽属于我休憩时的干扰项。好在这样的梦太易被遗忘，并没有对我白天做事形成太大影响。

我为筑梦而努力。晚上做梦，白天我也在“做梦”。我有一个梦，做的时间太长，长达二十几年。这梦是在我意识清醒时才开始做的，并且是接着前面的梦境延展的。就像有人说我是高产的写手一样，从我手指间溜出来的文字，最终都成了上一个梦的续集。所以，我寻梦之旅的主题都很集中、突出和鲜明。

几十年来，我都在为建构“梦工厂”而努力。我在为“弱者”筑梦，诠释为师者之不易。有时，我很孤独，我渴求有人助我一臂之力。

几十年来，我都在学习与“梦工厂”有关的技术。只是近年，我的观点越来越明确，如：“生存第一性，发展第二性；保证生存的第一性，才会有发展可能性的保证。”“秩序顺了，什么都顺了；秩序乱了，什么都乱了；我们的努力，是为找到发展的秩序。”“秩序是给予根部的力量。”

我们需要幸福作为目的,必须感受到乡村教师的两个性质完全不同的取向。第一个取向是以实际利益为目的,这种取向往往在人们的心中表现强烈,但这是一种刻意的狭隘。第二个取向是以追求幸福为目的,虽然没有得到重视,但它属于更高的维度。生命还有一个更高的目的,而引导力量的那个存在比力量本身的意义更崇高——幸福就是全部行动的引导力量。

这一次,我是奔着幸福的目的而来,不只是为寻梦,还为和乡村教师们一道寻路,找寻一条通达幸福的正途。

我们应让幸福成为观念

幸福不只是目的,幸福还是手段。一切为了需要的满足,一切为了合目的性,我们应让幸福上升成为一种观念。此刻,我以独有的方式全力构筑同行者模式以及诠释幸福作为评价一切行动的标准。

我们是双脚踩在农村这块土地上的有机体。教师职业的本意,是让我们拥有更多的创造性和自由,当然也不可忽视由于地缘和工种的关系,不可避免地存在偏见、利益和欲望。但我们拥有的利他倾向,才是我们存在与发展的根本,它只有在不与利己原则发生冲突时,才会得到发展。

这一次,我诠释自己的经历,诠释自己的体验,诠释自己的期待。这一次,我主要表述的内容有"我从什么地方来""我要到什么地方去""我要去干什么""我怎样去"等。总体来看,所有内容是论述有关乡村教师幸福的话题和探讨怎样做一位卓越的乡村教师。这些内容带有很强的目的性,但没有功利性。

我在诠释自己时,尊重内心,结合自我的生活体验,跟着内心走。所诠释的内容主要针对内生长;针对如何脚踏实地地行走,以努力避开获得所谓主观愿望上的幸福。在诠释自己的过程中,我思考得较多的是我们凭什么获得幸福,需要掌握何等技术才可能获得幸福。

我在诠释自己时,先静心而后敞开心扉,融入我的真心、真知。我希望我的文字是充满尊严的文字,希望人们阅读文字时能感受到我为人师的尊严,并在掩卷之后努力做有尊严的事,成为有尊严的人。

这一本书,我为乡村教育而述。当我搁笔之际,最怕的是什么?我害怕自己目的不端,于是我不得不多次审视自我留存于字里行间的"三观",真怕潜藏半点负能量的东西,影响乡村教育振兴计划实施。

乡村教书,我们必须把心放宽,才会真正地装下美好的东西。虽然乡村存在广阔的空间,但由于空间生存的弱势,欲望扩张是可能的,最怕的是无限发酵,最终因目的难以达到，职业抑郁症就只能以自毁收场。我们必须随时把握这种“文明冲突”与“蛮横冲突”的界限，通过技术发展消除空间影响，让“三观”与空间关系和谐。

这一本书，虽然直奔幸福专题而述，但牵扯乡村教育和乡村教师幸福的面太广，我只能拣重点而述，拣我熟悉的内容而述，拣我着手研究的课题而述。比如，我谈了有关专业化发展，谈了做现代化的教师；我谈了乡村教师的理想和情怀；我谈了教师的内发展，诸如课程力提升、教学主张、教学建模、精品课堂等。我深信一位乡村教师只要敢于这样去追逐，一定会感知身为乡村教师的幸福。

这一本书，提及了很多目标技术。我结合自我几十年来的经历和经验，沿着我的心路，选取不同的视角讲述，其中不乏针砭时弊。希望我的文字，能让大家明白，知道该追求什么，放弃什么。是否能达到我预计的目标，我无法预料，但我尽力而为。有时，我只不过是一只会下蛋的“母鸡”，我对所产之“蛋”的去向无力控制。

这一本书，我为曾经的乡村教书情怀而述。其中很多案例，实则是我对自己的交代，也是我对乡村教书那段时光的交代。这或许会让我的文字饱受争议。但可肯定的是，我以爱自己的方式，爱着乡村教育，爱着深深爱着我的人们。我希望这些能成为后来者的羽毛，能借此丰满他们的羽翼，使其展翅翱翔在教育的蓝天。所以，我总在小心翼翼地呵护这些羽毛。

我们必须挖掘精神力量，让道德意志与环境意识不产生冲突，让自我获得更多的自由，做更多值得的事情。对于我们行动的目的，要想它不受到束缚，第一个要义就是让它符合人们的需要，它才会真正生发出我们愿意承认的进步和更大的发展。

这些全是我的爱，一种朴素的爱，对乡土的爱。我在路的尽头摇旗呐喊，希望为师的你在乡村的那头努力前行。我知道我所诠释的内容有局限，因为我的人生阅历、阅读经历、文字素养的欠缺，不免存在生涩之感，但我希望大家能看到我励志的一面。

幸福只为一切越来越好

幸福是奋斗出来的。此刻，我以我独有的方式来帮同行者规划，以求维系和保持幸福的生成，让你们未来越来越好。

为了加深对教育目的的理解，我总是满怀情感，带着一种责任，敬畏我笔尖流出的每一个文字。“乡村”和“幸福”两个关键词，总是萦绕在我的大脑里，乡村的画面和幸福的画面不时分开，不时又整合在一起，并非全是美的享受。

在倾注关怀的过程中，反观现实是我的痛点。我笔下建构的很多美好画面，有

些在现实生活中却是反向的。比如一些反向事实,只是随着数字智能时代的到来,有了不同程度的改善,能让我们看到可喜的变化。

在倾注关怀的过程中,我总持有谨慎的态度。我不断地告诫自我,改变乡村教育的现状,画饼充饥是不行的,如果太现实,也只能是新时代"坐井观天"故事的重演。真这样,还会出现另一个事实,人们会拒绝赐予阅读这一本书的时间。为此,我不敢保证每一个字、每一句话都务实,但我敢保证这里绝对没有假话和虚情假意。我总是力求先做实践者,因为我就是这么一步步走过来的,书中有些我失败的教训,若能以我为鉴,深信能让你少走弯路或不走弯路。

身处乡村,我们必须努力建立自我的缓冲区,寻求心理的慰藉。发展共同体的建构,是生存空间拓展后的缓冲区,事实证明这能有效缓解和降低空间的负面影响。我发现,许多成功者已经建立起共同体,共同体立足之地并非农村,而是城市里的某所学校或组织。我们必须让自我醒来,建立起有利于行为目的达成的空间秩序,让人格意义发挥决定作用。

我知道我不优秀,更不卓越。这一路走来,人们不可否认我的成长事实——在乡村为师,乡村是我梦开始的地方。我希望每一位乡村教师都是现代化、专业化和知性的代表,在完成乡村教育使命的过程中,能感受到作为乡村教师的幸福。

我知道真诚的关怀是"帮助他人实现自我",为此我进行了一次长长的赛跑,酝酿了大半年时间,而实际上,其时间的跨度差不多是从我为师乡村时开始计算的。初稿写作更是让自我意志力达到极限。整个暑假,我放下一切事务,尽做这一件事,为了减缓脑力劳动带来的疲惫,每天我都抽出半个小时的时间运动,让自己出出汗。强大的意志力助我一臂之力,才让我保持着一种清醒状态,一气呵成。字里行间围绕理想、情怀、修养等内容,开启精神诉求、审美诉求和灵魂诉求。

时下,农村的维度和空间的改变,已经具有新的意义,我们的空间观念的尺度和标准事实上发生了本质的变化。我们追求专业化的进程,从某种意义上讲,不过是空间扩张的结果,一种个人社会价值获取、认定的区域划分。在生命的现实中,根本不存在"乡村教师"这种概念。现实中有的是不同类型的乡村教师,即便如此彼此之间也存在着各种差异。我们必须正确认识生命共同体与社会价值认定之间的关系。

我深深地知道,只有主体觉醒和道德力量融合,乡村教育才会有希望,乡村教师才会感受到幸福。我希望自己的文字成为大家行动的起点,而后变得高雅一点儿,专业化一点儿,现代化一点儿,随后变得智慧一点儿,灵性一点儿,执着一点儿。

我深深地知道,乡村教育是乡村的未来,是"振兴乡村行动计划"不可缺少的一环,乡村教师是拉开乡村现代化大幕的开创者。为此,我希望我的文字充满内涵,能和大家一道紧紧地依附乡村,追逐人性的光亮和美好。

我对教育的虔诚,希望透过文字能得以反映。我深深地知道,没有灵魂的文字,不是好的文字。为此,我带着让乡村教师都幸福的朴素诉求,全力构建作者与读者间特有的同行者模式,从容地写完这一本书。希望走出困境的人,阅读此书后能居安思危;希望过得蹉跎的人,阅读此书后能得到安慰。

二〇一九年国庆前夕

代序

脱离“成某事就幸福”的神话

——乡村为师必做的三件事

它们站在所有人迹罕至的地方。那些荒峰野岭的极顶，那些下临万丈的悬崖峭壁，那些凶险莫测的绝境，常常可以看到三两棵甚至只有一棵孤松，十分夺目地立在那里。他们彼此姿态各异，也神情各异，或英武，或肃穆，或孤傲，或寂寞。远远望着他们，会心生敬意，但它们——只有站在这些高不可攀的地方，才能真正看到天地的浩荡与博大。

——冯骥才

甘于平庸、随遇而安、没有追求的乡村教师，在我的脑海里早已被排斥在幸福之外。当下的时代处于一个不断进步的态势，而这个时代中的一些乡村教师俨然是“两栖动物”——工作时间里停留在乡村，业余时又回到市里栖居。我们或许可以将乡村教师看成候鸟，他们习惯性地在乡村和城市停歇，不是以四季为一周期，而是白天和晚上交替算一次周期。他们幸福与否？一时半会儿难以改变潜意识里的判断幸福的标准，我首先看重的是获得安全和安全感，换言之，其实就是高质量地活着，或者说活得棒棒的。我也绝对不是固执之人。对乡村教师身份的认定，特别是对其生存与工作空间的快节奏转换，我认为只要生活得舒适，就可以看作是进步的表现，绝对不影响职场价值的认定。

将乡村教师独立出来给予关注，源于这是一个特殊族群，不全因工作地点在乡村，而是因为其秉性里兼具“教师”和“乡村”这两种专属特质。这让我想起我在乡村亲历的一件事。修伞的那件事，已经过去好多年，我依旧记忆犹新。

那天，我拿家里的那把坏伞，来到靠路边的一家修理铺。师傅接过伞，开始修理起来，我在一旁闲扯。师傅没有把断伞骨子拆下更换，而是用铁皮将断成两截的伞骨子包了起来。

“师傅，这样行吗？”

“你是老师？”

修理铺戴着老花镜的师傅，把镜框拉得很低，微微缩睑，用余光瞟着我。

师傅的眼神和语气不带半点鄙夷，我与他互不熟悉，他却猜中我的教师身份，不免让我大吃一惊。很明显，我的言行举止告诉了他——我具有教师专属的特质。

一个人在特定行业久了，性格中自然带有某个职业的特质；一个人在某一区域里久了，性格中也会带有某种特质。专属于某个行伍的特质，不影响一个人的获得感和安全感。我们所面对的客观事实本身就是一道不可随意选择的题目，如若真可以随意选择，很多命题只能是伪命题。如乡村教师身份的产生，犹如“包办婚姻”，可它不会影响幸福指数。以前，先祖们不能颠覆“三纲五常”伦理，必须尊崇“父母之命，媒妁之言”，婚姻上没有自由抉择权，没有选择题可做。事实是，先祖们先结婚后恋爱，一生也不缺少幸福。

在我看来，幸福属于“此在”的概念，是修行的结果。在我的生活阅历和生命历程中，属于包办的事太多，多到数不胜数，对其我不能怀疑，只有执行。而后全因为我理解了幸福的内涵，敢于奋斗，勇于拼搏，从家门开始修筑幸福之路，最终促我踏上幸福的列车。

多年的人生经历让我明白：因受限于环境，我只得从乡村开始修筑幸福之路，自然，所付出的一定比城市教师多得多。现在看来，突破瓶颈的关键在于能逢山开山，遇水搭桥，打破区位劣势限制，为自我铺设出一条阳光大道，否则一生只能在谷底，无缘山顶的美好风光和山那边的精彩世界。

一、幸福的“拓荒者”

当我们双脚踏上乡村土地的那一刻，人生的起点便注定由此开始。人生中，往往遵循实用原则：缺少什么，就在意什么。考究乡村教师的幸福，发现事实是他们经常处于饥饿似的非常态，或处于半饥饿的不饱和态。我们必须做幸福的“拓荒者”，才能不愧对人生。

1.幸福的属性

为师者，只有考虑到地缘关系，才会有城市教师与乡村教师之分。如若从生命的本源出发，为师者都是大写的人，来源相似，需求相似，结局相似。

探讨幸福，深入物体本性探源，才更接近本真。种族的生存和繁衍，处于需要被满足的基础层面，种族的演化和扩张，根本不属于超越性需要层面。很多动物习惯抛洒尿液圈定生存空间，像野性十足的猕猴抢占山头一样，这只能属于基本追逐。在我看来，这些只属于满足幸福的基础建构，算不上幸福，与幸福的本意有距离。幸福的内涵，更多的属于人类独有。幸福的内涵里包括强大的生产性和创造性，幸福的产生从脱离动物的野性开始，从手能生产工具开始，从嘴运用语言开始产生，它不但能创造伟大的人类文明，同时也推动人类创造伟大的世界。

超越本性需要，如果缺乏理性意识支撑，产生不了幸福。“动物只要不生病，有足够的食物，就会快乐。人类也应该这样，但实际上却不是这样，至少绝大多数情况下不是这样。”[①]在我眼里，幸福具有强大的创生力，基于需要层面从属于有价值物质或稀缺物质，具有魅力。从古到今，只有人类独享幸福。其他任何高等动物如老虎、狮子、鳄鱼、豹子等，它们中有谁像人类一样能满足饱暖？众多动物一生大多时间处于饥饿状态，被固定在食物链的某一环。人类超越自然界，超越时空，不只谋当下，还能规划和畅想未来。唯有透露出强大的合目的性，“幸福”才能被幸福的人们拥有。

我以为，幸福的本质是消费品属性。幸福不易保存，属于马上消费的物品，这就是人们哪怕储存大量的物品和钱财，依然还在努力追逐心中幸福的原因。这也是幸福永远紧缺，需要一代人去谋划和创造的根本。在此需要补充说明的是，幸福具有物品属性，只属于无价无市的物品，甚至从属于物品彰显“占有”特权。但幸福与物品也有着本质的不同，幸福具有理性，而非像一般物品那样具有野性，可以通过掠夺的方式占为己有，而让人失去理智。

人们对幸福的态度非常明朗，但人们对此却都处于不满意状态。人们对于幸福的判断，往往因标准不明确，因“缺少什么”“想什么”“要什么”等想法的不明确，时常让幸福处于非理智状态，甚至失态而缺乏判断力。这些，被美国加州大学积极心理学家桑雅吕波密斯基总结为：“人往往会被所谓‘做到某件事就能幸福’的‘幸福神话’所束缚。”如有闲士观看《蜗居》，整理出四十句大有深度的经典台词：

①有钱能使鬼推磨，这话一点不假，4万还是“你妈”，6万就成了“咱妈”了！幸好这钱拿回来了，否则估计你嘴里就是他妈的了！——苏淳告诉妻子海萍，自己从父母那借了6万块钱买房子时海萍大喜过望，苏淳有感而发。

②奶粉要进口的，尿布要名牌的。进出都要钱，你整个儿一双向收费，比通信收费还狠啊！——海萍对刚出生的女儿冉冉说。

……

③人之所以慷慨，是因为拥有的比付出的多。人们把慷慨当作一种赞美，但不是每个人都能做到这一点，尤其是对于那些不相干的人。——宋思明对海藻说。

---

① 罗素．幸福之路[M]．刘勃，译．北京：华夏出版社，2016.

剧中台词很潮，不仅幽默风趣，充满人间冷暖和心酸，还贴近百姓的生活常态。体悟其弦外之音，尽源于日常生活，是对“缺少什么，就在意什么”的诠释。物质上匮乏，精神上匮乏，才给予人前行的动力，但若缺乏理性辅助，致追逐的幸福发生霉变，可说是常有的事。也许有人会说生活不易，幸福像奢侈品一样，只能望梅止渴，还真不是如此。幸福属于向前的动力，特别是在缺少或渴求得到某种资源、物质的时候，只要充满理性，追逐过程中就能开始享受，而获得满意结果的那个时间点，只能称作幸福被享受的高峰时段。需要指出的是，不能指向“饥饿幸福，或拥有丰盛食物的幸福”的命题探讨，这样的命题本身就属于不完全命题，属于无价值命题。

做幸福的“拓荒者”，须明晰幸福具有消费品的属性，努力达成条件的满足，让幸福处于不断提升的趋势之中，这样才有很强的现实意义。对于幸福存在状态的把握，也许更能让我们把控创造幸福的契机。

2.幸福的创造

立足新起点，直面幸福，便不由自主地会发现“想什么”属于未来时态，“有什么”属于过去时态，幸福感属于现在时态。“想什么”带有非常强的目的性，未来时态属于目的的范畴；“有什么”是过去生成的结果，过去时态属于“此在”构建的基础；幸福感具有“此在”特性，其意义在于它是过去的延伸，是未来的拓展，其魅力在于即刻消费。过去和未来都具有时间性，只有永不停息地追求，才会拥有“此在”的幸福。

做幸福的“拓荒者”，创造幸福，需要满足“想什么”的条件，才可能享有。享有幸福的人，“此在”性带有自我存在感，在倾情享受中拥有获得感，才会体现出强大的生产性和奉献精神。于己于他者，创造幸福完全属于高尚行为，百利无一害。

纵观世人的幸福之态，没有固定的生产模式，彼此之间完全没有交集，他者只能通过他者自身产生幸福感，第三方完全无法强加，哪怕是“我们的”，主体也只能是“我”。孕妇生产，新生命诞生虽然给身体带来阵痛，但也幸福；参加马拉松比赛者，克服身体机能极限，长途奔跑为的是享受冲刺时刻的兴奋。当然，也存在即刻付出即刻享受幸福的情况，甚至与需要长时间处于追逐状态才享有幸福，有着同等效果，但我们更应该看到沿袭“想什么”“要什么”之后的支撑体系的不同。但可肯定，付出多少不同，获得幸福感产生的影响也不相同。

幸福基于“想什么”“要什么”之后才产生，但没有固定的色彩。不同时段的人，有着不同的使命，都是为了生存、发展、成长需要，而追逐着自我的幸福时光。世界的美好，其实就因为不同人因其需求不同，而在不同轨道上运行，方才使世界变得五彩斑斓。

熟悉幸福应有的属性，完全开启追逐的行程，幸福才会具有真实内涵。一个具有“乡村”和“教师”特质的人，只有真正明确自我“想什么”“要什么”，才会开启专属于自我的幸福之路。能清楚知道自我“想什么”“要什么”，不是一件容易的事。有时由于目标偏离，往往会产生幻光，让人永远达不到目的地，感受不到幸福；有时由于受自身条件限制，不能完全明确自我的需求，致使人在追逐幸福的途中走弯路。其实，人在任何时候，只要满足“想什么”“要什么”某一单项条件，才可能让未来“有什么”得到满足，从而获得幸福。就像在本书后续提及的主题章节那样，那些都是通往幸福的路标，它们彼此之间往往没有先后之分，可以同时开始修筑，也可以在某一时段重点朝向某方面进发，甚至可以交叉推进。但可肯定的是整个人生不能只有单一目标，否则就真正被所谓“做到某件事就能幸福”的“幸福神话”所束缚。

3.幸福的追逐

立足新起点，开启追逐幸福的征程，任何一位乡村教师都有专属于自我的道路。“想什么”“要什么”具有时效性，易发生变化和转移。如入职期内的任何一个五年，只要我们细心对比，就会发现随着“生态圈”的变化，满足幸福的条件和要求都会存在明显差异。只要对其进行线性描绘和分析，就会发现此前时光轴上的幸福，会对未来时光轴上的幸福产生强大的影响。要是对其前后幸福态的趋势进行描述，更能发现幸福态成为内驱动力持续提升的紧缺元素。

在人生数列中，乡村教师复数数轴的表示，比城市教师更为复杂，虚实间进行数值转换，无不隐藏着理性与智慧。不过，只要沿着“想什么”“要什么”的思维起点，寻觅幸福构建的路径，定会明白一切只是幸福的两大内涵。一般来说，它指一种感觉：一种愉悦、快乐或满足感。[①]幸福的另一种含义是“丰富、充实、有意义”的生活。前者集中于对快乐的追求，应对快节奏的生活，产生的快乐多是短暂的，总体而言这种获得感不太令人满意，特别是在“想什么”目标不能得到满足而缺乏这种感觉时，就越会产生焦虑和抑郁等困扰，时间久了还可能得抑郁症。后者集中于自我认为非常重要的事，为了满足“想什么”的条件，人们便会朝着自我认可的价值方向前进，坚持做自我生命中认定的事，生活自然会变得丰富、充实、有意义，从而体验到生命力的活跃和旺盛。

做幸福的“拓荒者”，追逐专属于自我的幸福，守住幸福的基点，过完整的人生，才会在回首时没有遗憾。后续展开的论述，有关“是什么”非全然采用描述性诠释，“是否合理性”全然采用批判性诠释，标准全然采用科学性知识诠释，一句话：全都基于能让你“走心”而探讨。

---

① 路斯·哈里斯.幸福是陷阱？[M].邓厂箐，祝卓宏，译.上海：华东师范大学出版社，2008.

幸福之路需要修筑，但任何人的幸福之路都不会相同，没有可复制性。虽然深知乡村教师在表述身份认定时带有更多勉强，甚至与“想什么”“有什么”有很远的时空距离，但是我坚信，努力的人幸福指数只会越来越高。

二、永远进取的“挖井人”

很多时候，都不能唯心说事。必须尊重事实，不能为凸显某一事物的重要性，突出其特殊作用，以至于眼里只有一物。当下5G+智能时代开启，信息量大，知识更新快。城市在当下时代占有的优势，让乡村没有可比性。人们劳心于城市的压力，向往宁静的生活方式，城市积攒的优秀文化不断下移乡村，乡村条件得到改善，但也绝不可否定未来至少一个世纪内城市的中心地位。面对严峻的条件，我们只有做永远进取的“挖井人”，才可因拥抱甘泉而有终身的成就感和获得感。

1.完全身份认定

在乡村为师，最怕的是不能精准认知自己，造成认定本我、自我和超我的紊乱，不能把握人生处于“骆驼、狮子和婴儿”三个精神阶段的特质，不能忍受眼下的困苦。

认识自我，除了认识自体本身与他人有不同的特质外，还必须认识立足于所处的局势位置。时代对每个人而言都相对公平，但由于局势具有不可调和性，所以，有时认清局势比认清时代更重要。对于乡村教师身份的认定，一直强调如包办婚姻似的既成事实，但我依旧认为一个人只要意识保持先进性，只要“三观”具有正能量，劣势也会变成优势。

那是2017年暑假，我到贵州赤水指导几所学校的校园文化建设。出行途中，与当地参与陪同的几位年轻人攀谈，两个细节让我久久不忘。一是同行人称我教授，我好面子，只能硬撑应答，途中一位后生打破砂锅地问我在哪所大学教书，那一刻我无地自容，好在我所属单位是市“电大”下设一分校，才让我应付过关。我算是一位经历特殊的教师，在边远乡村小学教书17年，而后脱离教育，然后再回归教育。一路走来，我的知识水平离达到学富五车的水平还有很远的距离，有人尊称教授，虽是对我安慰和鼓励，但假的就是假的，嘴上应答心里却是惶恐的。

到终点还有一段距离。沿途，我与几位后生谈天，打了一个比方：

“大家都曾见过大树吧？伟岸、苍劲、厚重……凡是与仰慕有关的词，都可用以表示自我对一棵大树的认可。”几位年轻人因我的描述，纷纷勾起了回忆。

“站在大树脚下，遮阴避雨的那刻，心情一定非常爽朗。大家发现没有，任何一棵大树的脚下又有谁能依附于它长成大树？”

年轻的人们听我此言，陷入沉思。我接着谈道："依我观察，大树脚下要么什么植物也没有，要么就只有身性矮小的灌木能得以生存。"

接下来的时间段里，大家由此谈开。我讲述了我的经历，年轻人们讲述他们生活中的所见所闻。

关于成长话题，耄耋老人都关心，何况身处职场风华正茂的年轻人。认识自我，将自己比拟成一粒种子未尝不可，但找到适合扎根生长的地方则非常重要。相对而言，在生存之地越来越窄的时代，乡村的广阔天地，更是适宜扎根与生长的红土地。乡村地广人稀，很多人都不愿意青春与它有太多牵连。能否给予人生准确定位，不只是关系职场价值的大小，更是关系人生的成长是否充实、丰富和有意义。

自我身份认定，做永远进取的"挖井人"，是一种进步的体现。做乡村教师能静心地扎根乡村，去浮躁，一定是明智之举。如有一天早上醒来，我看着窗外那些婆娑的树，从而有了一番真情告白：

当我醒来时，发现我可能是一棵树。

等我清醒后，发现我真的就是一棵树。

多年来，我可能就是那一棵树，站在那个地方，没有挪动半步。一站就是几十年，这是我毅力的体现，虽然我没有成为参天大树，但谁也不能再藐视我矮小。我的根向内扎得更深，我的枝干向外伸展得更婆娑，除了外显的那些绿从没有减少外，更多内隐缄默的价值那才是更让我在意的东西。

我曾长时间在乡村教书，乡村是我工作的第一站。对于很多曾经如我一样的乡村教师，或正战斗在乡村一线的教师，乡村确是人生工作的第一站。这么多年来，我已经成为真正的两栖动物，特别是在我非常弱小的时候，乡村如一片海，让我如小龟一样，有了广阔的遨游空间，获得了不一般的成长。甚至，我像小蝌蚪一样，得益于乡村精华的滋养，茁壮成长，似乎当我嬗变成青蛙上岸后，来到城市这一方陆地，身份便得以改变——城市教师。

作为乡村教师，乡村适宜扎根，但视域必须打开才行。城市作为教育、文化的中心地带，真要将自我比拟成一棵树，则必须要强大到长成一棵随时可"安魂"的树。业余时间，除了深入钻研，便是借机到城市里的学校走走，当面向专家请教，近距离与学者谈心，习得城市的前瞻理念，获得先进教育技术与新知，这就像后面我们以专题方式讲述做现代化教师那样，才会真有不落伍的时代气息感。

做一个充实的乡村教师是幸福的，除了能有愉悦感，还能感知到人生的意义。虽然不敢言乡村永远是扎根之地，但是作为乡村教师若能站好人生工作的第一站，依附城市提升自我专业素养，从而服务于乡村教育事业，就更能从中体会到幸福，让空虚感消除。在我多年的乡村岁月中，工作第一站如果没让我感受到喜悦与充实，认为自我人生有意义且有价值，我定然不会到第二站，换岗且致远。

拥有积极心理，对于乡村教师而言非常重要。就像一粒种子，只有真正扎根土壤，才会让自己拥有发芽和成长的机会。当下这一开放的社会，人们倾向于提高地位和名声，或以增加收入作为"成功"的标准，这多是以牺牲快乐和幸福为代价来换取未来所要达成的目标。我倡导大家要认清自我，全方位努力和付出，最终才能成为幸福者和人生赢家。

乡村作为工作第一站，教师要想做永远进取的"挖井人"，需要思考清楚什么是人生的真正成功，不仅应思考未来的利益，同时还要明白让当下的行动有意义的究竟是什么，从而坚定地迈向通往幸福的第一步。当然，这里必然涉及对工作第一站的正确认知，否则目标错误，就会踏入"陷阱"，让幸福落空。

这里谈的，依然是乡村教师的身份认定。任何一片土地，都有适宜参天大树成长的可能，一片土地真正能生长出一棵参天大树，定有很多独特、独立而非偶然的因素。追逐成功，是通往幸福之路的关键要素，包括关键的时间、关键的人、关键的事，整个轨迹在于能把握促进成功的脉络变化，带有强烈的使命感，让乡村教师或乡村教育向好的方向发展。

加强空间概念认知，是身处乡村应加强自修的第一课。清醒认识身处乡村的利与弊，才能真正找到出路，才不至于浪费青春年华，不至于妄自菲薄，否则自以为有无限本领，却无用武之地，结果什么事也没做成，受他人鄙视。

2.上进之心不能死

纵观身处乡村有作为，或依托乡村而实现跨越式发展的教师，与众不同之处在于"上进之心从没有消失"。在生命运动轨迹中，他们全都对乡村有正确认知，能针对乡村时空概念做出精准转换。

在康德哲学里，空间概念是一种先验形式。

对生物知识而言，运动不是自然科学所说的空间中的轨迹；相反，运动产生了空间和时间的结构。外部空间产生于客体之中，外部空间的和时间的秩序不再是既定空间公有的入口；相反，它们对应的是某种实际处境、某个事件。这样看来，空间的深层维度，空间的纯粹形式范畴，这两种概念最终已经被超越。空间也成为一种完成的空间。

做永远进取的"挖井人"，使乡村为师的经历成为推进幸福的导火绳，那么，产生"想什么"之前，得把好"要什么"的隘口。如果获得了令人满意的预期结果或事实结果，那么，所有成功都能超越自我个性特质的潜能。每一个人都有着无限的拓展空间，关键在于思考如何去开拓，同时相伴正确行动。

上进之心包含着勇气和正确抉择。可能在我们的印象中，乡村教师是与保守、落后、闭塞环境相距最近的人，其意志丧失也是常有的事，而有强大发展目标的人往往少之又少。以上问题这就是人数众多的乡村教师群体，其职场获得感少于城市教师的主要原因。"想什么"包含着勇气，这是后面章节中直指"目标是一个人智力的反映"的主要原因。

万事开头难，已经处于职场底端，迈向成功之旅的困难是可以想象的，但这并非不可克服。虽然成功不一定能带来幸福，但没有成功作支撑的幸福一定不会长久。为师者一生主要做两方面的事：一是千方百计促进学生成功，从而享受到育人工作带来的快乐，二是千方百计促进自我专业化发展，让自我服务于职场知识、技能，产生更多更大的价值。做好这两方面的事，需要懂取舍，甚至为了长远利益，牺牲一些时下的快乐。

必须区分上进心和事业心。如同唐三藏师徒一样，一个已经上路的人，哪怕行程艰难，只要朝着认定方向，哪怕历经"九九八十一难"，也一定会到达目的地取得真经。更多乡村教师经常是千方百计教书育人，却忘记自我专业化发展之事，整个行程就像立志到西天取经的"白龙马"和整天围绕着磨盘转动的"老马"，与其他人相比，虽经年迈开的步伐相当，付出的汗水相当，但最终取得的成果完全没有可比性。

努力之人都有上进心，众乡村教师为教好书育好人，都是具有上进心的典范（至少曾经是）。一位卓越的乡村教师与普通教师的不同，在于卓越的乡村教师具有上进心的同时，能将从事的职业演化成自己的事业，最终获得促进教育向前发展的成就。也许有人会言，具有上进之心的人所做之事，都以做"满足灵魂的工作"带给幸福自诩，但事实上，上进之心所带来的幸福只能属于初级层次的享受，真正让自我有强大的专业化能力，给从事的乡村教育赋能，通过事业心满足而感受到幸福，才属于更高层级的超越性需求。

上进心向事业心转化，这期间有一个过程。如果真要发现两者间质的不同，依然在于产生"想什么""要什么"的想法之初，彼此存在着格局不同，相应的方式也存在着明显不同。这可打一比方加以区别：

纵观当下无数的企业家，他们中很少有人是富二代、官二代。这群人与众不同的是，他们敢于抓住契机"想什么""要什么"。可能人们会说，他们都是借鸡下蛋的高手。很少有人发现，"成功越大，越需要支付高额贷款，而要持续支持高额事物租金也需要大量资金"。①

① 悠木崧麻.哈佛幸福的方法[M].范丹，译.北京：北京时代华文书局，2016.

最初依托乡村做出成就的先辈数不胜数,时下倚靠乡村登上事业巅峰的教师也大有人在。他们都“做满足灵魂的工作”,其相同之处在于都带有“心理性的成功”,怀着“体现使命的生活方式”的想法,舍弃尽可能多的不必要的干扰,让自我精力、体力、智力、思维、行为等,在一个固定时间内都朝同一方向用力。

做永远进取的“挖井人”,一位乡村教师对生存环境采取扬弃之策,实属成熟与智慧的体现。师者的职业在于传授知识,同时构筑幸福。所以,优秀教师更易创生出教育幸福的事件。努力成为优秀教师,是每一位教育工作者的责任。当然,这对于乡村教师而言,并非一件容易的事。

3.抑制负能量

考究乡村教师的成长历程,会发现工作环境对教师的影响不亚于职业地位的影响。特别是一位教师身处文化素养、专业修炼、新知识技能都不高的群体之中脱颖而出多是一件非常艰难的事。改变所处的环境,对于力量弱小的乡村教师而言非常难,特别是区域文化常常不许可有人独立出来,且基本处于一种“零容忍”状态。甚至对不能同流合污者采取打压的政策,能否“出淤泥而不染”,需要清醒的意识。我作为前乡村教师的代表,初入职场前六年几乎荒废,这全在于自身没有找到努力的方向,没有感受到教育的幸福,没有真正地针对不利于发展的生成环境采取扬弃之策。

物以类聚,人以群分。一个不能认清自我发展方向和自身潜能的人,往往会不加分辨地快速融入某个群体,满足被群体接纳的幸福。我现今给乡村教师做讲座时,多次提及一件事:

那年,我像丑苹果一样带着青涩的味道,踏入社会,开始在一所乡镇小学任教。年轻人嘛,刚刚涉足社会,什么都不懂,需要向有经验的教师学习。记得有一天下午,做完一天的工作,与一位前辈在乡间小道上闲庭信步。途中这位老师给我建议:

“工作中出现问题,一定要想到最坏结果。只要没有超越原则范围,就不要怕校长,他真不能拿你怎样。我们的人事权,他不能左右;我们的工资报酬,他不能左右。年轻人,该站出来的时候,应该站出来。”

现今,想起那句“不要怕”,不免后怕。无数与我一样接受乡村文化熏陶的同道中人,如若置身于充满负能量的空间,只会延缓自我的成长速度,只会降低职场的幸福指数。发展需要光明指引,最好能与充满正能量的人交往,这是我多次在职业规划的讲座中所提及的“不要与‘坏家伙’在一起”的缘由。

乡村有无数不利于成长、发展和生存的因素,需要用放大镜发现并自我判断其危害，需要用显微镜找出隐藏的病毒。这样的环境，拥有上进心，是做好本职工作、赢得社会认可、产生幸福的基础；拥有事业心，是我们抑制负能量，让自身产生免疫能力和使自我强大的重要成功因子。

任何一位乡村教师都拥有获取成功的潜能，都有以成功享有幸福的万条理由。任何一位乡村教师在一个不理想的环境中去追逐阳光，受挫折是非常正常的事，关键在于受挫后不能让上进心消亡，在迷茫中重新认知和布局，找到适合发展的方向。

做永远进取的“挖井人”，需要明心，对周遭环境有清晰的认知。在一个专业化知识匮乏、群体正能量弱小、不看重未来的群体中，只有拥有敢于做“另类”的决心，才能真正突围。“另类”的胜利贵在坚持。乡村环境本身并不阻碍我们的发展，因为其中少有杂念和烦琐的事务，更易让人去除浮躁。

做永远进取的“挖井人”，需要明志，才能保证共享甘泉。敢于做心向事业和强化专业修炼的“另类”，在有限的时间内做正确的事并正确地做事，像后面章节中谈的那样，坚持践行尝试“一万小时定律”①，定能触摸到属于超越性体验范畴的幸福。

三、专业修炼的“监督员”

优秀乡村教师的相同点是什么？

优秀乡村教师的不同点是什么？

提出这一正一反的问题，为的是重点凸显专业化修炼的重要性。如果抽掉区域特征和个体差异，所有乡村教师生存方法、工作环境、相融文化、性格特征等基本相同，起点如若没有特殊变化，整个人生轨迹几乎都呈现在同一层级。我们已经深入事实之中，基于开端“想什么”“要什么”的探析，同时对“上进心”“事业心”的重要性进行对比，对给予成功、幸福人生的基础、保障等进行充分认定，但还得需要对关键或支点进行追寻，才能真正为乡村教师铺设一条通往幸福的大道。正因为如此，我们才在此追问优秀乡村教师的不同点是什么。

1.美美地想

优秀教师中包括乡村优秀教师，取得成就可用“各领风骚”形容，努力方式可用“千姿百态”比喻，但其发展方向及企图达到的高度大致相同——谋求专业化发展。他们虽然自身禀赋不同，工作环境、工作对象不同，专业底蕴不同，锁定的发展点不同，但是谋求专业化发展，向好方向发展而努力的路径完全相同。

---

① 一万小时定律是作家格拉德威尔在《异类》一书中指出的定律。"人们眼中的天才之所以卓越非凡，并非天资超人一等，而是付出了持续不断的努力。一万小时的锤炼是任何人从平凡变成世界级大师的必要条件。"他将此称为"一万小时定律"。该定律的核心是不管你做什么事情，需要坚持一万小时，方能成为该领域的专家。

近年来，我游走于城乡之间，通过近距离观察城乡教师发展趋势发现，存在城市教师受环境影响而基本素养普遍高于乡村教师的现状。但这不表示城市教师取得的成功值和幸福指数都高于乡村教师。乡村教师虽然在现代教育技术和新知识获得的更新速度方面不及城市教师，但这不表示他们的获得感就低于城市教师。主要原因在于专业化发展不是专属于某一区域或是某类别教师。城市教师中有很多不注重专业化修炼，只是由于其自身素养和教学基本功扎实掩盖了更多人的"不学无术"。乡村教师中太多的人自身素养低下而又不加强专业化修炼，更是被锁定在普通得不能再普通的行伍中。专业化发展是所有教师追逐提升自我的出路，特别是身处乡村的教师更应加以提升，只有这样才可能真正向好的方向发展。

关于专业化修炼的问题，绝对不涉及他者身份与情感，属于"心想事成"的范畴。我通过研究发现，专业化发展层级不但影响一个人最终取得的成就值，还影响着师者的生存方式以及获取的幸福指数。我曾采用跨界方式，借助《经济学原理》的指引，提出"专业化的附加值等于财富"的结论。其实，如此的价值判断，全基于对乡村教师与城市教师幸福指数产生之源的考究。调查发现，哪怕是城乡教师对换，如果自身专业化水准偏低，乡村教师转变成城市教师，幸福指数依旧处于低端；相反，一位专业化水准极高的教师，到乡村工作，特色更是鲜明，其引领作用会无限放大，幸福指数也会处于高位。对专业化追求属于发展可能性抑或生存第一性的对比，我曾做过很多论述，如：

生存第一性的问题，必须确立。无限潜能，即存在着发展的可能性，但只有依附第一性才真有将潜能变现实的可能。

诸如，向往美丽的城市，向往美丽的家园，如果无生存第一性的保证，这些地方也只能成为栖息的地方。在短暂的歇脚之后，又只能回到那赖以生存的地方，哪怕又脏又累，哪怕恶劣与险峻，哪怕遥远和艰辛，都会不由自主地朝那地方前行。

保证生存的第一性，某种程度上说是一种本能的驱使。这里生存需要的，当然也包括需求的层次因素。基本需求是最低层级的因素，超越性需求是在基本需求已经满足后在价值和精神层面上的需求。更多的时候，我们的基本需求都没有得到满足，无数人疲于劳碌。

职场生存方式与专业化之间存在密切关系。需要做专业修炼的"监督员"，促进自我不停地朝向卓越方向前行。以上虽然是从满足个人生存第一性为基点而展开的思考，实则陈述的是满足生存第一性之需求，其重要产生之源基于专业化水平的高低层级。一个人生存质量可能受多方的影响，促进乡村教师提升生存质量的有利因素相对较窄，但专业化发展却占有很大比例，甚至可言面对乡村的生存处境，专业化追逐是乡村教师提升幸福指数的最佳捷径。

专业化发展，包括职场内对“作为认同的承认”“自我承认”“相互承认”的内在机理探寻。在本书中，我将从教育学的视角审视专业化的两大特征：一是有明确的专业方向；二是扎实成长的不可替代性，即全面诠释专业化发展，树立明确的目标，或体现出不可替代的自组织性。何谓专业化？专业化发展的内涵是什么？专业化发展的外延有哪些？专业化修炼的途径有哪些？本书将用大量篇幅给予探讨。我们须明白，强大的专业化发展除了能给予生存第一性的保障外，它还是乡村教师修筑幸福之路的催化剂——“专业化等于尊严”。值得说明的是，此观点源于2018年暑期，参与社区教育管理活动时，我与来自县文化馆的舞蹈排练专家聊天，提及专业化话题产生的一个插曲：

“据观察，我发现‘专业化的附加值是财富’。”言此话题，源于我与她提到专业化水平越高的人，劳动报酬越高。

“每次我参与节目排练，或现场指导大家排练节目，或在工作结束之余，透过学员的目光，我发现专业化的内涵不只是等于财富，还有它更重要的价值——尊重。”攀谈中，这位舞蹈专家结合自我经验，给予专业化内涵的补充，她的话语让一行人纷纷点赞。

也许专业化的内涵，应该抛开伦理成分及其他方面，但可肯定的是只要我们美美地想，树立自信心通过专业化发展便可提升我们的职业幸福感。就聆听专家讲座而言，专家在短时间内陈述自我长期的着力点，介绍取得的经验或展示获得的丰硕成果，让听众似懂非懂，但人们会对其专业水准产生敬佩，并且投上仰视的目光。站立于讲台上的专家没有高高在上的感觉，但不可否定的是，他们已经感受到专业化所带来的尊重。回过头来再审视自我，太多乡村教师对自我身份认定信心不足，原因在于从事的工作没有让自我获得足够的尊重以及自身专业化水准长期处于低层级。

2.乐乐地做

专业化发展不是某类人的专利，任何人都可朝着选定的方向前行。现实是，乡村教师中很多人一生兢兢业业，平庸却找不到原因，只好抱怨教师职业。工作认真努力负责不等于专业化发展。不明白专业化是什么，大多乡村教师不明白没有倾注精力进行专业化修炼，其后果是努力没有成果。若发展方向不明，不知道“想什么”“要什么”中应包含专业化内容，认知意识行为层面已忽视专业化追求。这种人哪怕一生奔命劳作，不看准方向前行，专业化水准还是难以得到提升，只会永远处于初始层级。这又何谈拥有丰富的人生价值和支撑无限幸福的底蕴？

从繁忙的工作中挤出一部分时间，用于专业化修炼，对任何一位乡村教师而言，都可称是一种苏醒和进步。一个人只要真正知道自己“要什么”，那么，解决问题的办法、克服困难的勇气自然会应运而生。在广袤的乡村从教，面对集体性无专业化高层级追求意识的现实，须先让自我明白、清醒，并且进行合理的专业化发展规划，这可能比什么都重要。真正专业化自觉的人不多，他们往往需要专业化助燃。就像日本著名实业家稻盛和夫的比方，人可以分成三种类型：第一种是点火就着的可燃型的人；第二种是点火也烧不起来的不燃型的人；第三种是不需要助燃自觉地就能熊熊燃烧的人。我们无数教师属于可燃型，但需要给予助燃的契机才可能燃烧起来。由于身居乡村及自我惰性所致，实现专业化的自我强迫非常有难度。毕竟，学校的存在是为学生提供服务，而不是为教师创造就业的机会。[①]我们对学校负责，对学生负责，但我们也需要对自己负责。

追逐专业化发展，需要我们乐乐地做。处于初始阶段的教师最为犯难，自身专业化方向处于不明朗的摸索期，此阶段最难得到他人认可和帮助，而且外界压力只会带来负面影响。此阶段的教师像一棵幼苗，有想朝向参天大树方向发展的决心，但他者却难以看到你潜藏的可能性，甚至被他者随意唾弃也是有可能的。虽如此，如若真有专业化发展追逐的毅力，有像战士一样敢于冲锋的勇气，前行道路哪怕千难万险，不间断向前，定能将困难踩在脚下。

乐乐地追逐专业化发展，是一种态度的转变。一个不明白专业化是什么的教师，也忘记了“发展自我”这个立身之本。过多责备和埋怨客观条件的不利，并将之当作自我没有获得发展的理由，这种做法实则是一种自欺欺人。专业化发展属于职场理性和发展自觉。在做好本职工作的同时，对素养提升提出新要求，包括专业理念与师德、专业知识、专业技能、专业的文化心理素养修炼和社会生存组织素养提升等。以上都是本职工作八小时之外自我额外添加的压力。教师身处乡村环境，在处于相同层级的专业化初始阶段，虽然平时也涉及竞争和考评，但这些几乎不涉足对专业化水平的检验，为了加强对教育检测结果的重视，甚至会出现反对专业化发展的声音。就当下而言，那些真能将乡村作为专业化发展第一站，从而迈向优秀或卓越层级的教师，多属于少数的“自燃型”之人。无数属于需要助燃才可燃烧起来“可燃型”的人，横于眼前的是一座无形的大山，而唯有专业发展自觉才可将其移开。

追逐专业化发展非一帆风顺，由于教师职责在肩，出现既要教育教学质量，又追求自我专业提升的多重目标的情况，所以，其修炼过程不免身心疲惫。理想状态

① 菲得普·阿迪，贾斯廷·狄龙. 糟糕的教育[M]. 杨光富，等译. 上海：华东师范大学出版社，2018.

是教师在教育教学实践过程中促进专业化素养提升，而专业化素养提升又可以促进教育教学质量提升，但现实并非如此乐观。正如人们提及的高频词“高原现象”。专业化发展在某一时期会出现停滞现象，甚至出现教育教学质量下滑而让人质疑专业化素养的困境。整个过程有爬梯子的感受，前期可[illegible]需要长时间的修炼，实现层级跨越就在那一瞬间。若没有坚持的信念[illegible]可能最终依旧置身于初始层级。

3.每天有进步

专业化追逐，属于实现个人价值最大化或保[illegible]前预约幸福人生的行为。虽然很多人向往着职场价值最大化，向往着[illegible]但是因为他们无前期专业化追逐的付出，不明白为什么要加强专业[illegible]练，致使幸福难以保障，把专业化理解成属于“贵族”似的稀缺物品。

专业化提升非一日之功，需要我们在坚持做“监督员”的同时，还要做“竞走员”，每天都要进步。素养提升多反映于实践中，观察一个人的专业化层级，对其行为结果进行评测，就可得出较为准确的结论。乡村教师族群中不乏专业化修炼的大成者，他们并不受地理区位和社会关系影响而限制其生产能力和创造能力的发挥。如专业化素养达到卓越层级的乡村教师，乡村只是他身份的修饰定语。哪怕缺乏用武之地，才华得不到展现，因而基本需求得不到满足，甚至自我一度陷入尴尬境地，但这样的情况只会是短暂的。时下，有人经常提及“墙内开花墙外香”的现象，虽然词语中含有“戴上有色眼镜看人”的意味，但从另一个层面折射出一个人专业素养强大时，“墙内”无法掩藏其香。

人人都有获得专业化发展的权利，都享有获得幸福的自由。面对乡村教师群体专业化程度和整体幸福指数不理想的状况，或许理想的方式是通过培训促进教师的第二次成长，实现整体提升。如若此方法能解决问题，那早已全面实施了。专业化发展属于内因的范畴，外力只能产生促进或影响作用，真正产生决定作用的是自我，只有真正认识到自我“要什么”，专业化自觉才能真让自我“有什么”。

教师的专业化发展，若全都寄托于外力，只会事倍功半。面对无专业化发展意识的群体，如若处于乡村一线的教师自我没有使命感，外力所致的各种积极因素哪怕层出不穷，最终也会显得应接不暇。如经常见专家引领一群人展开三年或五年规划设计，此做法意图非常明确，但试问此引领方式又能产生多大功效呢？我所见的乡村教师群体，除了课程设置中明确告之应干的事，让无数人拼尽全力以达成满意的教学效果外，再难看到他们还有其他专业方面的需要了。处于如此的职场环境中，乡村教师面对未来没有忧患意识，改变自我就显得非常艰难。

乡村教师最缺少什么？真不用怀疑这个群体中任何一人的智力与意志，每个人都有着无限发展的可能性，但若没有特殊境遇，周遭是很难达到他们“燃点”的。对他们最大的关怀和支持，在于帮助他们缩短专业化提升过程中走弯路的时间，帮助他们认识自我，找到自我修炼的出发点（生长点），从而促其“燃烧”起来。

关注乡村教育，关怀自我的乡村教师身份，让他们感受到从教的幸福，必须有正确的逻辑生成方式，必须走正确的演化方式，才不至于抓不住根本。影响幸福的生成方式非常之多，须找到真正的幸福之源才行。

幸福是一个多向生长的概念。再次强调，走专业化发展之路，是促进乡村教师走向成熟的方案，是乡村教师获得生长、幸福的最大保障。

一、守住宁静的乡村时光

在乡村凝固的时空里，视野的宽与窄、大与小，关键在于打开，是否能让内心敞开。我们只有拥抱理想，正视现在，对话未来，只有为之找到路径，安顿好内心，从心底里缩短乡村与城市间的距离，近和谐，去浮躁，才能拥抱事业，相约幸福。

幸福是所有人都会追求的一种生存状态，是人的精神追求和特质需求得到满足的观念，是人的身心健康和人格丰满充盈的完善状态。至此，先谈两个永不褪色的话题：一是乡村给予性格濡化；二是乡村“累积影响”在人性中的重要性。

身居乡村，虽然人生的很多时光都与乡村牵连，但是神化乡村和矮化乡村，都不利于安神。我们必须认识到，处于既要方向又要速度的时代，让一位有知识、有梦想的年轻人，扎根相对落后并有些原始的乡村，文化层面的冲击是最大的。

守住宁静的乡村时光，我们需要对乡村作为事实环境存在的秉性有所了解，同时我们也应对乡村所致的“累积影响”有所了解，方才不会忽略用时光铸成的这把高悬的达摩克利斯之剑，方才能更加清晰地认识祥和背后所隐藏的危险，并以从容的心态加以应对。

1.必须改变，明白什么是乡村

乡村是什么？乡村是一台大机器。

控制是开动和关闭乡村这一台大机器的力量。我们不能被这一台机器控制，而是我们要控制这一台机器。但我们要清晰地知晓，我们需要乡村这一台大机器，正如乡村这一台大机器需要我们一样。

我们在乡村为师，必须对与乡村有关的可控制或被可控制因素有所了解。如差距，它是最难填平的沟壑。如果以建筑为凭证，你会发现乡间有最原始的老屋子，它们无法与城市高楼的舒雅、亭台的别致相比，至于落后五至十年，那是十分正常的事，落后半个世纪也是有可能的。可能更难接受的是乡民的生活习性。平素劳作流汗之多，汗渍浸透的衣衫，汗味很浓却依旧穿在身上，这可称得上积习。更不要谈交流，这里没有高山流水，只有乳猪憨叫，稍可称高雅的是那随着季节变化水量调整而发出不同分贝的溪流音。与人交流，真不能提及黑洞、引力和函数，可能那些带有姓氏调侃味的低情调的话语，才更贴近乡情也更易拉近人与人之间的距离。

累积影响

在乡村为师，我们是自由的，我们也是被控制的。虽然累积影响无处不在，但我们不能丧失构建自己愿景的能力。

乡村教师与乡民接触，认可自己也是乡民，是一件非常重要的事。这并不是矮化自己，能如此认识自己，是成熟的表现。虽然我们身上有很多城市的元素，很多乡村文化里从来没有的素养，但只有让自己沉下去，让自己的体温与乡村空间流体融合，横躺在广袤原野边缘的河床上，聆听知了鸣叫，仰望白鹭远去……这样，才会在最短的时间内，触摸到自我的心跳，感受自我的健壮。

正如前面提及的，乡村教师身份的确定，带有"包办"性质。为了工作的需要，为了生存的需要，才来到乡村安居。其实，前期任何缘由都不重要，关键是已经成为乡村教师，在短期无法改变这一现状时，后续行动需充满理性才行。环境能改变人，这是前人早已证明的命题。近年，我经常地感慨，山山水水悄悄地影响一方人的性格。比如靠近水域边的人，遇事更周全；靠近大山的人，遇事更执着。相反，不同区域的山水的影响，也会带给人一些"地域性"的影响。如若真要区分城乡教师之间有什么不同，我必答是环境影响下的所致的性格。比如城市人的大胆，山里人的畏缩，从老教师身上便可看出其印迹，但这并不影响其才智发挥。所以能将职业变成事业，能将付出转化成幸福，才堪称正途。

环境影响永远不可能大于人自体的本能，但我们不能否定环境对人长期所致的"累积影响"的重要性。这种影响绝对不属于先验范畴，只能划归于后验范畴。久留乡村，所有文化都源于习得，而非生物学方面的遗传。"累积影响"前期，周遭事物对自己的影响似乎很微弱，而在多年后才会发现原来自己变了，变得与乡民神似，如口音。身边无数朋友口音的变化，是最让人吃惊的事。一个来自邯郸的北方人，一个来自苏州的南方人，到重庆没几年，现今完全一口重庆口音。作为乡村教师，尤需注意的"累积影响"当属性格的濡化。

一个人的性格受环境濡化，最理想的策略是扬弃，但结果却是在潜移默化中接受。人的本性里留存很多潜藏的信息，带有无限的可能性，不完全像白板任由书写或擦除，也不像有人鼓吹天生存恶或存善，接受濡化源于自我需要才是最根本的缘由。"想什么""要什么"短期内左右着行动，长期里反映一个人的修行结果。对我们而言，在一个环境中求生存，促使自我实现人生价值，或满足基本需求，达成超越性需求，这些目标的实现都与濡化过程中的自我觉醒或强迫自觉有非常大的关系。

人并非天生具有生产性性格和创新性性格，也并非天生具有破坏性性格和保守性性格。今日的一切表现，完全可通过追溯以前的行动得到解释，其因为在濡化过程中“授受”“适应”“反抗”的认知意识较强，短期行为更是充满理性思维、感性思维的交融，这属于后验成因。

一个人的职后变化，多属于时间累积的结果，特别是职后性格的变化。作为乡村教师，我们必须对自身变化有清晰和全方位的认知，才利于更好地改造自我，进而改造需要改造的他者。最理想的性格之变，是自觉抵制保守、破坏、迟钝、畏缩等负面因素，而让自己变得强大、坚毅、果敢、智慧，充满正能量。所以，我们应认真地审视职后变化，牢牢地把控职后性格的良性变化。

职后性格变化属于职后形成的后验范畴，有优劣之分，但没有定势，自然不能断定某人因受先验影响，从而将之归划入某一层级。作为乡村教师，须强化空间概念建构，同时强化时间概念建构，并让时空四维与自我性格对接，才能感知到身上发生的变化，而非随意应对环境的变化，或降低目标及智力水准而随遇而安。职后的受濡化的过程与时空对接，减少幻想和不理智的行为，吸纳乡村精华和保留人格操守，才会让自我能力得以提升，未来才有作为，幸福才可能被提前预约。

“累积影响”是可控的人为行动。我们所谈的乡村，包括在乡村生活、工作，并非指定乡村是一生的去处，但须明白丰富人生经历的重要性。就像有教师经历的人，多年后与一群朋友提及当年，自豪感和幸福感会油然而生。人生中拥有的这一段乡村教师经历，我们应认真地应对，力求尽善尽美，往后才不会因曾经荒废而悔恨。

我们在此所谈的，与习性相关，也与人为责任相关。到乡村教书，主要是对乡村教育责任的坚守。不管乡村任教年限的长短，若你勇敢地担起责任，就会将生命意义延长，只有认真地任教，才会真给往后余生留下幸福。

人生“此在”的一切，包括物质、荣誉、家庭等，都可以追溯因果。人生任何一段经历，除了承载责任，还是责任。身为乡村教师，用行动带给乡村变化，才会发现乡村的桂花与其他区域里的花一样芳香。行走在乡间，教师身份绝对不仅仅表示停歇，更不是乡村的过客，否则，往后余生就再没有什么值得回眸的了。教师是理性，乡村更多的是野性，若能通过纤弱羸娇之身躯，肩负教化野性的职责，让乡村里的一切趋近理性，或让其理性因子得到嫁接，便可言不愧为师。

正视濡化方式

乡村通过濡化方式也在改变我们，我们与乡村互相影响。如针对孩子懒散的问题，改良的最好方式，就是让孩子们改变习性。乡村依旧有很多不文明的习性，只要认识到那些，自然会明白此行应做什么。其实，乡村的野性，也有野性之美的一面，只是没有遇见调音师、美术师、设计师罢了，但他绝不是骨子里的懒散。如一则冷笑话：

你知道叫花子为啥早上不去要饭，而要中午才出门？

他要是早上就出门了，那绝对不会是去要饭。

乡村教书，留给教师的生存、发展的空间非常之大，全因乡村需要得到调教的方面太多。时下，乡村正在经历一场大的变革。能赶上，以教师身份涉足，应是人生的一次机遇。只不过很多人深知自我所属乡村教师身份，从第一天开始就对此身份抱有抵触情绪，结果导致从来到乡村的第一天开始，眼里就没正眼瞧过乡村，时间长了便开始瞧不起自己。身在乡村，心却没在乡村，那只能算是一个逃兵，要说能做出贡献，不免让人产生怀疑。如此，哪怕有一天能离开乡村，人生此段经历也只会带来痛苦，而非幸福。

当下，我们置身于正在经受改革、以速度冲击未来的大时代，乡村剧变的序幕已拉开。乡民外出务工，挣得一桶金后返乡，盖起了梦想中的高楼，而后再次踏上征程。近年，乡村房屋修缮带来的变化最显眼，可也留下很多后患。乡民努力改变父辈的生活方式，改善生存条件毋庸置疑，但若没有促使下一代人的素养提升，让其变戏法似的演进，那结果只会是《血色浪漫I》电视连续剧组所遇见的故事的升级版。

一天，栓娃赶着羊群又来到老伯伯这儿，让羊儿在山坡上吃草，栓娃看老伯伯拍电影。一会儿，老伯伯又来到栓娃跟前和栓娃说话，旁边有个戴眼镜的叔叔也跟了过来。老伯伯问栓娃几岁了？栓娃说八岁了，老伯伯又问为啥不去上学？栓娃说我要放羊，老伯伯又问，放羊干啥？栓娃说吃羊肉，卖羊毛，羊皮还做大皮袄穿，老伯伯又说，吃的穿的都有了，还卖羊毛干啥？栓娃说卖了羊毛存钱，存钱干啥？盖房子，盖房子干啥？娶媳妇，娶媳妇干啥？生娃子(儿子)，生娃子干啥？长大放羊。

老伯伯和栓娃的这一段对话，后来被戴眼镜的记者听到后在报纸上发表了，这就演绎成了一段有名的所谓西部娃放羊、娶媳妇、生儿子，儿子再放羊、娶媳妇、生儿子的循环往复的笑谈。再后来，拍电影的老伯伯一见到栓娃就劝栓娃，羊群要让爸爸去放，栓娃应该去上学。还给栓娃讲了很多小孩子要上学的好处和道理……

时下，乡村的一切都在接受城市先进文化的洗礼，但贫困代际传递现象依然存在。作为一名乡村教师，能否发现乡间充满野性的那部分，并挖掘出其中潜藏着的无限能量，用为师者独有的方式唤醒理性，是对自我为师乡村的一个重大考验。乡

民在接受未来冲击的过程中,经受先进文化的洗礼而趋近理性还有很长一段路需要走。师者的责任担当在于教化与守候,防止“栓娃”的升级版出现,防止其以隐匿代际传递的方式循环,这实则是师者对自我精神家园的守候。

让自我因为乡村而长本领,让自我因为乡村而有作为,给予乡村真挚的爱,用自己的方式推进乡村文化、文明朝向先进方向发展,才可能真正在乡村的土地上留下自己清晰的脚印。来到乡村,不应对乡村本身的习性、习俗、文化及野性产生怀疑,怀疑的应是自己的能力。乡村作为自我教育人生的起点,乡村教师应拥有满满的正能量。只要有服务乡村的决心,才能找到干事的着力点。改变乡村的行动,只有使用科学的方式方法,才能产生良好的效果。如为加强对留守儿童的教育和乡村家庭教育,亟待学校教育跟上、社会教育弥补,师者该怎样作为呢?曾为我研究生班同学的段翠君,她的经历就值得借鉴:

段翠君,河北邯郸人。2010届大学生西部计划志愿者,参加重庆市“双特”教师考试,在位于石柱县大山深处的石家乡小学校,开始了她的教书之旅。

做好本职工作的同时,她还注重对留守儿童的关爱。她曾多次家访,为留守儿童免费理发,给孩子们心理辅导,搭建“爱心桥”,让更多的爱心人士帮助缺爱的贫困留守儿童。她利用周末,参加团县委组织的志愿服务活动。从2013年春开始,陆续有好心人通过段翠君给留守儿童捐款捐物。在那几年里,受段老师爱心接力的感染,爱心人士38人捐助学款12250元,帮助了136名留守儿童,其中一对一帮扶4人。

段翠君,一个来自远方的外地老师,她很普通,只是从小事做起,常年坚持,所以能得到认可。2015年,她被评为石柱县“十佳”好老师,石柱县爱岗敬业“道德模范”,重庆市“身边好人”……

乡村广袤原野本是一张白纸,正视濡化方式,只要能发现其美,这张白纸将任由你描绘。乡村三尺讲台通往千万条路,只要敢于挑选,总能开掘出一条专属于师者的通往幸福的大道。聚为一团火,散作满天星。一路走来,段老师说她要做充满正能量的“小太阳”。现今,她虽已不再是乡村教师,正在县委党校的讲台上书写青春年华,但她那段乡村教师的经历,堪称后来者的“教科书”。

正视乡村为师的经历,才会对人生产生非常大的影响。乡村是人生重要的驿站,为了守住乡村的宁静和守住宁静的乡村,我们应正视乡村产生的不可替代的作用。我们不能沉沦于乡村,碌碌无为。乡村从没阻挡任何一位战士,乡村呈现出来的阻力,只是给予人们的一张考卷。

2.驻守乡村,落地就要开花

知晓乡村是乡村教师人生重要的历程,明晰生产性格产生于濡化,朝向幸福方向前行,我们应明白:驻守乡村的关键,在于抓住人生的关键年。专属我们的关键年,往往会稍纵即逝。

驻守乡村,落地就要开花,否则便会如我,因出现“事故”而成为“反面教材”。回想初涉职场的前六年,是被我划归于“荒废之年”的六年,那损失可是巨大的。

时常与人讲,我是一位有着特殊经历的教师。如19岁那年,中等师范毕业,作为优秀毕业生,被分配到一所条件相对优越的乡镇学校教书。然则,六年后发生了变故。因自身素养、性格、处事等多种原因,校长不要我了,将我调离到一个边远的乡村学校。这件事对一个年轻人的影响,可谓刻骨铭心,是怎么也不可抹灭的。

现在回想起来,原因全在于没有找到前行的正确方向,“糟糕”源于浮躁。一个人职后性格的形成,生产性及创造性与一个人的特殊气质没有太多关联,甚至是与人们神化的“情商”也没有太多关系。气质与“情商”对人生有影响,绝不起决定作用,一个人只要抓住人生的关键年,努力地提升师德修养、职业理念、专业知识、专业技能等,那么气质与“情商”的影响可以忽略。

一个人专业化水准不高,加上“情商”不高,又没有明确的发展目标,注定不会产生太多的社会价值,甚至是另一番景象,即得不到群体的认可,时时处于“糟糕”的境地之中,有到了地狱底层般却依然找不到落脚地的感受。如我初涉职场前六年全然如此。看不到未来,认定自我彻底失败,颓废至不再寻觅哪怕一丁点儿满足感,只想逃离,只想忘掉一切。最坏的时候多有放纵的打算,变成醉心于“找乐子”的人。种种不快乐,部分源自社会环境,部分源自个人心理。当然了,个人心理在相当程度上是社会环境的产物。但是一个人在环境中找不到立足点,自身不学无术,才是根本原因。

乡村,是无数教师的职场起点,且依旧是多数后生的职场起点。驻守乡村,让自己在职场中感受到快乐,触摸到未来的希望,那么职场开端的方向与定位正确抉择很重要。人总是在做事中度过,有的人讲究策略,善于把住节点,让所做之事的价值和意义放大;有些人也在忙于做事,却没有方向,虽做事努力到极致,但这样的行事开端就注定高度流程化、低认知度,深陷底层,意义可以忽略不计。面对既浪费精力,又耗费时日,找不到价值,心生不快的事应少做或不做,必须心生防范意识才行。

做事,赢得自我幸福人生,是关键年中的一个重要课题。我们须明确地解决两件事:一是能将平凡的日子转化成关键年;二是能在关键年里抓住关键的事件和关键的时间节点。

在乡村教书，“我”是与一年四季贴得最近的人，而要理解何谓关键年非难事。乡村耕作要是错过时节，后期哪怕付出更多精力，投入更多辅助策略，依然难以弥补收获季的损失。人生也一样，关键年没有把握住，后期哪怕再努力，也难有多大的收获。乡村为师，完全可学着农民一样把准播种的第一季，而后紧跟时局变化做应该做的事，敢向三尺讲台要收成。

关键年就那点时光

教师的职业生命，通常拥有“八个”五年。我曾专题论证过发展图谱，展现教师从教坛生手到合格、优秀、卓越的转化，得出重要结论：幸福人生应锁定在“三个五年”，第一个五年属于关键年。我在性别对比的研究中发现，女教师的关键年时长要比男教师短。女教师只有在刚刚迈入职场的关键年中，像小荷露出尖尖角一样，努力搏一把，人生瓶颈才会突破，以促自我合格，才有向优秀和卓越迈进的“力气”。男教师由于生理优势，其关键年可稍稍地向后延展至第二个五年，但关键年依旧应从产生职场正效应的节点开始计入。通常只有完成第一个五年的修炼，自我才可能从新手层级迈向合格层级；通常只有自我达到合格层级，才可能进入带来无限机遇的第二个五年，进入转机年；通常只有坚持十年磨一剑而转型成功，才可能进入第三阶的转型年。“三个五年”的进阶，是层层递进关系，哪怕因有特殊原因打乱进阶秩序，从而有跳跃似的进阶，后续也要返程弥补，登高望远才可继续。

关键年的那点稍纵即逝的时光，是撬动整个人生的支点，比金子还珍贵。乡村为师，应守住乡村的宁静，把握好人生关键年，理性与激情并重。我们须看到，在乡村这宁静到让人后怕的日子，若缺乏理性一定看不到未来的收获，若缺乏激情一定难踏上获取未来收获的那段行程。关键年往往就是初涉职场的前几年，日子本是平淡与平常的，若缺乏理性追求，时间刻度上不会增添新内涵。初涉职场，要想让人们看到你的个人能力，就难免要看重提升学生成绩。但并非看重教学生的教师，就像只要鸡蛋不关注鸡一样。如此难免会让人迷失方向，除了努力完成本职工作，继续提升学生成绩外，不会再在意自我的第二次成长。第一个五年，拥有教学成绩和第二次成长都重要，缺少任何一项，均属没把住人生的关键年。为此，我们在设定工作计划的同时，还应设定专业发展计划，并同步实施。

对“关键年”“转机年”“转型年”之间五年为限的认知，以及彼此之间逻辑关系的建立，由于长期以来缺乏对第二次成长规律的探索，此方面成果多属于对自己不利的评价标准。如常见以教坛生手、教坛熟手、教坛能手、骨干教师、未来教育家、教育家等梯级评价方式，认定教师所属的专业化层级。表面上看，金字塔似的梯级划分，利于直观判断教师专业素养所在层级，而深入对背后的逻辑关联进行分析，就会发现其评价标准依托第三方甄别，且尽是铁面的残酷淘汰之选。

守住乡村的宁静，防止外界干扰，应摒弃逃离围城的念头，让自己心如止水，才利于自己更加专注地参与自己的发展。乡村教师，只要能集中精力做正确的事，乡村环境和乡村文化自然的影响才会从意识形态中悄悄退隐，到最后不再引起注意。守住乡村的宁静，不让世俗事务打扰，专心于内驱动力的提升，更易让自己坚持五年、十年或十五年。坚持五年，新手超越自我才会达到合格层级。真正坚持五年也不是一件容易的事，何况需要坚持十年，才能由合格层级达到优秀层级，如若其间没有强大毅力作支撑，那只能是诸事艰难。

关键年做正确的事，达成站稳课堂的目标，赢得课堂，对实现跨越式发展至关重要，至于转机年应找到重要他人和发展点的探讨，我将在后续章节陈述。我们应看到前两个五年对一位乡村教师发展的重要性，如果乡村教师不能及时抓住机遇，其往往比城市教师沦落至平庸的状态更快。此刻，将再与大家一块儿探"心想事成"的道理。

播种迟了误一生

我们落地乡村，做种子是最恰当的事，落地就要开花，否则人生的价值无法体现。

前面，主要针对"我从什么地方来""我正在什么地方"等开展交流，对"我要到哪里去""我要去干什么"等没有正式开启陈述。我曾在《卓越教师的发展"图谱"》一书中，引用过稻盛和夫有关"心想事成"的观点。

稻盛和夫指出："心想事成"是宇宙法则。人们常言"思念造业"，所谓"业"就是"因"，就是产生现象的原因。生涯规划中"心中所想"就是原因，这种原因产生的结果，会在现实中出现。所以，我们心中想什么，思考什么，非常重要。

稻盛和夫告诉我们："你心中描画怎样的蓝图，决定了你将度过怎样的人生。强烈的意念，将作为现象显现——请你首先铭记这个'宇宙法则'。"①有人认为这句话过于神秘而不肯接受，稻盛和夫根据多年的切身体验表明，"心想事成"是他确信的绝对法则。

作为前乡村教师的我，其发展历程是"心想事成"的直接例证。我从不相信前世今生，也不迷信冥冥之中自有安排。多年前，我是一位边远乡村小学教师，"教书育人，读书育己，写书育世"成了我的座右铭。那时看来，此"心想"多属于"痴想"；现今看来，正因为有多年前的"心想"，方才在今天得以圆梦。一个人在乡村，想清楚"我从什么地方来""我正在什么地方"，才能清晰地对"想什么""要什么"做出判

① 稻盛和夫.活法[M].曹岫云，译.北京：东方出版社，2013.

断，对五年、十年、十五年的路径做出规划，这远比那些只作形式上的规划，从不付诸行动（或不知如何行动）的规划有意义。内心真需求，才会克服困难，付诸行动，在强大毅力驱动下，人才会一步一步迈向目标。

守住宁静的乡村，需有做好独孤侠客的准备。朝向目标进发，像原野上那一颗孤独的大树一样，独自忍受孤单和无助以及外界的世俗的审视，即使暂时无人欣赏，也要努力向上。弱小并且明显不成熟的初期阶段，外界甚至会极限施压，让你心脏难以承受。但只要勇于坚持，随着自身素养的提高，服务、改造、创造能力逐级提升，压力就会越来越小。只有坚守，拥有优异的物化成果，外来压力才会渐渐消失。

宁静的乡村适宜炼狱，要敢于“心想”而不是乱想，依托自身素养“有什么”作基础。找到适合前行的路线，朝着成为学者或专家的方向前行，第一个五年似乎遥不可及，若前期打好合格、优秀至卓越的基础，习得前瞻理念用于实践，勇于用现代信息技术改良课堂，敢于模仿先进经验拓展课程，在关键年埋下伏笔，后期一切才都有可能。

“心想”，应先认清自我并坚定信念向前走。关键年里模仿着前行，经验的习得，是基础能力提升的捷径。第一个五年，模仿是主要的前行方式，但须找到专属于自我的路标才行。纵观成功的前辈，会发现彼此之间没有可复制性。第二个五年，享受独自创新的快乐，发展中最需要的转机年，方可吟唱“前不见古人，后见来者”。乡村的坚守，关键在这两个五年，虽然是一件非常不容易做到的事，但事在人为。我在教师发展论坛的交流中，多次聆听到专家和学者的现身说法，讲述坚守十年的重要性，我这“蠢笨”之人的发展历程，也是最直接的证明。抛开荒废的六年，而后从零起点开始，十年苦熬方才有小成，让我在公众前有讲述经历、经验或主张的话语权。

驻守乡村，“想什么”“要什么”很重要，但人不能贪婪，在仅有的五年、十年时光里不能让什么都成为追逐的目标。我的经验是目标越少越好，甚至只有一个目标，这样才可能在五年、十年的时光里集中精力做事，将较少的事或一件事做好，做到极致。我们应学会放弃，并果断地只为一事而努力，但这隐藏着抉择风险。如李吉林，她一生只做了一件事：情境教育。正如她自己对自我的评价：

不是农民，却是一个播种者；我不把谷子撒进泥土，却把另一种金色的种子播在孩子的心田上。

借此，仿李吉林老师的口吻，我们一同高呼：“我们不是农民，却是一个播种者；我们不把任何一种农作物撒进泥土，应把一种金色的种子播在乡村教育的责任田里。”只有这样，作为乡村教师的我们，在收获季才会有专属自我品牌的产品，可作公粮供给他人，心生满足感和获得感。

3.二次成长，将读书作为大事安排

落地乡村，只有真正实现二次成长，迎来人生的第二个春天，我们才有幸福与事业可言。乡村教书，必提读书之事，否则其他无法谈起。我们必须知晓，只有将读书作为大事予以落实，才不会真正被乡村广袤原野上的荆棘遮掩。

现实是，只要提及读书之事，可能就会有人觉得这碍事，也许会发牢骚：“谁都读过书，谁都有读书的心得，谁都知道读书有好处，关键是我没有时间读书，关键是静不下心来读书……”

“关键是你没有读书！”

“关键是你不会读书！”

“关键是作为教师，你没有读书，不会读书，极不正常！”

多数教师不爱读书。我一直在思考原因，最终所得答案不多。或者以前因应试需要，高压下啃书，所以心理留下阴影，不想再碰触。或者对书之泛滥存戒心，没有好感，痛恨费时却不能解决实际问题。此刻，将继续针对“目标越少越好，最好只有一个”的建议，深入探讨有些人不读书可行，而为师乡村的你必须多读，并且需要即刻开始读的原因。

让乡村的路延伸

身处乡村，只要路是通畅的，定然会感觉有希望。读书，是迈向高贵的最低门槛。而你不读书，心路封死，除了绝望，何来幸福？

身处乡村，书籍绝对是这个地方最有用的东西。作为一位教师，身处乡村而远离书籍，是一件可怕的事情。必须明白，开启第二次成长之旅，让乡村的路延伸，书籍是最经济的方式。

乡村环境，与蛮荒最近，就群体而言，整体无发展意识；就生存而言，处于基本需求得以满足的层级。一个人越是在工作、生活不易时，越是需要得到辅助时，越难得到他人帮助用以改善条件和环境。久而久之，这种境况易让人变得莫名浮躁或绝望。与城乡教师的比较来看，我发现乡村教师追逐的目标多于城市教师，城市教师因为目标较少，思维和意识比乡村教师单纯得多。相反，乡村教师职场环境比城市学校复杂得多，乡村教师之间的相处，比城市教师之间的相处困难得多。拿取得的成就作比，设定目标越少者，取得的成就反而更高。

一个人的精力、体力、智力非常有限，目标多了，只会将有限的资源分散，诸目

标达成效果自然不理想。或许有的目标能达到基本水准,但更多的目标只会留下遗憾。驻守乡村,明智之举在于尽可能地围绕主要职责和自我发展两条主线设计,目标越少越好,最好是让自己因目标少而变得简单,变得单纯起来。

目标较少,才会少干不情愿的事和与目标不相干的事,把自己解放出来。闲暇时光增多,目标精简至精要,定会利于精力集中。思考自己应该做什么,应该从什么地方开始,才能将事做好。目标较多,想将所有的事情做好,精力有限不免第一件还没有做好,第二件事情也已开始。如又是实践,又是学习还需不断观察与揣摩,难免会发现可供习得的经验非常少,最后事事都没有做到最好。目标较少的人,因为目标较少,再次出发时易轻装上阵,精气神定当充沛;反之,目标过多的人,目标会成为包袱,在实践过程中浅尝辄止,自我经验形成缓慢,加上其他目标的干扰,又怎么会倾情于学习呢?

乡村教师不读书,发展之艰难,既有客观原因也有主观原因。成年人做任何事,都会带有非常强的目的性,包括读书。在我看来,只有目标较少的人,才会拿起书认真读。我们必须明白,乡村的宁静本是适宜读书的,让人生目标单一化。

读书是促进第二次成长的有效途径,而能让一个人去读书,真不是一件容易的事。我们需要勇于实践,勇于从书本中学习知识。只有不断发现自身的不足,遇到困难后才有可能将读书纳入行动计划。我们应去浮躁,去繁杂,守住乡村宁静的时光,将所有的目标都向着专业发展靠拢,这样所有的行为才会达成合目的性。

职后第二次成长需要读书,并且只有通过读书,才可能助推一个人达到更高的专业化层级。借此,让我以写书人的感受谈读书的好处,可能更易让大家明白为何需要读书。此刻,先提及暑期的一小插曲:

今年暑期,我在重庆教育智库发展论坛交流发言时,针对教师不读书的事实感叹:

"据我观察,时下教师爱读书的人真不多。我曾在教师集会中发牢骚,指责很多教师不学无术,不读书就是其具体反映。有些人所读之书真可怜,还没有我写得多。"

顿时,会场主持——华东师范大学张振华教授接过话,问我写了多少书?

虽不敢言我著作等身,但敢于自信表白:自己的确是一个写书的人。

我写过很多的书,可能很多不被大家知晓,但我可负责地说,我每一次提笔完成一本书,都尽一切可能搜尽我力所能及的信息,尽一切努力将自我所悟到的一切付诸笔端。作为作者的我,总是希望我的书能让读者受益,能流芳百世,虽然完成的拙作达不到希望值的千万分之一,但可肯定的是,我之"此在"的全部缄默性知识，都已经囊括进书中。纵向推理，更多写书的人如我一样，哪怕书的质量与希望值之间有差距，但可肯定作者已经尽全身之力，其著作已是作者“此在”全部思想精华之所在。

读任何一篇文章或一本书，实质都是在与作者交流，这种交流是打破时空概念后的深层次对话。习得经验的过程，向书本学习绝对比向师傅学习经济得多，师傅传授缄默知识和经验时，可能还得根据徒弟的忠诚度判断是否传真经。翻开一本书与作者交流，只要不是作者能力受限，写作时绝对会是知无不言，言无不尽。所以我们倡导读书要读经典，要读大师的作品，要读指导性、学术性强的书籍。

让乡村的路延伸，向大师学习，向经典学习，这是读书人能快速习得精要，在“关键年”“转机年”实现超越的方法。这也是倡导人们在实践过程中，一定要从书本中学习知识的原因。对于乡村而言，乡村教师群体缺少大师级教师，无数教师的专业化层级都处于较低层级，真要实现自身设定的目标，读书是最好的办法。一位教师如果不读书，又怎能让自我不断超越呢？何况在这新知变化非常快的时代，稍不注意我们所掌握的知识就已经属于过时的知识。

乡村是书本存放量少的地方，也是阅读氛围最不浓厚的地方，要守住宁静的乡村，让自我目标更单一，让自我成为杂念较少思想单纯的人则需炼狱，而炼狱需要先“炼心”。我们只有拿起书来读，才会让自己“闭关”以免除外界的干扰，在书中找到解决实践问题的真经，找到促进自我能力提升的“良药”。

提升读书的功力

我们不要错误地认为教师是会读书的人。现实是大量的教师不读书，大量的教师不会读书，大量的教师拿着书也感觉读起来吃力，或为读不懂而懊恼。

读书，是讲究功力和基础的。一个专业化基础知识薄弱的人，绝对读不懂理论层级较高的书籍。比如，记得二十年前，我订阅了一本《教育研究》，其中内容让我如看天书。我们选择看什么样的书，一定要根据自我的基础素养和功底做出恰当判断。自我属于什么层级，就选择适合自我阅读层级的书，如此才利于发展。不同的专业化层级，要读不同内容的书才有益。通常职场第一个五年，要求现学现用，选择教育教学艺术等操作性强的书，可先读后模仿再读，同期应增加一些理念层面的书，让自我熟悉当前教育改革中所倡导的理论，并能将相关要求体现于实践。第二个五年，实践经验已经较丰富，理论素养已经积攒到一个新高度，此阶段的教师不能像新手一样过多地关注操作层面的书，应增加一些教育哲学方面的书，这样才能在实践中促进经验向理念方向转化，让自我的逻辑思维更加缜密。第三个五年，因理念水平和哲学基础得到提升，此刻应多读《教育研究》《课程·教材·教法》等杂志上的内容，多读中外教育名著。在读书过程中，尤其需要围绕自我研究方向进行选择，如此饱读群书集思广益，才会让自我更有建树。

读书，得法才能不做无用功。我们需要根据自我素养基础，在于教育教学技巧方面、教育理论层面和教育哲学层面的书籍中作灵活选择，才会在逐级的阅读中向更深处漫溯，从而促使自己不断进步。我们除了要对阅读内容有所把控外，还应该掌握读书的方法。如我的读书“三法”：

其一，深度啃读。用几周甚至一个暑期来研读一本学术著作。有一些书是所教学科的奠基之作，攻克下这本书，对重新理解教育教学有根本性作用，但这种书一般不容易在短时间内读懂，适合放在暑期读。读这样的书，不能求快，而在读透彻。

深度啃读的书，可称之为打基础。我啃读的第一本书，是苏霍姆林斯基的《给教师的100个建议》，记得那一本书是从校长手中借来的。那时的我还在乡下，想找到一本书来阅读，啃读过程非常困难。2019年的暑假，有位教师到我办公室来借阅，我将刚从网上淘来的查有梁《教学模式之建构》一书推介给了他，并叮嘱他整个暑假就啃这一本书。

其二，主题阅读。主题阅读也可称为研究性阅读，是为了真正领会某一主题而购买与之相关的书籍，进行集中研读。读一本书往往还不够透彻，还需要拓展阅读。希望能穷尽所能，购买到相关主题的书，通过阅读此本得到启发而达成对另一本的理解，把某一类的书读通，从而对此主题有整体性的理解，而不至于出现“盲人摸象”的窘况。

与其说我是一位写书的人，不如说我是一个读书人。多年来，我形成一个习惯，只要过了一段时间，就会根据自我近段时间的思考方向，在网上购买相关主题的书籍阅读。如近来为了理解“幸福”的内涵，我在一天内从网上淘来《幸福是陷阱》《哈佛幸福的方法》《幸福的勇气——自我启发之父阿德勒的哲学课2》等11本书来阅读。前面提到我建议教师深度啃读查有梁的《教学模式之建构》一书，同时我也建议他在暑假中啃读这一本书的时候，最好能开展主题阅读。为了方便他展开主题阅读，我购买了知网下载账号送给他，让他围绕“教学建模”这一关键词下载文章，以展开主题阅读。

其三，专人阅读。一个时间段读某一人的书，对他的思想及思想的演变有深刻领会，能对形成自己的教学风格、写作风格和语言风格等起到至关重要的作用。

开展专人阅读，是我最爱干的一件事。如我在开展“中国哲学简史”专题阅读时，除购买冯友兰的《中国哲学史》《中国哲学简史》《中国哲学史新编》外，同时还购买胡适的《中国哲学史大纲》《中国中古思想史长编》《历史的文学观念论》《容忍与自由》等书籍。如我读了保罗·利科《作为他者的自身》，而后购买《活生生的隐喻》等，我读尼采、梁启超、李镇西、张楚廷等很多人的书，都采用专人阅读的方式，让我有读其人书，如读其人，如交其心的收获。

读书除掌握方法外，明确目的也很重要。我主张带着目的去读书。一本书承载的内容通常反映在两个方面，一是知其承载的内容，二是知其承载内容的形式。知其内容，根据需要通常在走近、走进、走出三个状态之中游走，这是我通常采用的方式。我读一本书，除了知其内容，更喜欢研读其结构形式。一本书到我手中，我总会习惯性地对章节结构进行破解，以求对作者最初的立意、构思进行最本真的探索。因为我发现：

一个人如果掌握了建构事物的形式，实则已经掌握了事物的全部秘密。

有时为了找到解决形式方面的难题，我甚至习惯性地跑到新华书店，对书架上书的书名、目录、后记等进行审读，以求找到他者采用的形式而有所启悟。

与大家交流了如何读书，以及提高读书效果的话题后，还有一点儿需要补充交流，那就是读书的方式。进入职场，已不会再像学生时代那样，采用正式学习的方式，职后更多的是非正式学习，非正式学习的时间多靠自我挤出来。一个人除了工作内的时间不能挤，其他时间都可以利用起来读书，只要心里惦记着专业化成长，随时都可以找到读书时间。在乡村教书，由于生活的圈子内读书人不是太多，人们不习惯读书，如若不给自我找读书时间，他们便会想方设法占用你的时间。为此，我们必须努力挤时间，才能保障学习时间。

一个人只要敢于向书本靠近，在乡村又何妨？守住宁静的乡村，只要把读书与幸福相关联，把读书与给予心灵的慰藉相关联，一定能找到满足自我诉求的办法，你便真会发现乡村是读书的好地方。

4.三观分明，防教师职业抑郁症

蛰伏乡村，为什么会产生烦恼，为什么找不到立足之感，为什么总有被抛弃而想当逃兵的感觉？主要原因在于我们的三观“生病了”，只是我们还不知道自我已病得不轻。

人，在一个地方久了，都会产生情感。在乡村教书，日子久了，投入了汗水付出了青春，就会对乡村产生情感。我想谈的，却是另一桩不太愿意提及的事。很多人做乡村教师久了，幸福感没有得到满足，开始对教师职业不满意，累积病垢越多越深沉，似乎得了“教师职业抑郁症”。一个人不热爱从事的职业，羞于提起从事的职

业而又找不到出路，这是非常严重的心病，这些就是此病的表征。

任何一种职业，谋生计是基本生成的需要，凸显职场价值属于超越性需求的满足。从事教师职业，虽尽心和努力，却不一定能促成理想和目标的达成。在此，我通过情景分析，尤其对涉及的未来行动加以描述，便能给出带来幸福或不幸福的理由。

在乡村教书，在乡村立足，首要应关注做事能力的大小。事实上，一个人能在某特定环境立足，并非做事全靠能力，很多时候会受非智力因素左右。

在一个环境中立足，并非全是工作，并非全是读书，还有生活。在乡村教书，稍不注意生活便会影响工作，导致自己难以集中精力或没心情读书，第二次成长便被抛在脑后。在我看来，学会做事与能力提升一样重要。立足乡村教书预防教师职业抑郁症产生，会做事才可能让一切干扰排除。只不过能做事、会做事，也是一个需要不间断学习的过程，特别是让自我的三观带有正能量，火车头的作用才会彰显出来。

主动精神

多年前，我曾在《走出困局，做幸福的教师》书中指出，我们首要做的事就是要有主动精神。主动与态度相关，精神与价值伦理相关，在做事中让自我有主动精神，反映出一个人的认知价值取向。对于如何做事，我曾提出过两方面的要求，一是能主动做事，二是要有主动精神。所做的阐释更直接——主动做事就是主动精神，主动精神就是主动做事。

一位初涉乡村教育的年轻人，若真会主动做事，这定会对其一生产生重大影响。对年轻人而言，首要的是能让自我清醒过来，能放下远大的理想，能与乡村教育相关的人和事融洽相处，能接纳乡村中的一切，并有为之服务的思考和准备，才会主动做事。

主动做事，实际上就是主动找到做事的机会。乡村教育存在很多空白，有许多地方需要提升。只有学会主动做事的人，才会得到人们应有的认可、尊重，并获得机会。如我目睹过一件事：

有一位年轻人，因组织安排、工作需要，他的工作岗位被定向到了一个边远的小学。这地方有口钟，通过敲打便可召唤孩子们来上学，还有的便是高扬的红旗，这些可证明这的确是一所学校。在胆怯、退缩与留下激烈的思想争斗之后，他终于安下心来。

这位年轻人能得到重视，那是他来这所学校一段时间后的一个仲夏。一行人来到这里例行进行安全检查，当他们走进校园时，被几幅精美的黑板报吸引。学校呈现出新的生趣以及崭新的面貌，最终全让一行人的注意力放到了这个年轻人的身上。

从此，这位年轻人被人们重视起来，开始得到重点培养。

主动做事，是心态的反映。可能有人会说，大事自己才愿意去做，小事不需要他去做，也懒得去做。其实主动做事与事情大小无关，最初可能还需要自己刻意去做，但久而久之形成习惯之后，就能使让主动与精神融合并真正拥有这一可贵的品质。

主动做事，可以获得做事的机会，具有主动精神的人才会获此机会。初学做事的人，开端难有获得感，只有等经验积累到足可成就一番事业时，才会被发现。如我经常与年轻人讲述“打扫行政办公室”的事例：

通常行政办公室卫生的打扫任务由办公室主任承担，在人们的认知里这理应是办公室主任的职责。一年轻人将分派的打扫教师办公室的任务完成了，发现行政办公室还需要打扫，于是也一块儿打扫了。此行为会产生什么样的效果呢？

第一次主动打扫行政办公室，肯定会在心理进行一番较量。这本是办公室主任干的事，自己主动去做，同事如何看待这件事呢？办公室主任如何看待这件事呢？暂且不论同事如何看待，原本行政办公室属于办公室主任的私人禁地，若能真允许外人打扫，这可说是给予年轻人机会。起初，打扫行政办公室，自我的心理都有些勉强，只要后续能主动继续打扫，时间久了便会形成行政办公室打扫的职责不再是办公室主任的意识。

能参与行政办公室的卫生打扫，在这过程中定然会得到办公室主任的接纳，主任管理办公室的经验便会让你耳濡目染。机遇可能还会在后面不确定的时间里发生。

主动做事，学会做事，深谙其道理，但更重要的在于行动。很多时候，与年轻人交流成长经验，虽然所讲述的案例带有功利的一面，但值得强调的是，须守住正确的“三观”，须保留做事做人的底线。

主动做事能产生良好效果，其条件通常包括做正确的事和正确地做事。正确做事，要求我们做事讲究方法，主动精神是其关键要领。到乡村教书，事事主动，无不要求增强责任意识，能主动承揽重任，能心系乡村学校，能心系学生成长，以及能心系乡村教育改革。

主动做事是良好品质的反映，是自我修炼的结果。只有感受到心的宁静，聆听源于内心的声音，才会敢于付出。付出，也是一种勇气，人人都会弯腰，都会打扫卫生，却并非人人愿意做此力所能及的事。很多时候，必须对所做事进行价值判断和伦理判断。做正确的事是前提，在做事中有主动精神是保障。只有这样，才不会因为所做的事受到外来干扰，质疑做事的初衷。只有这样，自己的动机才会摆正，让自我的正能量被释放出来。

一个主动做事的人，人格会通过做事被定格。通常获取成功的概率比等机会的人大得多，原因在于主动做事是一个学习过程，而学习本身便能赢得先机。因为学习能让自我发现做事时该有何种正确的态度，做正确的事也能体现价值，只有自我真付出才能带给自我价值，彰显自我的智慧，满足基本需要和超越性需求，让自己获得幸福的凭证。所以，明白何谓基本需求，何谓超越性需求显得尤为重要。

超越性需求

不知大家发现没有，同样是做事，不同的事价值差距很大；同样是做事，同一事在不同的时间点价值差距也大。我也发现，有人抱怨不公的事实。其实真的存在不公吗？实际上大家对基本需求和超越性需求概念没有弄明白。如若我们努力加强课程建设，提升学科教学成绩，这只能划归基本需求范畴；若我们依然是加强课程建设，提升学校的教育科研水平，这可能会划归超越性需求的范畴。再如，通过自我努力完成校本教材编写，让学校在这个领域首次实现零的突破，这可划归超越性需求的满足。若后面根据学校弥补多学科校本教材编写的计划，我们再次努力完成，这又只能划归为基本需求的范畴。

乡村学校这块天地，卧虎藏龙，但教师却普遍业绩平平，这本身就是问题。作为乡村教师，从入职走进校门的那一刻起，学校只交给了我们最基本的工作，告诉你至少要做点什么，但没有进一步说明说透“你还应该做点什么”。事实是，很多教师入职多年，除了完成基本工作得到薪资外，再也没有多做什么，自然也没有多得到什么。

在我所倡导的“关键年”“转机年”“转型年”里，人们的智力、体力和精力都处于人生的旺盛期，真要弄清“我要到哪里去”“我是谁”“为了谁”等问题，是非常容易的事。只有自我乐于打破视域限制，才会发现学校对我们“再做点什么”其实翘首企盼已久。只是我们长期以来习惯只有小我，没有将“为学校谋发展”纳入思考和行动的范围。自我的专业化素养发展也十分缓慢(甚至没有发展)，达不到满足学校超越性需求的要求。

一个人的思想，决定行动的取舍，最终决定发展格局。事实上，这里依旧遵循着“因果宇宙”大法则。我只做了基本工作，就只能得到完成基本工作后的价值认定。一个人只有思维成熟，才会带动行动转向。我见过很多从乡村这方天地里致远的成功教师，他们都有相同的路径：完成基本工作之外，努力促进学校超越性需求的达成。如此行事，往往一举多得，因为勇于承揽重任，学校也必将全力给予其专业化发展所需资源的帮助——给予发展和提升的机会，给予其卓越成绩展示的有利条件，同时尽一切可能促进其业绩认定。

我们不能满足于只成为学校的普通一员，要期盼成为最重要的一员，凭借卓越素养完成学校重要工作并做出突出贡献。我们应积极主动做事，在行事前，应该围绕自我专业化修炼时选择的发展点，结合学校重要工作选择性地做事，以求个人因为卓越业绩而成为学校的名片。

通常满足超越性需求，在于挑战"不可能完成"的工作，通过此举杀出一条血路，在完成学校重要工作的过程中提升独当一面的能力，从而为学校树起"招牌"。我们也只有在完成学校重要工作时，才会获得"作为认同的承认""自我承认""相互承认"，从而具有完成重要工作的执行力。

在任何集体中，我们都需要体现出做事的高效，习惯性脱颖而出。其实，一个人只有善于完成学校重要工作，善于围绕专业化发展点做自己能完成的事，善于借学校之力登高望远，才会因勇于登攀，将一座又一座山踩在脚下。

首先选择做正确的事，我们不应怀疑自我的能力，要完全认为自己是可做事、能做事、能将事干成功的人，同时投入积极的实践（行动），并在行动中提升自我的专业素养，获得被认同的成绩。

在职场中，真少有游离于学校重要工作之外，游离于满足超越性需求之外而优秀的教师。同样是做事，出发点不同，效果一定不同。有些人做事只为满足基本需求，只是做了满足工资报酬的那点事；当产生超越性需求时，却因专业素养不能胜任完成学校重要工作的要求，便心生负能量，自我面目狰狞，心生能力不足而有惶恐之心。完成基本需求也是在做事，因专业化素养卓越层级提升而完成重要工作也是在做事，但所产生的价值定然会因专业素养的差距而产生不同。

做事前缺乏抉择能力，缺乏专业化发展的支撑，仅靠努力和蛮干，是换不来卓越的业绩的。我们需要学会看天，同时也要低头选路，找出看似他人"不可能完成的工作"，找出学校重要工作的解决办法，而后勇于挑战并圆满解决。当他人无法完成而让你有机会且有能力完成时，那么你的不可替代性，才会在学校这一集体中被呈现出来。

身在职场中的我们应明白，学校因你的卓越素养而拥有业绩，学校定会对你的价值进行认定。教学任务往往对应基本需求，如若不认真完成，只能与落后为伍。完成教学等基本任务，只能说明具有完成重要工作的基本条件。现实往往是，你给予学校完成重要工作的支持度和能力素养，最终决定了学校对你的依赖程度。

如果一位教师能在某方面创造出让学校满意的业绩，即使其他方面略逊一筹也不伤大雅。然则，如果你远离学校的重要工作，即使其他方面做得不错，但却没有业绩，也就没有不可替代性，对学校而言你也属于没有太大价值的人。

做事争取业绩，永远没有固定的模式。关键在于学校有重要的工作时要能奋勇争先，能坚守阵地敢于永争第一。做好每一件与学校重要工作相关联的事，哪怕需要花费很长时间，只要敢于坚守，定会得到可喜的价值认定。学校并不吝啬给予我们发展的机会，因为很多地方都等待着我们为之付出。

满足超越性需求，需要提升自我素养。"我"能为学校干点什么？为学校还能干点什么？作为一名教师，能如此思考问题，说明你的思想已经由"我""我的"这一高度，升格至"大我""大我的"这一层级。

由小我走向大我，必须保持奋发有为的精神状态，才可能真为学校增添光彩。当前，也许我们正满足或醉心于"做点什么"，可学校需要我们"还能做点什么"。如若我们总在一个维度里思考问题，是很难找到立足之地的。

实现超越性需求的目标并与学校重要工作协同，真不是一件容易的事。现实情况是，百分之九十五以上的人只有单一的工作思维，最终平平淡淡地度过了自己的一生。只有不超过百分之五的人，能创造性地完成工作，最终获得了成功。

明确所做事的价值，做有价值的事，是正确做事的关键。一个人并非做成功一件事，便可称成功，只有感觉到人生有价值，方才可称人生幸福。在我看来，我们必须建立正确的人生观、世界观和价值观，才可能做正确的事。"三观"问题，表面上非常宽泛，实则体现于所做的每一件事中，持续反映实是一种积极的心态。这似乎就像我经常给大家讲的一点一与零点九的差别：

一点一代表着总是多做那么一点点的人，零点九代表着总是感觉差不多的人。做事标准高那么一点点的人，在入职第一年，看不出与他人有太大的差距；入职第二年便已经明显存在近零点四个成就值差；入职五年已经发展至近三倍的值差；入职十年更会达到近八倍左右的值差；入职二十年后几乎再没有可比性……

成功，就是多做那么一点点。在此以我二十余年人生经历为例：当年我就读中等师范，所在班级共五十五名同学。毕业后，全都被定向分配到了乡村，乡村成了同学们职场人生的第一站。这二十余年来，同学间因不同的价值取向，在行政、教育、经贸、科研等多领域，均取得丰硕业绩。若比，彼此间似乎无法比；若真比，彼此间岂止存在五十倍差距？

一点一，实是主动做事的数学演化，如果不加以时间的推算，谁也不会想到彼此之间原来的差距，是这样一点点积攒而成的。我深信一个"三观"正的人，只要拥有积极的心态，事事都追求好那么一点点，身处乡村只要能守住宁静，一定会是有作为的人，感受到乡村为师特有的满满的幸福感。

二、做现代化的乡村教师

一个人的发展格局过小，注定结局难料。为师乡村，只有打上“人的现代化”的特征，才会精神抖擞，去除乡村的保守，构筑起现代化乡村教师印象。

人，在现代社会中表现出来的社会性，是被认可的幸福的体现方式之一。在我看来，幸福是结果的体现，只有抓住幸福之源，才可预约幸福，让幸福按照既定流程呈现出来，从而让我们拥有成就感、安全感和获得感。像前面章节指出的那样，通过多种渠道和方式都可生产出幸福来，就如我用“铁观音”可以冲泡出一杯带有茶香的茶水，若选用其他种类的茶，或选用枸杞、蒲公英、黄连花等，同样可冲泡出一杯让人倍感享受的茶茗。至此，我将专题阐释为何要做现代化的乡村教师，以及做现代化的乡村教师与幸福之间的联系。

1.表达愿景，做现代化的教师

任何时代，人们对现代化教师的认可度都非常高。我认为寻求表达愿景的方式，是做现代化的教师的捷径，但会以各种不同的形式呈现。

人，最怕的是戴上有色眼镜看世界。如若对乡村、乡村教师的发展以及所取得的成就、获得的幸福指数等问题的看法，戴上有色眼镜，也的确可怕。提及现代化，有人会以印象里的乡村教师认为他们不属于现代化群体。但事实绝非如此，原因在于：一是乡村教师中的确存在着大量传统型教师，但也有不少现代型教师；二是乡村教师并非天生意识里“反现代化”，随着教育形势的变化，他们也正逐渐发展成为现代化的教师。

现代性

现代化是现代性的表象。谈现代性，只有通过现代化的反映，方才能明确现代性的特征。教师的现代化发展是一个多向度的动态的复杂过程。未来相当长一段时间内，促进现代化教师发展，将成为乡村教师追逐幸福、追逐专业化发展的方向。

时下，在乡村教师群体中，有很多教师属于传统型教师，除具有工业时代的文化素养和教育素养，更多的是“被强迫的现代化人”。没有引领性和前瞻性，谈何现代性？没经历现代化的革新，没实现“弯道超车”，何以成为现代化教师？

教师的现代化至少包括四个主要层次，即人格现代化、现代科学文化素养、现代教育科学理念和素养以及现代教育技术和技能。其中，人格现代化是教师现代化的核心，也是建立现代化师生关系的必要条件。而现代教育科学理念和素养是教师能真正有效地运用现代教育技术和技能的基础。教师的现代化最重要的内容，还是教师作为一个人的现代化[1]，即拥有现代性和现代精神。农村教育现代化的关键在于乡村教师队伍的现代化，时下的乡村教师群体中现代化教师占比非常小，更多的乡村教师急需努力地拓宽视野、传递知识、传播文化、开启心智以及完善人格。

乡村学校最缺乏的是什么？现代化的乡村教师。北京开放大学校长褚宏启曾指出：教育现代化的关键是“里子”而不是“面子”。乡村学校也是如此，缺少的不是漂亮的楼房和设备等硬件，而是信息、软件和教师的现代化素养等。乡村学校与城市学校相比，乡村学校更缺乏现代化教师，乡村教育的现代化形势十分严峻。但是乡村学校重视人才的程度明显高于城市学校，现代化的乡村教师的幸福指数就是最好的例证，一位具有现代化素养的乡村教师，在当地近乎是家喻户晓的明星级人物，特别受人敬仰。

在乡村教书，如若不想影响幸福指数的提升，关键在于教师要有现代化的素养。乡村现代化实施条件不成熟，老生常谈的话题有师资配备不足，亟待增加编制；结构不尽合理，部分师资缺乏；专业理想缺乏，专业情感低落；技能发展迟滞，且有退化倾向等。当下，教师群体无发展意识，对个体发展有很大影响。所以促使自我专业化发展的觉醒，自我自觉朝向现代化方向前行，难能可贵。做最好的自己才是为师乡村应有的本分，责任凸显才真有可能成为现代化的乡村教师。

现代化的乡村教师是乡村教育的宝贝。一位教师不会因“乡村”这一身份而得不到他人尊重，这与性别、身高、种族毫无关系，关键在于其具有的能力、素养及品格。我们发现，具有强大现代化素养的人，他最大的外部性特质在于“内秀”自发的外露，只要融入某一个群体，其强大的现代性会自发地驱动他人的现代素养增长，其强大的现代精神会自发地驱动他人行为方式更新。目前，很多人没有认识到：现代化的素养是提前修炼的结果，是敏感地捕捉到社会的现代化信息，是参照教育形态变迁提前进行教育改革的尝试，是推进教育现代性不断增长和实现的实践成效。对以上方面认识不足，所以导致修行者寡，成功者少。

现代化的乡村教师是幸福指数最高的群体，源于其受到人们的认可和尊重。

① 项贤明.教师现代化的四个层次[J].中国教师，2017，10(15):20-23.

他们具有现代教师的现代性和现代精神，一方面反映自我强大的现代化信息储备，另一方面反映自我具有现代化的理念、技能和用于改造环境的能力。提升自我学习现代化的能力，提升自我的生产性和创造性，方才具备现代教师的特质。作为乡村教师，急需加强修炼作为现代人的人格现代化、现代科学文化素养、现代教育科学理念和素养以及现代教育技术和技能。

现代精神

一位教师是否具有现代性，是否具有现代精神，可根据其对服务对象目标的影响是否凸显社会现代化或人的现代化来判断。传统与现代恰如主食与副食的关系。如只给予服务对象丰富的主食，这只能满足其基本需求，属性只应归于传统性服务范畴；给予服务对象充裕的主食，同时提供必要的副食，服务对象会有高品质生活的感觉。这种感觉源于满足其基本需求的同时，通过提供副食还满足了超越性需求。把传统文化知识及教育素养比作主食，将现代教育科学理念、教育教学技术技能等比作副食，有不恰当之处，但可以肯定，传统型教师具有提供给他人主食的储备能力，但这种能力仅仅属于满足基本需求的传统素养能力部分，而现代化教师还具有提供副食的储备能力，其属于满足超越性需求的现代化素养能力部分。

正确认知现代化教师的职场价值，对激励自己做现代化的乡村教师十分重要。现代社会对物质价值认定，不以产生的实用价值予以计算确认，而是以社会交换过程中产生的交换利润来确认。考究教师职场价值其实也一样，很多满足基本需求的主食如米饭的价值非常低；相反，副食的收益远远高于主食。虽然我们不能直接套用市场价值认定方式确认教师的职场价值，但一位教师若提供现代化服务，弥补传统型教师的不足，定是明智选择。

现代化的教师知识储备有一突出特征：对“有用”知识的掌握。做现代化的乡村教师，现代化的素养储备，多是职后自觉的非正式学习的结果。我们发现，很多教师在师范院校从书本中习得的知识、理念与技能，虽属于现代课程范围里的内容，但在教学实践中若不更新，只会等同于用昨天的知识储备指导今天的实践，会有力不足的感受。教师职后开启第二次成长之旅，习得新知识、新理念和新技能，体现出的现代性与传统不同，主要表现在他们主动地换代和升级。如我曾在乡村当计算机教师的经历：

计算机刚兴起时，开机、关机、汉字输入等都是使用计算机要学习的内容。我所在的学校，也购买了一台办公用的计算机，当年被视为学校的宝贝。我想尽办法学习电脑知识，从开机、关机学起，而后学习汉字五笔输入法、办公软件应用、简单计算机故障处理等知识。由于我比同事先学一步，当他们开始学习时，我自然而然地便成了他们的师傅。

在那个群体中,我便以计算机“高手”的形象出现。而后,学校开设信息技术课程,我顺理成章地成了计算机教师的不二人选,给全校师生上了两年信息技术课。

计算机知识,可称得上当时最热门的现代知识。当时评判是不是现代人,有三个标准:会一门外语、会开车、会运用计算机。现在想起来,当年的我不过是一位只会王码五笔输入的人,在那一群体中能以现代化教师身份立身,主要原因就在于那个时代人们的传统价值观念、知识结构、行为方式初次遇到挑战,处于传统性向现代性的转型期。由传统人向现代人转变,我习得的知识不但促进了自身的转变,而且也带动我所在群体的转变。说实话,这样的信息技术知识在时下不值一提,可当年的确是富有现代性的,即便习得的那一点知识就让我体现出了与众不同的现代精神。

现代化教师透出的现代精神具有时代性,会随着时代变化,与日俱增,不断发展。如时下开放式课堂教学方式的改革,慕课、微课在教学中的运用,投影、电子白板的普及等,已经成为现代课堂中的普通元素。如果一位教师不具备如此素养,便不可称其为现代化教师。成为现代化的教师,现代性和现代精神体现的具体目标是什么?在我看来,那就是能发挥领旗作用,说到底就是具有能引领两种人的本领,一是能把教师群体思想由传统的转变成现代的,引领其成为现代人;二是把一张白纸似的孩子转变成现代人。

能否成为现代化的乡村教师,服务于现代化教育和人的现代化,关键看你对所处环境的影响和对学生的影响。乡村学校实现现代化的教育方兴未艾,我们应该及时习得新知识与新技术,在教学教研活动中尝试、推广。如教学评价改革,将增量评价方法应用于学生的发展;更新教学课件,将全息投影技术引入课堂;提高阅读效果,进行群文阅读、主题阅读、单元整合教学实验……教育教学的许多方面都需要改革,需要探索者、引路者进行教育教学管理的尝试以及技术的升级创新,不分地域,无论农村或城市,谁都可以走在前列。相比而言,乡村学校教育空档更多,只要我们能结合学校存在的问题进行探讨,在前行过程中扩大视野,把立足点拓宽到同类对象,以求用最先进的方法解决,就会在行动中体现现代性和现代精神。一些默默无闻的教师,从乡村学校脱颖而出,成为佼佼者,跻身名师讲坛,便是确凿的例证。

做现代化教师,现代精神的提升是自我素养提升体现出的特质。自觉加强现代知识与技能学习,针对解决现实问题习得创新方法,在实践过程中体现出科学理性精神、独立自主精神等,自发地将自己置于首席地位。那么这种强大的发展动力将成为整个群体的第一资源,定会让教师所在学校具有较强的核心竞争力。

成为现代化的教师，彰显现代精神，有两个最基本的要求：一是培养学生除了要有健康体魄之外，还要有聪明的脑袋和温暖的胸怀，教师的核心素养是培养学生具备两种素养的能力；二是在教师自我自觉成长过程中，也应有一个聪明的脑袋，会自主创新，有颗温暖的心，会团结合作。在乡村教学，是否成为现代化的乡村教师，还有一项判断标准——审视其在学校实施品牌战略中作为群体一员能否竭力付出并发挥领旗作用。

2.迈向现代化以缩小差距

一个人的成就，永远无法超越自我的主观愿望，但一个人所获取的幸福永远与主体意识相关联。做现代化教师，可能有很多年轻人会说自己出生在信息时代，是伴随着数字科技成长起来的“土著居民”，谈人的现代化似乎无太多意义。其实不然，人的现代化主要是主体意识觉醒，包括心理、思想、态度、素养等主体意识从传统向现代转变和更新，人的本质得到充分而全面的发展。作为新生代数字“土著居民”，如果没有主体意识觉醒，其依然与人的现代化有差距。作为20世纪七八十年代出生的教师，只要主体意识觉醒强烈，人的现代化素养才不会落伍于他人，或者在迈向现代化的过程中逐渐缩小与他者的距离。

当下，我们必须明晰主体意识觉醒，是现代化教师的主要任务。我们只有奋起直追，让现代化意识觉醒，迈向现代化以缩小差距，才可能掷地有声地回答“为什么而来”。

宜即刻觉醒

乡村教师现代化的重要品格之一，即具有一种强烈的主体觉醒意识。现代化的乡村教师除了能肩负传统的教师职责，很好地履行“传道、授业、解惑”的职能外，同时还能结合时代的教育需求，结合乡村学校的发展需求，敢于参与到课程和教学的改革中，敢于进行文化创造和创新，敢于打破乡村学校长年所经受的地域限制，以积极姿态参与教育变革，将自我行动与乡村教育需求达成高度契合。

作为一名主体意识觉醒凸显的乡村教师，向现代化教师方向发展，在应对时代大潮中，彰显个体的独立自主性和主观能动性尤为重要。行为外在表征体现为：教学自主性增强、专业发展路径清晰、有强烈的学术自由精神以及能主动投身于教育教学改革等；行为内在精神体现为：有强烈的内在改变意愿，教学生命被唤醒，重视职业内在价值，重视专业发展提升和超越自我等。追逐乡村教育现代化，自我应对所处环境有着清醒认知，达到“自知自明”，能主动探索课程与教学的性质和发展方向，皆系精进和修为之结果。现代性和现代精神体现为：教师主体意识觉醒，不受大众化、市场化干扰，感知到乡村教育的危机才会脱俗，从而参与改革，创新求变。

一位主体意识觉醒的教师，具有现代性和现代精神品质的教师，其行为方式几乎不掺杂因循守旧、抱残守缺的影子。考究已具有现代化品质的乡村教师，发现其内在精神的修炼历程，多与尼采对骆驼、狮子和婴儿的介绍近似：

第一阶段如骆驼。有骆驼的忍辱负重精神，背着水和粮食，承担一切，独自走进沙漠中央，像鲲鹏在海底深积厚养而终能扶摇直上九万里，让生命气质发生变化。

第二阶段如狮子。有狮子的精神，敢于对世间说“不”。要有明辨是非善恶明的仁者精神，又要有敢于说“不”的勇者精神。

第三阶段如婴儿。像初生之婴孩，具有无限生机，充满无限可能，做出贡献、创造价值而保持天真烂漫。似是不通世事，不染浊恶的混沌之体，然混沌之中有大道存焉。所谓大人者，不失其赤子之心者也。

为何我们总是在强调主体意识的觉醒，强调乡村教师的身份，同时又强调现代化教师的身份？做现代化的乡村教师，经受炼狱，从像骆驼、狮子，到最后像婴儿般充满生机，其中的不易主要源于数字技术变化太快。往往由于数字技术更换速度太快造成了乡村与城市间难以填平的数字沟壑，这是乡村教师前行难的主要原因。在乡村为师，要像骆驼一样在沙漠不甘于寂寞与困苦，须有“士不可不弘毅，任重而道远”的坚韧态度。教师若没有开创意识，实难以与教育的现代化接轨。主体意识觉醒，对信息相当敏感，才能有狮子般追求自主自由的勇敢，才会敢于超越“你应（如何）”的指令，才会敢于喊出“我要（如何）”，从被动转为主动，能够自己决定自己的行为。从被动转变为主动期间，如骆驼的经验在于“勇于承担的坚毅”；如狮子的经验在于“自主自由的勇敢”；如婴儿的经验在于“活跃旺盛的创造”。经由骆驼精神变为狮子精神，再由狮子精神变为婴儿精神，当你“成为你自己”时，才会留下自我超越的踪迹。

做主体意识觉醒的乡村教师，勇于摆脱信息时代的被动，才会真正成为现代化的教师。像以前乡村电路不畅，断电后人们经常说的一句笑话一样：

“电正在来的路上，它在爬山哟。”

乡村教师与城市教师通常就是几座山的距离，追赶所需要的时间就是电“爬”那几座山的时间。基于基础设施的差距，走比别人更多的路，做比别人更多的事，只有比别人爬山赶早一点儿时间，才会与他人站在同一高度。对此，我们除了清醒地认识自我外，同时还需要能准确且清楚地回答“为什么而来”。

革新与转型

做即刻觉醒的现代化乡村教师，勇于革新，抓住一切机会转型，最终真正促成

乡村教育的现代化。我们必须看到,这种革新针对的是自我在朝向现代化教师发展的进程中体现出自觉。

一者,主体意识觉醒是自我职责的觉醒。卢梭在《爱弥尔:论教育》中说,做有意义的事的人应该有两种:一是做利于自己的人,二是做利于他人的人。做现代化教师,主体意识的觉醒,只有能清楚回答"为什么而来",才可能成为有作为的利己利人的现代化乡村教师。回答这些问题,真还有些犯难。我曾经在国培项目中,给来自重庆区县的乡村教师做讲座时谈道:

"'聪明'的人,不当教师;笨拙的人,当不了教师。我们都是一群处于聪明与笨拙之间的人。"

这是一个极速发展的时代,甚至是一个折腾人的时代。特别是在这个"人工智能"等不断超越与创新的时代,首要问题便是自问"信息网络有没有使我们变得聪明"。

在乡村教书,做现代化的乡村教师,在我看来炼狱般的修为不可缺,其间需要充溢智慧和激情,并能经受强烈事件的刺激,或是能抵抗数字时代突如其来的阻力。虽然我们面对的是乡村,但是教书育人同样需要不断学习新知识和新技能,只有努力成为卓越者,才能清楚回答"为什么而来"。

恐惧与欲望是魔鬼的食物。每个人的身体里都潜藏着魔鬼和上帝。如果恐惧和欲望强大,魔鬼就主宰你;只有克服恐惧和欲望,你才能自己主宰自己。

二者,主体意识觉醒是自我使命的觉醒。时下,数字时代信息技术更替速度非常快,很多人甚至对此产生了恐惧感。美国著名作家爱默生说:"有史以来,没有任何一项伟大的事业不是因为热忱而成功的。"回答"为什么而来乡村"原因是外在的压力也好,抑或内部的驱动力也罢,只有全然体现自我主动精神,才可能让自我内秀,从而体现现代性和现代精神。做现代化的农村教师,让"生命亲在",体验是基本情态。内在的动力是乡村教师寻求改变的基础。有了内在动力,乡村教师才会主动改变自己,从而对事业充满激情,全身心地投入工作。

"亲在",就是主体的亲临、存在,是"面向事物本身",是经验的直接性、无遮蔽性和敞开性,是一种更高层级的"体悟"。德国哲学家马丁·海德格尔认为:"对'在'的领悟本身就是'亲在'的规定性,凡是以没有'亲在'的'在'的性质的'在者'为课题的各种本体论都是以'亲在'本身的'在者'状态的结构作根据并作说明。"他认为,在各种存在关系中,个人存在面对其他一切存在时有优先地位,个人的存在是一切其他存在的根据。只有从个人存在出发,才能理解其他一切事物的存在。只有通过人的不断关心和牵挂,周围事物才有确定性,才有存在的意义。所谓"生命亲在",就是指我们虽然身为乡村教师,但敢与现代数字面对面,直接敞开心扉接纳它,让自己的生命始终与乡村教育教学的现场保持零距离。这些话说起来容易做起来难,促进自我朝现代化教育方向发展,任重而道远。

三者,主体意识的觉醒是对自我生命力的唤醒。多数情况下,教师虽然在教育教学现场,但是真要全面体现现代教育的精髓,并非一件容易的事,需要教师做长久准备,比如实现技术的突破。

身处乡村,体验是教育现代化的基本情态,它的基本特征主要体现在三个方面:一是生命在场的主体自觉性。乡村教师能主动自觉地与教育现代化对话,而不是被动地全面接受,需要的是生命自觉地在场,而不是被动地在场。二是生命在场的体验性。体验是身心活动与直接经验融合而产生的情感和意识,是一种生命活动情态,包括主体的觉醒及心灵的唤醒;是一种外部世界与自我生命存在状态的交融过程,能将现代化需要转化为自我知识,服务于教育教学。其间,只有新知识的学习,新技能的运用,才能使课堂充满生气,充满活力。三是生命在场的独特性。要求体现教师的生命个性,在教学中可以效仿、借鉴和创新,但绝对不能简单复制和照搬。

我们需要主体意识觉醒,目的在于唤醒自我生命活力。朝向现代化教育前行,创新发展、不断实现自我超越并非一帆风顺,只有不断解决矛盾和冲突,才能展露出教育现代化的新情态。技术上的革新,是现代化教育突出的亮点,主要体现在实践中,能快捷地掌握先进工具,勇做第一个吃螃蟹者,敢于投身教育教学科研前沿,真正促使自我由传统型教师朝向现代化教师转型。只要擅于精进,自身的转型才会出现明显的变化,至少体现在以下三个方面:

一是,主体意识觉醒总是促使自我不甘落后。现实社会中,无数乡村教师缺少现代化和现代精神的巅峰享受,正是源于其主体意识没有觉醒,甚至无法被唤醒。美国心理学家马斯洛在调查一批卓越成就的人士时发现,他们常常提到生命中曾有过的一种特殊经历——感受到一种发自心灵深处的战栗、欣快、满足、超然的情绪体验,由此获得人性的解放,心灵的自由,从而照亮了他们前进的一生。马斯洛把这种感受称之为高峰体验。人的整个心灵被唤醒时,整个心灵世界处于敞亮的状态,就能获得如此体验。一位教师如果远离现代化教育太久,就会变得越来越麻木且慵懒。改变自我,需要习惯性地用审美的眼光去审视现代教育,甚至用自我拥有的现代性和现代精神品格的力量去影响他人,从而让自我产生并享受高峰体验。

主体意识觉醒,是成为现代化教师的前提,正如美国的维克多·E.弗兰克尔所说:“个人一旦成功的找到了意义,那他不但会感到幸福,还会具有应对磨难的能力。”[①]

① 维克多·E.弗兰克尔.活出生命的意义[M].吕娜,译.北京:华夏出版社,2018.

二是，主体意识的觉醒总是体现出自我的强大。我们需要回答现代化的乡村教师“为什么而来”。一种自我内驱动力不断扩张，方能看到人生辉煌，看到累累硕果以及持续强大的支撑动力。现代化的乡村教师特质中最重要的是行动导向，而行动导向必然包括现代性的付出以及在尝试中学习现代知识和理念，但要知晓现代精神背后体现的是激情和汗水。

成为现代化的乡村教师，关键在于找到适合自我发展的秩序。“世间最乱的，莫过于心绪最乱。调整好我们的心绪，世界就会变得和谐。”人，既是教育的出发点，也是教育的原点。一个不关心教育现代化的教师，一定不会是卓越教师。大量事实证明，现代化的教师多从习惯性的捣鼓开始，将现代数字元素与教育对接，突显现代化在农村教育中的适用性、有用性。这里必然包括自主性，以及教师满满的智慧。

三是，主体意识的觉醒总是科学地体现出一个渐进的过程。只有充满责任感，能用心谱写教育人生，才会在教育变革中科学地突破现有困顿，真正成为教育现代化的推动者和建设者。时间和才华是人一生中最大的财富。如果才华越来越大，时间越来越少，我们的一生可谓是以时间换取才华。如果时间一天天过去，而专属于现代化和现代精神的才华没有增加，那便是虚掷了韶华。

为师乡村，走进现代教育职场，迈向现代化以缩小差距，亟待主体意识觉醒。时下，我们要做的就是在有限的时间内做正确的事，正确地做事，随着时间的推移增长才华，增加生命和教育的深度和厚度。我们必须带着自己的思考，带着自己的实践，才能在追逐新知的过程中进入“超我”境界。

3.遵循乡村智力的发展逻辑

主体意识觉醒是成为现代化的乡村教师的第一动力。笔者以为，幸福与做现代化教师内涵关联很深，与奋斗目标关联更深。支配这个时代最主要的动力是变革，影响最大的却是变革速度。这种速度是推动力，对人身、心理及诸多方面产生巨大的影响力。[①]我坚持“目标是智力”的观点，甚至认为代表乡村教师幸福的是目标及智力，乡村智力完全代表现代化教师的全部成就。至此，我们完全可尝试从现代化教师的发展历程中，逐渐厘清乡村智力作为现代化乡村的内在发展逻辑。

代表乡村智力

乡村智力是成为现代化乡村教师的精神支柱。拥有精神支柱的人往往大脑清醒，能回答“从什么地方来”，知晓“要到哪里去”，包括主体意识觉醒，目标意识生

① 阿尔文·托夫勒.未来的冲击[M].黄明坚，译.北京：中信出版集团，2006.

成。作为数字时代“土著居民”，现代人具有先天的优势，如果没有人的现代化作为条件，其依然难以真正成为一名现代化的乡村教师。一位现代化的乡村教师的行动目标，往往具有创新意识和主观能动性，行动目标“外秀”，会体现开放性、创新的素质、进取心、开拓精神、竞争观念、用科学文化知识武装自己具有信息观念、时间观念、效率观念、正视现实的勇气和面向未来等特征。这种极强特征对教师个体而言，在服务于乡村教育的过程中完全彰显的现代化人格与乡村教育的创新发展紧紧相连。

做现代化的主体意识觉醒的乡村教师，整个人生职场价值的最高高度代表乡村智力。现代化和现代精神以乡村智力特有形式呈现，体现出极强的方向感，在人格基本层面具有理性和科学的特性，对内具有科学态度，对外不盲从、不迷信。除了具有自由与开放、尊重与自尊体征，对乡村文化整合具有包容性，还能积极地围绕培养目标现代化、课程内容现代化、学习方式现代化、教育评价方式现代化等进行有效尝试。

乡村教育现代化是乡村智力的重要表现形式之一。在乡村推行现代化教育，成就绝对不会低于城市，这是我用乡村智力给予描述的主要原因。如乡村教育现代化在努力实现培养目标的现代化，促进教学内容符合人工智力社会、民主社会要求，努力渗透科学理性，培养民主法治精神、平等开放精神，促进农村教育信息现代化，提升搜集信息素养能力，应用信息素养创新及合作能力等方面，皆可大放异彩。

乡村教育像一块白板，乡村教师水准直接反映乡村教学质量的高低。这也是为什么总在强调现代化教师水平代表乡村智力的主要原因。著名哲学家冯友兰先生认为，人的生命存在四种不同的境界，即自然境界、功利境界、道德境界和天地境界。天地境界，是一种完全摆脱功利走向了自由的境界。在乡村教书，现代化教育作为完全行为的出发点，能拥有开启至卓越的人生智慧。虽然难以达到天地境界，但可以肯定的是付诸乡村教育振兴的行动，代表乡村智力决不会滑落于道德境界。做现代化乡村教师，要自然地心怀乡村教育，自觉地通过职后学习建立科学文化素养和教育教学必需的专业科学文化知识和素养。这是对乡村教育空白的填补也是将知识、素养、人格、道德等经常融为一体，评价一位乡村教师的主要原因。乡村教师唯有敢于奉献，才能让自我成为乡村智力的代表，其中的艰辛正如马丁·海德格尔所言：

在把自己投向未来之前，什么都不存在，连理性的天堂也没有他；人只是在企图成为什么时才取得存在。人为把自己造成他愿意成为的那种人而可能采取的一切行动中，没有一个行动不是同时在创造一个他认为自己应当如此的人的形象。

做现代化教师，提升乡村智力，是所有的乡村为师者应努力的方向。一个人想要幸福地度过一生，不理解自我存在价值的本质，就不可能理解自我仰仗的职业，以至于自己在情感和精神上出现紊乱。

回答“要到哪里去”，要代表乡村智力，绝非一件容易的事。通过观察发现，对这一自问自答的设问，乡村教师群体给出的答案让教师个体满意的并不多。更多原因在于很多乡村教师，哪怕呕心沥血多年，依旧没有清楚地明白自我“真要到哪里去”。不具有现代化和现代精神，存在着情感和精神上的矛盾冲突，导致无数教师因为仰仗守旧的观念，感受不到自身被社会认可的价值，于是出现了危机感，甚至恐慌，否定自己的职业。

美国教育哲学家约西亚·罗伊斯曾说过，目的的体现是“智力”的标准，并且事情的内在本质是精神。换言之，回答“要到哪里去”的问题，关键在于弄明白自我为师一生“想什么”“要什么”，搞明白自我的目的，才能更有作为。

我们发现，乡村教师产生责任感是乡村智力提升的发端。在全面提升自我教育科学理念和素养的过程中，加强对现代教育科学的基本认知和理解，会对教育过程中形成的现代化教育意义产生推动作用。其间，有效地运用教育具体技术和技能是其常规行为的反映。现代化教师素养绝非唾手可得。作为乡村教师只能通过不懈努力，仰仗乡村教育实现乡村智力提升，全面提高自我人生价值。

现代化的乡村教师，在他们的整个行动的字典里，挑战无处不在。打破“能够”的内涵，选择最适合自我行走乡村的教育生活方式，才会真正具有现代化教师品质而不迂腐。

一个人今天的奋斗方向，直接决定他以后创造成就的总和。这个世界，所有行为都有目的性，只有认可其存在，才能找到发展的无限可能性。叔本华说：“自我，是一个人所能成为或所能得到的最好的也是最多的资源。”一个人获取的认定价值主要源于内在的自身价值，特别是他人不可替代的富有明确专业性的能力素养。乡村教师需要将乡村现代化教育确立为自己的人生目标，事实上，很多职业并非人们的所爱或首选，多是不得已而为之。有人说：把不喜爱的事情做得专业，那才是本事。尼采曾说：“知道为什么而活的人，便能生存。”虽然，很多时候，人们的外在行为或情感表现与其内心动机欲望完全相反，形成“反向形成”，但真正的纯粹的为师者，绝不能只为了生存而追求目标。

愿景建设

乡村智力代表我们作为乡村现代教师的想要达成的目标，也反映自我对未来的看法。但我们警惕那种不注重未来、不注重积极的目标取向和共识的愿景建设。

并非主体意识觉醒，朝向现代化教师方向发展，就可代表乡村智力。我们只有通过自我的努力，通过大量的物化效果产生共识，才能促进乡村智力变现，才会让愿景生成。这里提出的涉及乡村智力构建的愿景，不仅涉及未来和希望，而且也涉及对乡村及教育人生的独特看法，还涉及看到"铸成的镣铐"，尽管这里包括存在的合理性。

如果不考虑我们每一个人的立场和特殊性，成为现代化乡村教师的愿景建设很可能成为一种空想。维克多·E.弗兰克尔在《活出生命的意义》一书中指出，"存在"一词有三种含义：一是存在本身；二是存在的意义；三是对个体存在意义的追求，即对意义的追求。考究乡村教师职场的生存意义，我们发现真正能明晰作为现代化的乡村教师的生存的含义，并能正确做出决策的人并不多见，更多的人将职业与生存完全等同。

很多教师与教育之间的关系，就像那先成婚后恋爱的夫妇，哪怕先前只为了生存而捆绑在一起，也影响不了家庭的和睦和兴旺。北大校长王恩曾指出："我们应培养'两种功夫'，一个是本分，一个是本事。做人靠本分，做事靠本事，靠'两本'起家靠得住。"作为乡村教师，处理好自我与现代化教育之间的关系，在我们看来，依旧在于能明白自我与现代化教育之间的契合度，能坚守做人的本分，能坚持提升做事的本事，只有这样才能明白我们"从什么地方来"和"要到哪里去"，然后准确定位，迎来有序的职业发展。

时下，我们不但要明晰乡村智力的行为目标，还需同步对掌握现代教育具体技能和技术有所规划。教师的现代化是人的现代化，一个多向度的、立体的、动态的、复杂的过程，对这一过程有任何简单、片面和僵化的形而上学的认识，都可能影响行为结果。在乡村教书，我们只要能与现代化教育挂钩，完全可描绘出一幅雄伟宏图。朝向目标前行抓好自我定位十分重要，正如法国哲学家让·保罗·萨特所说：

人，除了自己认为的那样，往往什么都不是。

我们必须加强愿景建设。人都来自情感的故乡，为提升乡村智力而奋勇前行，乡村教师责无旁贷。对于"为什么而来"，很多人认为，只要踏上了朝圣的列车，这便成了不太重要的话题。事实上，在认识教师自我，体现人的现代化的过程中，目标更重要，投入生命与激情，指向明确目标，有较高的层级感，人生才会达到理想的高度。所以，同为现代化的乡村教师，有理智的教师是匠师，有激情的教师才是"明师"。

在实践中增添新乡村智力的内涵，教育行为才更具有现实意义。为乡村现代化教育努力，若没有饱满的激情，注定达不到巅峰。具体说来，追逐现代化教育，成为现代化教师只是一个方向。建议乡村教师应该多与城市教师深度交流和学习，常到城市学校走走，看看城市学校的宣传栏和校园的标语，以便回到乡村教育岗位

进行教育实战时，让自己的思考更加完善，让自己的行动更有勇气，从而为成为精进路上的智者而继续研修。

我们必须看到，人（教师自我）才是乡村智力的魂。唐太宗《帝范》卷四有言："取法于上，仅得为中；取法于中，故为其下。"阿图尔·叔本华曾说：

每个人都期望得到更多，但格局限制了我们的视野，视野限制了我们的所得。

提升乡村智力，具有战略性，拥有现代化素养才能给予有力的支撑。在乡村教书，唯有及时充电才可以致远。一个人的素养若要达到更高层级，必然要经历多次高原期的突围。如果没有一次又一次能量的补充，突围非常难。我曾指出，在人生每一阶段，都有相应的该去做的事，一旦达到一定层级，若没有强大能量支撑，很难再提高一个层级。

朝向现代化教师的方向发展，我们必须兢兢业业，因为我们代表着乡村智力。给予自我不断前行的力量，我们才可能真正让人生在突围中实现超越，从而让乡村教育和我们一同有新作为。人生不同阶段的吸纳能力不尽相同，只有及时补充新的能量源，才具有完成更高层级之事。在数字信息时代，一个人的核心要素一直不变，但要素的组合会不断变化，充电的时机，更新的内容都具有时代特征，只有及时加强对新知识、新理论的学习，才能体现人的现代化。任何人都无法提前告知他人，未来核心要素组合需要什么，因为一切的充电机会都是自我争取的结果。

提升乡村智力，是乡村教师的使命，也是我们人生的使命。我们必须把好现代化的端点，以保证农村教育现代化顺利实现，从而真正成为现代化的教师，真正代表乡村智力的高度。时下，需要的是我们能坚持乡村教育改革，走跨越式发展之路，使乡村教育跨越式发展。快速成长为现代化教师，建议突围时树立两个目标：一是能坚持乡村智力事实概念的形成，二是追求乡村智力物化概念的形成。只要我们充满理性、敢于充电，两个概念的内涵才会得以扩充，乡村智力才会成为一代人的精神支柱和精神高度，才会让人重视、敬仰甚至顶礼膜拜。

4.永远走在追逐乡村现代化的路上

乡村智力代表着人生的最高理想，但它必是主体意识觉醒的产物。我曾谈过，解决乡村文化带来的冲击，才可能守住乡村的宁静。成为现代化的乡村教师，让现代化教育在乡村落地生根。从某种程度上讲，这是文化改良的一种方式，能促进乡村教育承载时代的强音。把成为现代化的乡村教师当作一种理想，不但能促进乡村智力整体提升，更利于师者格局超越，并以实际行动打破保守、落后的文化封锁，利于师者放眼国家、民族的未来，生成充足、丰实、和谐、幸福的教育生活。

理想格局

乡村智力必须拥有现代化的格局,才会被人们所认可。变革是这个时代带给人们最大的冲击。未来的冲击,是一种时间现象,是社会加速变革的结果,是新文化对抗旧文化压迫的行为。这是同一个社会里的一种文化冲击,而影响力往往比一般的文化冲击更深刻,更巨大。为师者的格局,在于能坚守住乡村的宁静,以我的现代素养促进乡村改变。时间之变,乡村这一块净土若能因为我们而留下现代的元素,这将是莫大的自豪。

乡村有广袤的原野,但乡村教师的格局并非不广大。试想,乡村土地上的人们也跟上时代的脚步,整个社会、整整的一代人,包括最微不足道、最笨拙、最缺乏理性的成员在内,突然进入新世界,将会是如何的景象呢?不难想象,在乡村那将是一场集体性的大变革,一幅秀美的山河图。当然,现在看来,这些还只是梦想。此刻,最重要的是我们在确立理想与格局之后,能清晰地回答"我们需要做什么"——完成"生命亲在"的修复。正如菲利普·W.杰克森说的:"做不可能完成的事情,为一个无限的问题寻找有限的答案——为使每一位听众都参与进来搞清楚教育本质的任务,是整体的本质,但这种整体是无限的,其条件是无限的。"

师者的理想和格局最终决定了人生的变化。当下,对于乡村教师来说生存生计问题已经不是问题,区域环境因交通、卫生、教育、医疗等有所改善也不是问题,能否在投身于乡村教育的过程中有一番作为,这才是其应思考的问题。此刻,需要回答"我们需要做什么",必然相伴"能做什么""谁能做什么""需要什么保障条件""最大的挑战是什么""完成的保底在哪""极限问题在哪"等一系列问题的追问。这些都可转化成教师"本我""自我""超我"的问题。做现代化的教师,绝对是当代乡村教师理应锁定的理想。

振兴乡村教育,是一项宏大的事业,我们必须有高远的格局才能完成这项使命。我认为,一位教师内驱动力的提升,全在于对教育的正确理解,既能看天"接天气",又能看路"接地气",我们的付出才不至于是无用功,才不至于出现对解决生存问题和教育生态问题无丝毫帮助的现象。此过程,必然包括乡村教师的全情付出,尽情呵护和真心流露。

能回答"我们需要做什么",指的是做事。一个人能否全情投入乡村教育,取决于其能量的大小。内驱动力的逐渐强大,是保证我们做出更大成绩和解决职场生态问题最有效的法宝。科学地做事,教育理想才会不再遥远,这过程等同于完成"生命亲在"的自我修复。

推进乡村教育现代化,需要每一位乡村教师树立远大的理想,尽自己的职责,通过不断而有序的努力取得成绩。作为一位普通的乡村教师，虽然无法担负整个乡村教育，但完全可以对自己负责，努力成为乡村最希望的现代化教师，担负起自己应承担的那一份责任。如农民一样在责任田里默默付出，哪怕最后只是自家致富，也是一件可喜的事。

在农村逐渐城镇化的背景下，出现了农村人口大量外流、乡村学校大量撤并的局面，学术界也出现了“乡村教育现代化的过程就是让乡村学校全部进城、消灭农村教育”的声音。那么，我们还需不需要乡村教育的现代化？需要怎样的乡村教育现代化？如何才能实现现代化的乡村教育？这些都是值得我们认真审视的问题。

格局远大的乡村教师涉身农村教育，绝非以城市的标准和模样来刻画心中的教育现代化。现在的农村教育，农村学校逐渐撤并，生源逐年减少，学校越来越远离乡村社区和乡土文化，人们期待能在城镇的校园中培养出适应城市社会需要的现代人。[①]面对农村教育资源（师资和生源）被城市学校争夺或兼并的现实，可能人们思考得更多的是城市教育的现代化，并非农村教育的存续。这种发展趋势虽然已解决农村孩子接受先进的现代教育的问题，但来自农村的孩子依靠城市教育成长，未来的他们能反哺农村和农村教育吗？虽然一些农村孩子可以走进城市学校，但仍有不少的农村孩子仍在农村学校、偏远山乡学校教学点接受农村教育。这种情况应当引起各界人士的重视。否则，真应了张强先生发表在2019年8月22日《南方周末》上的文题——“不给乡镇学校留活路，乡村必将失魂落魄！”

农村向城镇化发展是不可阻挡的趋势，但农村绝对不会消亡。所以，农村教育现代化是乡村教师应终身关注的课题。

格局远大的乡村教师能跳出农村看教育。这样的教师一定会发现，尽管城乡教育在培养目标上是一致的，但可供城乡教师使用的教育资源却有差别。城乡儿童的社会活动空间和主体生活经验也有很大的不同。现代化的教育不能脱离儿童经验和乡土资源。乡村学校完全可以按照现代的教育理念，利用乡村的自然、社会、风俗、产业和文化等特色资源优势，探索出符合乡村社区和儿童特点的现代化教育模式，来培养全面发展的个性化现代新人。

农村教育可以借鉴城市教育走现代化之路，但绝对不是被同化而失去应有的魂。这些是我们为师乡村应思考的内容。虽然现代化教育方向是相同的，精神也是一致的，但其路径和方式应是不同的。城乡之间文化、传统、地理、环境各不相同，实施的教育技术尽管可以相同，但基于乡村资源优势和儿童经验特点的不同，乡村实施现代教育应有自己独特的方式。

---

① 邬志辉.乡村教育现代化三问[J].教育发展研究，2015(1)：53-56.

作为乡村教师，应清醒地判断自我的理想和调整自我的格局。我们肩负的责任，不只是完成当下的任务，培养的人应心系乡村，因此，我们需将目光放得更长远，将农村孩子和农村的未来一并考虑。

唤醒自我

乡村，并非只是血汗的见证，绝非与魔鬼共舞的境地，只有我们触摸到未来才会感知到未来，只有我们触摸到希望才会感知到希望。我们需要唤醒自我，不能太沉湎于过去，也不能完全寄希望于未来，只有脚踏实地，才可能让当下真正具有无穷的意义。

向城市教育学习，实现乡村教育的现代化，能让农村教育代表先进，这样的改革方可称为成功。实施现代化教育是手段，培养现代化的人才是目的。我们不能只关注当下，而不考量农村的未来；不应只解决眼下的问题，而不思考此行的终极目的。我们在全面向城市学校学习的过程中，技术上可以有"质的转换"，但应以积极的态度保存农村教育的特色优势，只有这样，我们才不会让农村教育在追求现代化教育的过程中成为城市教育的附庸，也才会让农村教育者深感责任与使命。

做现代化的乡村教师，应该也必须是我们坚定的理想和信仰。教育现代化是一个不断追求卓越的永恒过程，由于不断受到主体传统观念、社会制度安排和现存资源禀赋的限制，在全面实施现代化乡村教育的过程中，需要一批批、一代代农村教育者尤其是教育管理者接力发展、前赴后继，以积极乐观的现代化态度，打造适合乡村教育现代化的办学理念。唯有这样，乡村学校才能与现代化接轨，才能培养出具有厚重底蕴和现代气质的新公民。

乡村智力是我们格局的反映。我们为师乡村，应以培养现代人为己任。乡村是我们的实验场和实践场，培养面向未来的现代人，让其成为具有创新精神、人文精神和超强学习能力者，是我们义不容辞的责任。我们必须成为现代化教师才是实现现代化乡村教育的首要条件。现代化教师是在现代思想指导下，运用现代教学手段培养现代人的新型教师，要求其具有教育情怀、教育理想和终极追求。①我们必须依靠这一要求加强修炼。

古希腊亚里士多德在《形而上学》一书中曾指出："各行各业的大师较之一般的人更应受到尊敬，他们对事物了解得更加深刻，头脑更聪明，他们每一个行为都有清晰的理由。"他们（大师）更为睿智，并非因他们更精于具体的操作，而是因为他们掌握着理论，知晓本源。

① 赵建芳，宋远航．教育现代化进程中的教师素质现代化[N]．佳木斯大学社会科学学，2017-12(27-28)．

探讨现代化的乡村教育，洞察普通教师与格局高远教师之间的差距，通过对其做事风格的对比分析，也许更能知晓格局高远教师为何优秀的原委。回顾职场中不同层级教师之间的差距，我将教师分成两个类型：一类是做事只知其然者，像牛拉磨一样全凭借惯性周而复始消耗时间，我们应清晰地认识到时间属于一个人的最宝贵资源，此类教师犹如知识的搬运工，要知道人生何其短暂，我们已浪费了很多宝贵时间；一类是做事知其然并知其所以然者，努力探求理论和发现本源，在职业生涯中尽力有效地发展。此类教师像美国著名教育家菲利普·W.杰克森所指——将贩运真理视为教育的使命。

纵观当下更多无理想无格局的教师，要改变其凭借惯性做事的习惯，绝非一件容易的事，除非有一种强大的动力驱使。这种动力之源，更多的源于教师自我，驱动自我甘愿去做本职工作之外的研修和学习，同时驱动自我努力探求乡村教育教学的本质及规律。

我们发现，一个拥有高格局的努力做现代化乡村教师的人，必然拥有强烈的职业幸福感。激情能让教育的幸福感更持久、更强烈。客观地说，乡村教师的职业幸福感高低，关键在于教师本人现有的现代化素养程度和生活态度，在于教师从事乡村教育事业时的需要是否得到满足，潜能是否得到发挥，力量是否得以增强。

理想与格局的不同，决定着教育幸福感存在的不同层级。马斯洛的层次需要理论，从两个方面阐述了人的层次需求论。首先，人是一个有需要的动物，其需要取决于他已经得到了什么，还缺少什么。只有尚未满足的需要能够影响行为，已经得到满足的需要，不再起到激励作用。其次，人的需要都有轻重层次，某一层次得到满足之后，另一层次需要才会出现。身为乡村教师，只要我们不责怨乡村的劣势，不羡慕城市的优越，能满足现有的条件，努力地追逐现代化的乡村教育，坚定地向着更高层次的要求迈进，那些低层次的曾经带来教育幸福的因素就不再起作用了。

在向农村现代化教育进军的过程中，培育出英才是提升乡村智力的具体表现，拥有高远格局更能焕发出我们的青春活力。孟子曰："君子有三乐。"其中一乐就是"得天下英才而教育之"。将教育之乐与天伦之乐、德性生活之乐相列，这是孟子作为人师对教师职业幸福感的充分认定。诚然，立志乡村教育，教育的目的指向为了乡村的明天，教育的根本追求在于为师的幸福人生。如果我们踏实付出，真心关注农村学生的成长，把自己的心灵和智慧交给孩子，教师就会体验到别样的职业幸福，享受丝毫不逊于城市教育者的幸福生活。

唤醒自我，我们应清醒地认识到，没有做现代化的乡村教师的理想和格局，生命激情的"亲在"就无法实现专业化发展的具象化。法国哲学家卢梭说过，真正的幸福来源于自己的存在。为师者的存在体现在哪里呢？我们在乡村教育教学的过程中，总会遇到这样或那样的矛盾和冲突，当自己无法依靠自我能力解决这种矛盾和冲突时，就需要外在力量的介入。而外在力量（比如专家或政府推行的教育改革等）的介入，往往会对教师原有的日常教育生活造成冲击，使教师陷入恐惧或者焦虑的状态之中，甚至有强烈的不安全感。有人开始拒绝变化，这种抵制让教育生活显得更加无趣乏味；有人开始消极应对，这种消沉让教育生活变得更加无聊空虚。所以，我们要想获得更大的教育激情和幸福，就必须拥护教育改革，拒绝平庸。

唤醒自我，我们应时刻保持主体意识的觉醒，为提升远大格局、铸就乡村智力成就而奋发向上。人生匆匆，白驹过隙；人生渺渺，沧海一粟。国学大师王国维曾说："有真性情方有新境界。"我们坚守乡村，只有提升乡村教育的境界，提高自我为师生涯的质量，才会感觉到乡村智力的魂。

开拓属于自我直达远方的格局，这定然是在乡村教育中走向卓越的黄金法则。每一个人都有专属于自我的宿命，在追逐卓越的路途中，想顺着他人的捷径轻装前行，从未有过成功的先例。浩瀚的宇宙之间，永远存在着因果法则。有人曾说，世间从没有适合自我的现存之路，只有努力寻找，才可能找到适合自己的那条路，并且他人所走之路，一定不适合后来者。我们深信，只有坚守住乡村的宁静，才能开拓出适合自我需要的那条大道——虽然并不平坦，但却风景无限。

向着做现代化的乡村教师的理想前行，能提升教育情怀、完成"生命亲在"的自我修复。在此，必须指出当前一些教师无所作为，主要原因在于他们没有明晰自我到底在追逐什么。一种顺其自然的状态致使这部分教师长期处于职场低迷情态，导致他们的从业幸福感普遍低于其他行业。

2019年2月印发的《中国教育现代化2035》，聚焦教育发展的突出问题和薄弱环节，立足当前，着眼长远，重点部署了面向教育现代化的十大战略任务。系统提出了八个"更加注重"的基本理念，即以德为先、全面发展、面向人人、终身学习、因材施教、知行合一、融合发展、共建共享。这八大基本理念，实则给立志实现现代化的乡村教师指明了奋进的方向。

行走在乡村教育的路上，铸就远大的理想和高远的格局，人生之中依然有很多关键词，比如知识、阅历、名誉、财富、地位、操守、情感、健康、幸福等，这些关键词，构成了人生丰富美满的向度。假若让你只保留一个关键词，你会选择什么呢？我以为在乡村为师应该做到以下两点：

一是捍卫环境给予的内驱动力。我们的理想离开生存环境则难以保证，同样，我们的格局离开具体环境就只能成为蜃景。身处互联网高度发达的时代，物理环境对人们的影响已逐渐缩小，但因环境所致的影响依旧是人们前行中不可忽视的重要因素。在乡村行走，优雅的生活环境是保证教师身心放松的外在条件。几株兰竹，一架书案，一壶茗茶，一间书屋，几位师友……是读书人追求的惬意生活。或许我们没有资本，但是我们有独享宁静且淡泊的雅致；我们没有觥筹交错的喧闹，却有在书山文海里徜徉的自由和安然。

二是做自强者，升华教育自尊。帕斯卡尔说，人的全部尊严，在于思想！如果我们以追逐现代化教师为理想，促优质的乡村教育生成所致的尊严一定会备受世人关注。正如尼采所说："要真正体验生命，你必须站在生命之上，为此要学会向高处攀登；为此要学会俯视下方。"常人的成功，往往是激励有志者奋进的开始。为师乡村，做现代化的乡村教师，哪怕理想和格局会经受漫长岁月的折磨，乡村智力会让我们承受体力、情感、身心等巨大的压力，只要我们主体意识觉醒，做拥有精神支柱的人，砥砺坚持定能获得职业尊严。

三、不忘专业化发展

我们是谁不重要，正如格局比知识更重要。一位师者只有在职场中体现专业性，有见识，才会因此而有存在感，才会因此而有幸福感，才会因此而有安全感和大格局。

从教几十年，总从事高度流程化、低认知度的工作，专业化发展总处于较低层级，这本身就是一个问题。这里不是质问，是无数乡村教师的现状。一个教师的专业化发展，从“自我承认”到“相互承认”，从合格至优秀，从优秀至卓越，将经历无数的心路历程。我们必须正视问题，发现问题，找到解决问题的策略，才不至于总是让模糊的岁月无限期延长。

一直以来，我并不否定“教”在教师职业中的作用。但我已经不止一次提出，在教师的常规行为中，“教”的主要目的是学生的发展，而不是教师的发展。教师要发展，应有促成与之相匹配的愿景和行为，只有这样才能真正保障职场发展。时下，教师发展的主要目的已非常清晰，即专业发展，但与之匹配的主要行为似乎还不确定，包括“教”和“教”以外的一切行为，出发点只有以促进教师发展为主要目的，才可收到很好的效果。

专业化发展涉及群体，涉及个体，他人永远无法替代自己发展。必须申明，专业化发展，不分城市教师和乡村教师，不分任教学科、任教学年段，也不分地区差异，更不分来自培育与教育之间的区别，以及来自训练和启蒙之间的区分，关键在于我们必须将行为目的贯穿于职场中，为专业化发展指明方向，赋予实践意义。

1.勇于迈开专业成长的步伐

在乡村教书，我们都曾在心中给自我画像，“面目狰狞”是常有的事。抑或对教师职业自嘲，抑或本能恐慌，主要根源在于专业化发展长期处于较低层级，从没有以自我专业化发展为目的的行动。

职业幸福不是空穴来风，不是无根之木，乡村教师只有拥有充足的理由和强大的支撑，才可能感受到职业幸福。教师现代化不等于专业化，现代化属于专业化的具体内涵，专业化属于现代化的具体形式。专业化落地、发展、物化等方面得以落实,素养与人生幸福的关系才会更易让人明了。

时下,乡村教师专业化发展形势非常严峻,集体无觉醒意识的现象非常严重。在我看来,专业化发展是职场内获取幸福的基础,也是能给予乡村教育最强有力的支撑。专业化发展与生活中的快乐、惬意有着本质的不同。生活所致的幸福感性占比较大,持续时间通常会随着某一事件的结束而结束;专业化发展所致的幸福理性占比较大,只有长时间坚守才有可能获取,一旦获取会持续很长时间。相对于职业专业化,喜爱和需求自己从事的职业(或专业)都是获取幸福的方式,能让专业化发展成为自我的需求,其重要性不亚于找到人生前行方向。

做事不在目的范围而又宣称促进专业发展的行为,本质就是一种伪证。前面章节中提到,学校的存在主要是为学生提供服务,而不是主要为教师创造更多机会。换言之,教师从教提供对应的服务,便可理解成主要是为了获取生存之需的报酬。这其实是很多教师都持有的观点。试问,教师从教难道只存在服务与报酬之间的关系吗?我甚至发现,很多教师内心就只存在着这层简单的关系,甚至因报酬达不到理想值,经常性迁怒教师职业。

这样的教师只为报酬而提供服务,甚至不愿多做一点事,这样的想法是不对的。看不到报酬多少与专业化水平高低的关联的人,通常是那些专业化水平处于低层级和缺乏力争上游勇气的人。我多年的观察发现,专业化发展修炼甚至与提升个人道德品质相关联,在进行实质性评判时两者互有一票否决权。

是否勇于迈开第二次成长的步伐,走专业化之路,完全可用作判断教师是否卓越的标准。教育改革的不断深化,对教师从业水准要求越来越高,专业化发展成为必然趋势。亨利·艾尔弗雷德·基辛格曾说:“世界共享相似的价值观,利益重要的不是放在分配上,而是放在增加上。”我们筑梦教育,只有全心全意“放在增加上”,才会有好结果。

时下,忘却专业化发展的大有人在。在这发展速度比发展方向影响还大的时代,专业化发展是为师者努力的方向,特别是对专业化发展速度的要求,比任何时候都超前。专业化发展不是苦差事,也不是雷区,只要我们对此做好事实判断,做好价值判断,付出一番行动,才能有收获。自此,先讲有关种花的题外话:

平时,我在家里也有一爱好,那就是养花种草,但我掌握的养花知识有限。时不时因所养之花娇贵,见枯死而黯然神伤;时不时因所养之花长势喜人,超过预期而长得枝繁叶茂或争相开放而喜上眉梢。养花,如养人。见惯了城市的高楼,厌烦了如潮水般的噪声,能见到一片绿,似乎又成了我的奢望。

说句真话,城市生活有城市生活的好,但有时我又不免想起在乡村的日子。有空时腋下夹带上一书本，牵着小儿子的手，闲庭信步，聆听溪水潺潺，信手采摘野花。走累了，便停下来，找到一块干净平整的大石块，坐下来，躺下去，翻上几页书，再望望蔚蓝的天，那种惬意，让我现在这城里人无比向往。

我是乡村的过客吗？不是，我的根就在乡村。似乎，乡村带给我的幸福时光，让我至今依旧在享用。就像此刻开启有关专业化发展的探讨，多年来我的努力似乎就在证明一件事，我的专业化层级得到提升。此处提及的养花，让我从中感知到何谓专业化发展。

养什么花，这主要是看主人的喜好。我对君子兰有偏爱之心，家里所养君子兰的数量明显多于其他。养花除了让我感受到生命之绿的存在外，开花更是让我兴奋的事。近来，我更是又有几大心得：

比如那年同一花盆中植入了四棵“橡皮树”，这几年来，只有一棵非常茂盛养眼，其他几棵长势非常不好，有一棵甚至“病入膏肓”。看它们的长势，我感觉到贪心不得，同一个花盆里不能多种。其实，其他花盆中，也全因为我贪多：那一盆“十月兰”，现在就只剩下一半；另一盆“吊兰”也是如此。

最让我感觉到可喜的事：有一盆兰花长出了三枝新芽，有一盆病怏怏的箸竹在我精心照料下发出了四枝新芽……

乡村教书，其实大家初始都处于同一个平台，都属于“草根”一族。能否在职后获得发展，关键在于第二次成长时迈开的步伐的大小，以及是否能持之以恒发展。

永远走在专业化发展的道路上，找到促进内生长的方法，我们方可宣称找到打破瓶颈的法宝。

谈专业化发展，谈养花，有很多相似之处。追逐专业化发展，贪多不得，通常长势最好的，是那些选对方向的，开花让人心动，可见物化效果是多么重要，专业化发展与养花如出一辙，内心宁静时开始养花，内心宁静时开始琢磨自我的发展。我发现，要想在专业化发展的道路上向好向真，我们必须重视两大抉择：一是明确的方向选择性，二是物化效果的不可替代性。

解决“教不促专业化发展”的问题，第一解决办法是观念与认知的改进和确立，然后找对应对策略方才可让发展可能性成为现实。只有先解决方向性的问题，让自我看到“存在的可能性”，哪怕是同样的教，才有可能促成更多的目的达成。

2.铸就专业化发展的精神支柱

乡村教师前行的力量，更多源于精神上的支柱。给予自我精神上强有力的支撑，促进专业素养的提升，是致远的最佳法宝。

我们应看到，教只有被赋予专业化发展的目的，才可能真正促进自身专业素养的提升。很可惜,许多人对“学”的目的都视而不见,忘记了只有赋予“学”的内涵,才可能真促专业化发展目的生成。只有我们在教的过程中,融入学的目的,教学相长才可能变成现实。当下,最需要的是理顺教和学的目的性,真正找到彼此之间的逻辑联系,才可开启专业化发展的大门。

理顺逻辑起点

一个人步入职场,若专业化发展的逻辑起点混乱,注定职场前景暗淡,往往还会陷入泥潭。为师乡村,在专业化发展中若无士气,若被乡村束缚了斗志,定会原地踏步,甚至倒退。追逐专业化发展,理顺专业化发展的逻辑起点非常重要。纵观时下专业化发展情态,发现问题主要集中于以下三个方面:

一者无数教师没有专业化发展,没有专业化发展追求。教师职业靠专业化发展立身,首要在于主体意识觉醒,包括职场内对“作为认同的承认”“自我承认”“相互承认”等内在机理的探寻。教师的专业化发展,主体意识觉醒是前提,这是着眼于内驱动力提升而产生的需求,非短时间内可满足的超越性需求,并非像养花那样纯属业余消遣,它是需要奋斗与拼搏的。

专业化发展易受干扰,阻力非常多。对专业化发展受阻的解读,更多的指向生态环境,指向国家政策、培训制度、学历提升等客观原因。在我看来,专业化发展与个体关联,属教师个人行为,没有“作为认同的承认”,只会带来更多压力和阻力。勇于“自我承认”,前行的脚步才不会被阻挡,整个提升过程全然好似怀孕的女人,足月无法“被隐藏”,满月才会生产下来,后期,哺育、抚养将是漫长的过程。我们必须明白,真等“相互承认”,那只属于锦上添花的环节,“自我承认”才是首先要做的事。

二者逻辑起点紊乱,盲目依旧,盲动依旧。专业化发展属于人的内生长范畴,推动此项工作,成效被打折,主要是因为主体意识没有觉醒,且专属于自我的逻辑起点混乱。存在认同上的误区,过分强化外因作用,过分看重专业化发展推力,忽略内生力,是不利于专业化发展的。若逻辑认同出现错误,把“作为认同的承认”放在首位,忽视人的主观能动性,将他人的判断(承诺或认同)看得比什么都重要,定然不符合专业化发展规律。专业化发展开端,意识到被要求,有关判断虽具有时代意义特征,或与主流要求符合,但却与要求存在差距。任何专业化发展层级被承认或被认同,差不多已达优秀或卓越层级水平,这种认定提前,不利于一个人行动。

一个人往往因需求而自我认同,自觉地对未来负责。重新调整逻辑起点,关键在于自我的需求认识到发展的重要性,提前为行动谋划。产生专业化发展需求的标志性行动,在于当下“想什么”“要什么”。计划从一开始就会被果断地显露出来,为避免仓促,需要小心谨慎行事。如果能达到用强烈的语言表述出来,有确定性的

事实佐证,定能够左右一切事态发展,并公示于众。

三者不接“地气”,存在“天花板”现象。克服急于求成所致的浮躁,才会找回信心。很多建议和意见无效,多因“天花板”现象的存在。追踪专业化发展,哪怕代表主流的某种观念,虽在认识和选择上有一定推动作用,产生启发性,但依旧不能给予预判为未来时态。经验直观下的确定性,往往会把不同需求整合,过分看重直接利益,会忽略生产的“母本”。

满足主流观念的认同,利他而忽视自我专业化发展,一切为学生成长服务的思想就会被确认和证明,而我们原来只作为尝试的承认,或代表专业化发展的方向被抑制,定会少有试验、尝试、假设的过程,但却不能最优化。有人把学生发展作为自我专业化发展的方向,这种现状只代表——专业化处于较低层级,但他们却不知道原因。时下,理顺专业化发展的逻辑起点,存在着紧迫性,我们应把好两个节点:

首先,需要我们踩准人生发展的节点。人人都有专属于自我的黄金期,准确把握尤为重要。属于一个人专业化发展的黄金节点有限,正如《创业史》的作者柳青所说:“人生的路尽管漫长,但要紧之处只有几步,尤其在年轻的时候。”探讨专业化发展的逻辑节点,有必要对“为什么难”做说明。

何谓专业?我们必须建立一个新的理念:缄默性深邃知识的滋养孕育专业。缄默性深邃知识是指在教育教学中有深度的思想和有关技能。何谓专业化发展?人们习惯于从宏观层面考虑,倾情于对没落表象承认,如倡导以全部精力投入服务,与形成自身缄默性深邃知识需求形成对比。我们须认真理清专业化发展过程中对“日益增长的误解”,走向对教师专业化发展“不承认”的追踪,有效看待渐变,才会真正找到前行的方向。我们必须改变对自身缄默性“日益增长的误解”,明确行为方式,才能对自我专业化发展有全面的认知。

其次,促成“自我承认”,成为专业化发展支点。专业化发展初阶,最大困难莫过于支点难寻,自我创新力没法凸显自我,处于弱态而经常性被忽视。或多因精神不振,放弃专业化发展,导致前功尽弃。专业化发展中的“自我承认”,与毅力相伴,必然需要情感和行动投入。为了专业化发展,管理好情感和行动,为“自我承认”奋进,才是行动真正迈出的一步。正如让·保罗·萨特在《存在主义是一种人道主义》书中指出:“归根到底,起作用的还是情感,情感真正把我推向哪个方向,那就是我应当选择的道路。换句话说,情感是由人的行为形成的,所以我不参照我的情感来指导行动。”

自我承认

追逐专业化发展，实施个人发展目标，促内发展，抓好自我承认，需要突围，需要智慧，需要勇气，建议大家注重情感与行动的关联。

一是要促内生长有效启动。自我承认属于内生长范畴，打包似的解决专业化发展的问题，似乎不太现实。现实中，乡村教师专业化水平普遍处于较低层级，如若行政手段或培训方式等能发挥作用，肯定早已付诸实施。自我承认属于个人行为，外因很难达到效果，如果让人产生被“逼”的感觉，只会产生相反结果。

自我承认的过程，需要抓好“突变”和“嬗变”。“突变”是打破主流观念，突然认识到自我发展的重要性，情感和行为相应地发生变化，认同自我认定的方向，并全力付出实际行动。最好的突变，是伴随着嬗变的承认。让自我生产性和创造性充分体现，才会因嬗变而让自己跨越式发展，从而达到新高度。

二是要规避职场环境的负向影响。时下，因自我承认被忽略，在专业化发展中往往会心生负面情绪。其实，一位教师朝向专业化方向行动，谁也不可能代替其做抉择，谁也不可能代替其行动，只有自我主体觉醒，自我决定，才能规避负面影响，驱使专业化行动主题具有连续性。

自我承诺，并非停留于“思想层面”。这可以通过创生服务对象来区别，通过能力取向类别来区别，通过与大众技能的对比来区别。行动中除了要有明智的行为外，更在于自我个性化需求意识越来越明晰，自我开辟的道路越来越通畅，让自我前行中融入广阔的背景，从而感到自身存在无穷的力量。

三是要基于自身潜质。理顺逻辑起点，包括从判断到决定，再到自我的认同，无不是自身潜能无限可能性的拓展。涉及“自我性”的意识层面，从模糊到清晰，再到实践层面态度的坚定，完完全全一个由“自我承认”而构成的思想事件，最后方才演化成能力与素养提升的过程见证。

专业化发展并非某类学科教师、某区域教师的专利，它从不偏袒某人，只有基于自身潜质，于工作中生成发展意识，置身于锁定领域自愿长期付出，才会真正达成“共同承认”的目标。纵观当下，我发现乡村教师因受干扰少，更能倾情于专业化发展，成熟概率还会高于城市教师。

四是要建立“‘自我’概念承认”。“‘自我’概念承认”是在专业化发展关键期，关涉主体意识觉醒，一种自我确定性和信心所固有的认知方式，逐渐让“我能够”在实践中得到确认，同时将“承认”确立成“即将真实的发生”。往往“我能够”能成为专业化发展的表现形式，促进实践主体责任彰显和成为实证的标准。这种“我能够”成为“自我承认”的主要表达方式，通过能力素养发挥来描绘行为，经验体验就会成为体现自我层级提升的表征。

一个人专业化无发展,内驱动力呈现下降趋势,是一件非常可怕的事情。判断一个人的专业化发展,于内主要表现在对内驱动力持续提升的感知,于外对“能够说”“能够做”“能够叙述和叙述自己”“主体性归因”等表征观察,方得知一二。我们应明白,促进教师专业化发展,任何说教都不行,只有让其觉醒、自律,促进内生长,透彻自觉,方才可能开启专业化发展征程。

我们须统一观点:自我承认存在阶段性。虽然我一直在强调专业化发展属于内驱动力提升的见证,但却不可忽视外因所发挥的催化作用,这关键在于我们能有效借助各种力量,让“自我承认”落地,让“‘自我’概念承认”,于他者“看不见”“看不起”“看不懂”“来不及”的四个环节中进行科学规划。

他者“看不见”阶段,重在引导“能够说”。这属于初阶,打破涉及已有能力视域,让自我在“我能够”的领域扩展,在此意义上行动和扩展,以“我所说”为根据,确保各种形式间的意义关联。现今,一线学校里,“我能够谈论”“我能够言说”,承认其话语权威优先性的教师并不多。可能有人会言,教师人人能说能教会写,天天都在组织学生学习。其实,这种完全依赖课堂,其认定的基础本身就有问题,其间的“能够说”“能够写”,并不是优先性的保证。

专业化发展的初阶,“能够说”是指基于经验总结、主张诉求的表述。让教师“能够说”,通过回溯的方式进行客观陈述的话语行为,将反思、方法、理论结合起来,追问“我是谁”“想什么”“要什么”“有什么”,以促“自我承认”,促逻辑起点理顺,达成不可替代性。这种自我“能够说”,是自我宣布,是对自我内心诉求的回应。在“能够说”的过程中,若能借助仪式,就更能加深印象,驱动以达成自我的嬗变。

他者“看不起”阶段,主要是引导“我能做”。这属于第二环。“我能做”多基于“能够说”,以自我存在的客观环境为出发点,围绕事件生发能力。如“使……发生”,教师便可自己宣布那一件又一件事是自己干的。虽然“使事件发生”属于朴素的思考,通过知道如何做事,增添实际素养,与“事情简单的发生”有着质的不同。

这过程中更多的意义,在于将行动归属于行动者使“重要事件发生”,把自我的主观意愿联系起来,做力所能及的事,最终成为行动目的。这一环的困难在于“原因的自发性”,自我能力不足,不能主动地承揽责任,感觉不到有行动的动力。在这一过程,要在后台给予教师帮扶,给他们发挥的舞台,给他们提供动力和适当的压力,使其不再以完成常规任务作为自我全部的目标,让承揽任务具有挑战精神,让他们在完成新任务的过程中能力得以提升。

他者“看不懂”阶段,引导“能够叙述和叙述自己”。“叙述自己”是专业化发展进程中的重要一环,是反思开启的一个进程,能促进行动继续下去。此阶段重视“情境创设”中“案例情节”概念，注重“模仿”在行动中的作用。在情境创设中可以由意向、原因和事件等赋予行动内涵，让人从中找到意义所在，通过叙事方式感受到诗意般的过程。整个过程强化对行动情节的理性感知，特别是对情节的支配，让自我职后能力发展与叙事过程中的经验相互促进。在整个叙述的过程中，陈述事实与自我的相关性，行动力量与自我的相关性，都是可以描述出来的。这种“自述”中包括赞同、怀疑、拒绝、认同，学会自述是其重要的表现方式，包括我们常言的撰写博客、论文、教育叙事、案例等。

他者“来不及”阶段，引导“主体性归因”。前面几个环节中，稍不注意就会体现脆弱性。强化参与教师的主体性，让发展成为自觉行为，还须通过对“能说”“能做”“自述”等进行归因分析，将自我的责任和自我承认有机统一。回归理性，从而产生后续行动的“中间成就值”。这一环节，重在让经验向理念过渡，让思考向思想转化，让教学主张与教学实践结合，这不只是需要提升实践能力，同时还需提升理论素养，不只是满足基本需求，同时还满足超越性需求。

3.扫除任何阻挡专业化进程的障碍

我曾主张“双学目标”的实践，即教师之学与学生之学，在教学中同轨双向推进。其实，这样才能更好地明晰主要目的，能正确使用理性来理顺目的，不至于因教而忘记自我职后的第二次成长。

专业化发展属于人生第二次成长，主要靠自我主体意识觉醒，以及科学有效的引领，才更易促进素养嬗变。这也是为什么“丛林效应”经常上演，人们总趋向优秀团队的原因。但这一切都以“自我认同”为基本要件，而后哪怕困难重重，都能因“自我认同”而克服。至此，有必要对承诺的兑现予以进一步认识。

农村教育中，教师专业化提升成为无数人的神话，这就是存在因自我不及而反对专业化发展现象的原因。我们不能只看到教书（农村教书）仅是我与职业的关联，不能只停留在完成传递文化、知识、技能等职责上。永远筑梦，克服任何阻挡专业化进程的障碍，行走在追逐专业化发展的道路上，是我们应有的使命。切实达成内生长实现第二次成长，才可能使自己具有不可替代性。

凸显不可替代性

教师专业发展引发内生长，实质是引发教师自身积极改变。有学者指出，教师个人教育哲学的形成与系统化是专业发展中最具有深远意义的内在改变。[①]很长时期以来，农村教师专业化发展中诸多问题的存在，累积症结而不解，依旧是旧有

---

① 宣小红，史保杰.教育学研究的热点与未来展望[J].教育研究，2019(3)：50.

观念没有得到根除所致。凸显专业化发展的不可替代性,亟待个人教育哲学内涵增加,从自我认同开始,到促进承诺兑现。为师者专业化发展呈现自我、自觉、自愿的态势,直至实现逻辑起点的有效调整,并非容易之事。改变教育观,提升自我专业素养,我们应针对诸多问题,在视角和行动上做出新的判断与调整。

一是扭转寄生发展,转向自主内生长。无数教师兢兢业业,最终只是完成交付的"重托",仅属于满足基本需求的范畴,原因在于忘记专业化发展,没有凸显卓越层级所需要的不可替代性。教师职业受到的最大冲击,并不是由于知识信息的快速增长和日新月异的科技让我们跟不上节奏,而是自我素养提升的方式仅仅依靠培训,导致教师自我发展速度跟不上人们对优质教育的渴求程度。

教师职业缺乏专业性因而受到前所未有的挑战,加上职后寄生式发展,严重制约了教师的专业化发展,特别是谁都可以为师,谁都可以参与教育服务,谁都可以对教育评头论足等一系列现象的出现,似乎将我们的工作等同于没有技术含量的事,这已成为严重挫伤教师价值的主要原因。自我专业化发展属于内生长的事实,谁都无法改变,扭转寄生发展的观念,转向自主生长,无不是承诺兑现的前置要件。

二是凸显专业提升的不可替代性,践行科学布道。一个职业只有因体现专业化才能具有不可替代性,才会被人们仰望。如医生这一职业,问诊拿药似乎也经常性地被代替,但我真还从没听见过一位从没学过临床医学的人,敢进手术台拿起手术刀给病人做手术的传闻,这实是医生职业因专业化而具有不可替代性的典型表征。教师职业也具有不可替代性吗?如我前不久接受了一次培训,授课教师讲述他的亲身经历,让我感知到教师职业所体现出的不可替代性,在于践行科学布道。

授课教师是一位具有硕士学历的年轻小学语文老师。他所在学校区位优势非常突出,学校旁边就是高校。他所教班级有四十多名孩子,班上孩子的家长们的学历普遍偏高,博士、硕士家长十几个。平时,给这位年轻教师教育教学带来最大的挑战并不是孩子们,而是这些具有高素养的家长。他讲到经常性地接到家长电话,给他讲述家长的高效学习心得,要求按照他们的建议教育管理孩子。最让他感觉困难的是,这群高素养的家长个个都有育儿高招,让他不知如何选择。

这位教师的专业化素养受到前所未有的挑战。面对源于家长们的压力,他总在思索,力争找到新的突破。为此,他想到一个办法,主动邀请一位高素养的家长来学校,让这位家长按照他自己的理念给孩子们上一节课,并让其他家长旁听。家长们表现出了参与的积极性。

为了让受邀请的家长上好这一课,他合理安排了授课时间。家长来给孩子上课时,他便在教室后面观察。说真的,尽管家长们具有高的学识,并且为这一堂课做足了准备，课堂上他们使出浑身解数，教室内差不多都是闹哄哄的，教学效果非常不好，甚至有时吵闹到上不下去课的程度。中途授课家长因课堂无法再坚持下去，向他投来求援的信号时，他只用一个眼神，一根拇指，嘴同时发出"嘘"的轻声，教室顿时便安静下来。从此以后，给他提供育儿经的人便少了起来，家长们开始尊重这位年轻人。

聆听这位年轻的老师给我们讲述他的故事，给我震撼的是在结束的时候，他发出感叹："我们是谁不重要。我们只有在职场中体现专业性，才会因此而有幸福感，因此而有安全感。"

凸显专业化发展的不可替代性，达成科学布道虽不容易但却必须全力去做。作为一线教育的参与者，在农村教育中真要发挥不可替代的作用，不仅需要掌握专业知识，还要懂得教育理论、教育规律；不仅需要崇高的思想品德和职业道德，还需有先进的教育理念和教学技巧；不仅需要具备健康的身体素质，还需要拥有良好的心理素质和随机应变的能力；不仅需要有教育科研的能力，还需要有探索新事物的创新精神。这些是作为一名优秀教师具有的素养，只有不断自觉更新、发展和完善经历，方能在实践中抓住契机，才会让科学布道变成现实。

三是抓好承诺兑现，把好个人教育哲学重构。前面，我们对"专业化发展"的逻辑起点进行探究，倡导沿着"自我承认""承诺兑现"的流程演进，其间对转向过去的记忆和面向未来的承诺促成合目的性的尝试，以使记忆能力和承诺能力相得益彰，这无不是个人教育哲学重构的重要内容。涉及个人教育哲学重构关联的多个维度，需要我们在传承记忆的同时，实现自我超越；需要我们在抓好支点设置的同时，做出优先发展的选项；需要我们在兑现承诺的同时，超越改善心智模式；需要我们在彰显个人价值取向的同时，重构自我教育哲学。

承诺兑现

在专业化发展过程中，不可替代性作为与各种情境关联的表象，只有真正做好激活工作，才可能真正于实践中进行内化和修正。在专业化发展的过程中，选好一条道路不容易，需要我们能坚持走下去。如：

能坚持实现自我超越。自我专业化超越，是兑现承诺的具体化，是个性化发展的不间断要求，是个体在洞悉自身愿望的基础上，将内在追求转化为实际行动，不间断发展自身能力，突破自身极限，达成卓越层级目标的过程。明晰自身的愿望和追求，以个人愿望为逻辑起点，才会推动自己努力向前。这里包括产生危机意识，找到自我发展的目标、需求，使其转化为自身发展的新动力。其间，要求我们能根据教育需求，时刻校准整体目标与个人目标，不断修正自身职业发展规划，使自我超越的方向和目标更加明确和清晰;其间,要求我们对最新教育理念进行了解和实践,并时刻更新、完善自己的知识体系,避免故步自封、停歇不前。

能坚持确立的选项优先发展。正是因为记忆,我们在专业化发展过程中,凭借对过去意象的承认,才在大脑中对确立的选项产生优先发展的决定。只是需得再次重申,致远成就卓越,对确立的优先发展选项需要长期坚持倾注心力,才会真正带给自我素养的变化。需要注意的是,坚持优先发展的选项时长并不固定,需要防范其演变成专业化发展的包袱,承认优先发展的选项同时相伴承诺兑现,只有这样才能长期保持旺盛的精力。

通过回想的方式,将专业化取向与现在、过去等结合起来进行整合,确保其真正属于优选项。在这过程中,想象和回忆等都会相伴各种形式的情感,从中确立选项,自我的决定更加肯定。其间的细节处理,包括对持续发展的思考,使得被感知的优选项,在一段时间内继续作为优先发展对象,继续不断生效,结合新知识新感觉延伸,包括印象取舍、消失和再现,让自我意识与自我认同保持着高度的同一性。

能坚持心智模式改善。坚持专业化发展,坚持兑现承诺,其表征是心智模式得以改善。在乡村教书,只有打破自身固有的思维方式,学会用全新的眼光看待事物,学会包容和接纳乡村教育,才会真正开启心智模式改善之旅。这就要求我们能正视自己的心智模式,强化自我过去与将来的同一;能正视自我内心真实的想法,不断更新自身的教育理念,让自我主动的再审视、再思考、再整合,促成专业化素养达到不可替代的高度。在这过程中,依然需要对不可替代性的内涵予以理解,需要对“作为认同的承认”采取扬弃策略,需要时时专注于自我内驱动力系统的支持,使其得以提升。

能坚持凸显价值取向。个人教育哲学重新构建,实则是找回深层次的价值。重新发现曾经掌握的东西,是回顾性的;敢于承诺,是面向未来,是展望性的。实现专业化发展,也正是这些取向促使我们将自我承认和承诺配对使用。总体上讲,记忆和承诺的相互影响,给承诺提供了时间上的广度,既基于生命的历史,也基于长期绵延的诺言和被重新发现的部分,对解决专业化的价值取向问题提供了解决方法。在实践中发现,凸显价值取向需要我们把好以下三个节点:

重记忆与承诺的结合,是前提。其中,记忆以“属我性”为鲜明的标志,“属我性”强调记忆不可替代性的特征,属于“自我承认”向承诺的过渡,将承诺与自我能力对接,表现为对建构新理念的理解,也表现为对前述的回顾。其间,“我能行”更多地体现为对机会的发现、对创生性的预设、对教育产生影响的能力,叙述自我的能力等的构建和一种假设将行为的起源。以上归于自身能力的拓展,从而全面实现自我对教育的全部承诺。在这过程中,一方面强调承诺行为的假设性,另一方面强化承诺道德性的特征,以实现承诺为整体努力的方向。承诺属于一种言出必行的责任,只要"我承诺",就会自发地投身到未来的行动中,全心全意地去做承诺的事情。如此,自我在专业化发展的过程中既是接受者,又是受益者。

重自我道德性凸显,是关键。在专业化发展过程中强化承诺,必然包含有关力量的汲取,如在一切环境中遵守诺言,可以在承诺中汲取这种力量,也可以在承诺之前吸取力量,或通过约束体现自我性。其间包括一以贯之的意志,保持自我的意志,在环境变化和内心变化的对抗中打上烙印。这过程将表现出一种道德性,这种道德性即一种卓越性,会使得人的行为延续,从而达到不可替代性,让自己产生幸福的回忆。

重自我意志同一性,是基本保障。彰显自我性的同时彰显卓越性,最大标志在于从不高估自我发展的可能性。包括把现在做出的承诺置于自我曾经受益之处,并且是置于现在仍然频频受益的那些承诺的范围。诸如,在很多地方除了能让自我落地外,更能让他者因我的力量而得以改善。我们必须明确,行走在专业化发展的道路上,促"自我承认"到"相互承认"的同一和落实,才可能真见成效。

时下,亟待我们抓好不可替代性的落实。追逐专业化发展,是"自我承认"相伴内修的体现,须对记忆和承诺的内容予以重视,全力以赴促成不可替代性的形成。这些,好比耕作农作物对季节性的掌控,只有在对的节点上加强管理,才可保证有好收成。加强专业化修炼,增强对自我专业化发展的重视,至此,我们需要能抓住代表过去自我属性的东西,以及根据自我的期待,做出力所能及的承诺,做到精耕细作,才能真正促成"相互承认"。

第二次成长属于自主行为,如采用粗放型的方式,实则难以达到卓越层级。人们普遍缺乏专业化发展的觉醒,缺乏有效的推进方式,全凭"想什么""要什么"以及岁月的沉淀,实是一种自由式的发展。多数人通常只具备一般潜质,像习武之人一样,需要进行特殊的修炼,才能达到较高的段位。我们在追逐专业化发展的过程中,从"自我承认"开始,促进承诺兑现,从而进行深度尝试,不可替代性才会在不经意间得以落实,才真有达成较高层级的可能。

时下,亟待我们抓好承诺兑现的落实。我们须看清教师专业化发展情态,能对不理想的整体情态予以认知,对存在问题的路径加以思索。如一些人的早衰与一些医生的老当益壮可谓形成鲜明的对比。这些进一步说明专业化发展与人智力和体力不存在太多关联,关键在于从业中受到修行方式的影响。人的发展存在着无限的可能性,最需要明了自我需要什么,以修行促进承诺兑现。为师者要改变传统

的践行方式，建议学习医生行业的修炼方法，勤奋努力，长期坚守，定能达到较高层级，最终实现知识素养能力自增。

追逐专业化发展，凸显不可替代性，促进承诺兑现，是一个永恒的课题。为真正达成职场的不可替代性，通过承诺兑现方式开启修炼之旅，必然离不开具体事件的完成，如心理学、教育学、课程观等的更新。但有一点须指出，专业化修炼包括基本功修炼和特殊素养修炼两个部分，基本功修炼属于成为合格教师的必备条件，但很难体现出不可替代性。加强专业化修炼，我们只有在不可替代性上发力，而后借助一切有效力量兑现承诺，完成他人无法完成的事实。

4.有序推进专业化发展进程

彰显专业性，以获取缄默性深邃知识为基本目标，是内涵式发展的具体化。大家把教育公平和社会公正的希望，寄托在我们这一代乡村教师身上，希望通过教师的努力，改变乡村教育的现状。为此，整个探讨我将关注专业化发展的价值负载和阶层属性，尤其关注社会处境与教师专业化发展之间的相互影响。

时下，我们需要在工作中除了全面促进行为目的的转变外，同时应加强对自我专业发展进程的控制，先于或外在于学习活动本身，改变自我的行为方式，使自我接受更规范的理念，让自我因强加的控制，把原本没有能量的行动转变成极富能量的内驱动力。

严控内涵发展方向

专业化内涵式发展有没有捷径？有没有就像在某项技术领域那样，通过一番努力实现几十年的超越？一个人的素养提升他者无法替代，能力素养修炼是内生长方面的事，特别是那些具有不可替代性的特殊能力素养，更是没有捷径。我们只有选择正确的方向，运用得当的方法，扎扎实实地修炼，方才会具有完成特殊任务的能力。时下，人们对专业化内涵式发展路径的认定很模糊，普遍存在认知误区，体现在多个方面，如：

一是重基础素养的误区。人们对教师专业发展的最大误解在于过分看重基础素养，事实上真正带来层级之分的是完成特殊任务时体现出来的不可替代的特殊能力。基础素养是一种大众素养，其作用在于为完成教学基本任务提供保障，但不管基础素养达到何种层级，都很难发挥不可替代的作用。强大的专业素养与之不同，它往往参照个体潜质和兴趣爱好，扬长发展并精进而成。参照个体潜质和兴趣爱好是我们坚持扬长发展，达成专业化发展的首要条件。一个人的精力、体力和智力有限，但其天生潜质的影响不可忽视，为师者职前都受过专业训练，基本素养均达到合格水准,专业化发展只有通过扬长发展,才能将其有限的精力、体力和智力用于优势智能发展上,促进其精进,从而让其具有不可替代性。

二是发展层级认定上存在的误区。缄默性深邃知识的内涵发展逻辑告诉我们,许多人在专业化发展层级认定上早已存在差异。一个人具有的能力素养是已知的又是未知的,人的认知能力是有限的又是无限的,但积累的过程并不均衡。人与人之间的专业化发展,并没有遵循缄默性深邃知识内涵发展逻辑,在实践中早已凸显不均衡性。走内涵式发展之路,感知自我专业化发展的速度,我们应看到一个人潜质的独特性,在于他者永远无法超越。但我们同时应明白,潜质只表示一个人朝向某方面发展具有无限可能性,但并不表示专业化发展的事实已存在。我们只有在个人能力潜质和乡村教育需求之间架设一座桥梁,借助已经存在的记忆和对未来的承诺,让自我专业化素养在"自我承认"和"相互承认"之间得到产生和转化,朝向缄默性深邃知识方向精进,潜能才会变成事实。这是少数人不可替代且其专业化素养具有较高层级的原因,而且其专业水准不仅仅是个人的证明,到最后还将是一个集体或群体中最高水准的代表。

三是个人取舍与主流需求难统一而存在的误区。专业化发展遵循专业动态调整的逻辑。我们必须明白,专业化发展存在个性化倾向,其间的意识取舍代表着发展的方向,最终被集体或社会认可,最终代表着主流需求。专业化修炼路径方向选择正确,修炼方式方法选择对路,发展过程中才不会走弯路,才能在较短时间里修炼出应对满足教育需要的能力。尽管人们习惯性看重基本素养的修炼,认定完成特殊任务需要具有不可替代性的素养能力,认定专业化发展修炼捷径在于行动,但是我们只有将具有现代需要的核心素养与不具有替代性的普遍素养区分出来,才可能为自我专业化发展提供正确导向。

四是个人取向异化而存在的误区。内涵式发展遵循持续发展创新转化的逻辑。我们必须看到,专业化发展并非一般意志可解决的事。专业化素养被神话,特别是将自身与所在社会地位相关联的时候,我经常发现专业化发展"立体"后会导致一个人的话语权被无限放大,且其正确性从不受怀疑,还由此展开与之对应的一系列实践。这使教师行为取舍对专业化提升影响较大,会导致人们在专业化追逐时产生迷茫,会导致我们一生大量时间都停留在基本能力素养补短上,自我在集体性社会实践中找不到不可替代性的证明,自我的首要位置难被凸显,"教"的艺术追求没有特别之处,结果是哪怕刚刚产生的自信心,都有可能被集体性意识掩盖或否定。

促专业化内涵式发展存在紧迫性,其在实践过程中可以修炼提升。时下,促内涵发展,促承诺兑现,把好基本要求,建议大家能着力于四个维度进行拓展。

一者强化工匠精神。专业化内涵式发展存在的层级，主要体现在教师参与社会实践时所发挥的层次作用。它在参与教育实践活动时方才有崭露头角的机会，并且在不确定的环境和时间中体现出来。专业化发展体现出的不可替代性，是工匠精神的体现，是人们高超的教学技术与艺术的展现，是先进理念和教学过程最优化体现。因为强大的专业化素养多作用于特别事件，所以才被人们神化为“非一般人不可及”的程度。通过专业化修炼而具有某项特殊能力，就像“最强大脑”节目所展示的一样，在某一方面具有特殊的才能，实与后天努力分不开，实与“自我承认”分不开。时下，谁能强化工匠精神，他便会成为“相互认同”的受益者。

二者强化竞争力。乡村教师普遍不注意自我竞争性素养修炼，加上没有特殊事件来证明不可替代性，常被习惯性纳入最低层级。我们必须明确，专业化内涵式发展应对社会需求而产生和发展，专业化发展的内容是重要又高级的能力和素养，对个人而言是具有竞争性特征的核心素养。如我们经常提及某人时会想到他能做某事，或提及某事时就想到某人能完成。为师者具有多项能力，不可能每一项能力都发展成核心能力，发展成具有竞争性的核心素养。人的认知能力哪一样都非常重要，哪一样都不可缺少，但只有“自我承认”的高级认知，如批判性思维能力和创新能力，才可能发展成核心素养能力。这些素养虽不与“权利”概念相结合，但它能与“本领”概念搭调，只要此项能力能体现工匠精神，努力后定会有实实在在的物化成果相伴。

三者强化教育变革引领。如一位精通习字教学的卓越教师是如何修为的呢？由于个人兴趣，他对习字教学投入了更多的精力，从了解汉字的演化过程，到了解书写的形式，再到了解汉语拼音的形成，以及了解现代简化汉字的教学方法，结合教学实践提出教学主张和承诺，创新教学设计至最后完成教学任务。实际上可以从人本行为角度看待取舍，承认、尊重他者的目标、承诺、价值等，除此之外还可从另外角度考究行为动机，进行主观评价——强化教育变革引领。追逐专业化发展，在“自我承认”阶段，人人拥有自由抉择、自由回忆和承诺的权利；在兑现承诺阶段，拥有通过行动而给予承认的证明，而后积极自由地延伸，才会因卓越而发挥引领作用。

在农村教育事业发展中，教师的缄默性深邃知识影响着一方教育的高度。教师专业化内涵式发展则是有效性的措施，而教师的自身素质与客观环境是教师专业化发展的基本标准。[①]专业化发展是一个长期的过程，人们高度认同专业化素养所获的成就，以及带来的高额度附加值。对于“自我承认”“自我承诺”付出的艰辛

① 刘坡妮，李艳丽．论教师专业化发展[J]．课程教育研究，2019(6)：186.

而言，教师专业化发展与一个人能否扎根于农村相关联。只要教师能为兑现承诺付出，决心认可这样的职场生活，他才会在教育变革中脱颖而出，发挥引领作用。

四者强化实战能力。专业化内涵式发展遵循需求的差异性，据此我们应看到缄默性深邃知识体现出的强大力量，在引领未来的过程中成为发展中心——专业化发展体现出不可替代性，完全因高素养而卓越。诸如我们总是在寻求教育空间的改变，以图超出空间于当下的根本意义，其间“自我承认”“自我承诺”成为连接过去和未来的桥梁。这全因核心能力发展中心的存在，才致使自我不断寻求空间扩张，从而彰显出强大的实战能力。

实践检验

凸显实战能力是缄默性深邃知识内涵发展与社会外在需求的统一，它与本领关联，与专业关联，遵循着第二次成长的自我成长逻辑。必须看到，教师的专业化发展的关键不是因其有确定的专业知识基础，而是其具备处理实践场景中不确定性的能力。其间实战修炼非常重要，它不应局限于教学场域中的表现，而应扩展至教师工作的全景，或在学校中与同事共事，或走出学校与同行互动；维度最好能涵盖专业表现和专业感受，专业表现主要是教师的外在行为方式，专业感受侧重于心理活动、情感态度价值观等方面的体现。在乡村教书，唯有扩大实战场域，打破地域限制，才能迈向成熟。很多乡村教师能脱颖而出，缘由是他们勇于追逐，能抓住延伸的机会，不故步自封，让自我拥有亮相展示的机会。其实，其关键是敢于“想什么”“要什么”，勇于为了兑现承诺而努力。

凸显实战能力，抓好自我内涵动态调整，如结合专业动态的目标、动力和着力点等路径探析，才会事半功倍。时下，新一轮课程改革正在围绕高考推进，落实立德树人的根本任务，着力发展学生核心素养的培养目标，要求教师不断调整自己的教学方式方法，以适应新形势。紧跟改革步伐，坚持内涵式发展，人们应遵循四大实践原则：

主动性原则。自我主动追逐专业化发展，不是被动消极地“被发展”，而是主体意识觉醒后的自觉发展。不少人将教师职业仅仅理解成“谋生手段”，出现了职业倦怠。想要谋划专业化发展，必须激发内动力，转化内动力，否则依旧低效、无效。在乡村教书，行为自觉，真正唤醒内驱动力，主动上进，才会真有作为。

实践性原则。专业化发展是教育教学实践的发展，是与教育教学实践相融合的发展。自我专业化发展只有立足教育教学实践，立足学生认知能力、合作能力、创新能力提升的需求，立足课程开发与实践能力提升的需求，立足学生学习生涯规划与综合素质发展评价的实践需求，才有可能让自我专业化素养成为发展中心。

群体性原则。自我专业化发展艰难,在于难受到群体"相互承认"。值得注意的是,专业化发展不能理解成只是个人意识和个人行为。我们应积极创新群体发展氛围,发挥自我发展中心正效应,弱化不和谐声音,防止负能量成为主流。

持续性原则。专业化发展是一个持续的过程,它以促进终身发展为目的。专业化发展具有阶段性特征,同时又具有整体性特征,持续努力才能促进综合能力和专业素养不断提升。刚入职教师与有多年教龄教师存在需求上的不同,前者接受新事物较快,而后者在实践经验方面占有优势。不论哪种情况,教师的专业化发展都应持续,因为任何发展都不是一蹴而就的。任何一位教师,即使是教学水平非常高的教师,不可能依靠已有的教育教学能力和素质支撑起自己今后所有的教育教学实践活动。[①]乡村教书,追逐专业化发展,只有坚持,只有真正上心,才能具备不可替代的价值。

当前,我们无数教师的专业化发展实战体系建构尚未完全成熟。教育的目标、观念、思想、教学能力评估和应对策略等,无时无刻不在调整;各时段由于发展目标不同,策略和方向也在改变;各阶段侧重点也在接受微调。从这个意义上讲,教师专业化要求不是一成不变的,只有与时俱进,渐进式地更新自我,不断升级方能保住发展中心地位。

我们应看到,制约农村教师专业化实战的内因主要体现于两方面:一方面体现为相对较低的专业素养;另一方面体现为较弱的专业自主发展意识。"教师职业本身应该是一种富于创造性的从中可以获得精神愉悦和自我提升的活动。"[②]在农村,教师普遍处于"半专业化"向"专业化"发展的阶段,亟待专业化范式实践,或践行技术熟练性范式,或践行反思性实践范式。技术熟练性范式,主张理论知识与实践技术的熟练度是教师专业性的决定性因素。反思性实践范式,主张实践技能是教师专业水平的决定性因素,是一种隐性知识和个体性知识。我们只有努力寻求范式转型,坚持学习和传递新思路、新观点,吸纳新能量,才可能快速突围。

我们需强化实践检验,我们的实践时间大致可分为三个部分:上课时间、教学管理时间、专业发展时间。追逐专业化发展,能力不是需要被了解,而是需要被证明,找到方向而专修,保证专修时间,才能促成专业发展。

我们必须统一观点:缺乏核心竞争力,源于专业化水平不高。长期从事一项职业,专业化水平不高,总是有原因的。原因在于专业化成长过程中存在黑洞,而且进入了专业化发展漫长的黑洞,让自我总走不出来,感觉越黑越无望,甚至绝望。

① 高志军,刘保团.如何促进教师专业化发展[J].教书育人,2019(2):54-55.
② 叶澜.教师角色与教师发展新探[M].北京:教育科学出版社,2004:136.

造成无望和绝望的原因在于对专业化成长的路径认识不清,或者对专业化素养的结构认识不清,或者对专业化结构的认识是错误的。

走在专业化发展的道路上,我们需要遵循缄默性深邃知识的内在发展规律,遵循乡村教育的外在需求逻辑,在实践中加强思路调整。我们除了于横向发展中注重缄默性深邃知识的习得外,还应强化对纵向需求的满足,抓好主体意识觉醒,以实现实践范式的有效转型。

四、打破乡村视域的界线

一个人如若视域不开阔，不能与时俱进，遇事全然做不出正确抉择，日后买单或许会多倍付出。

乡村，是一个大大的井口。

关于那井口的大小，以及是否敢于一跳，世人探讨了多年。

谜底关键不在青蛙，而在我们，在自我。

来自外部力量或强加的力量，无法满足内心的需求，我们应该怎么办？来自内部的需求取代外部的需要，变得毫无意义和价值，我们应该怎么办？

关于控制，我们需要寻找另一种"控制"，以达到自身的目的。定制计划，明确做什么、怎么做、什么时候做完，预设好的东西最终没有很好地完成，是经常可能发生的。也许将实践过程与目的对接，在不断变化的过程中出现目的联结，让目的逐渐在活动中实现，我们的人生才会出现转折。

至此，有必要强化生态式理解。如"乡村教师"这一词组，前缀"乡村"就像胡须。属于乡村教师应有的"胡须"，岂能因喜好而随意"有""无"？其实，岁月是一把剃须刀，关键在于我们是否掌握存在原理与操作技术。

1.时刻拥有改变的勇气

也许我们就是一只独居乡村几十年的青蛙，勇敢一跳需要用尽全身的力量，但深呼吸后向上一跃就在一瞬间。

乡村与我们的关系认定，是永远绕不开的话题。就像一个人的视野与心境的关联一样，视觉无法抵达的地方，或许触觉、味觉、听觉或想象等能予以弥补。心境最怕的是什么？极限施压，单向突围，最后导致进取心全无。

行走在乡村需要勇气。我们应明白：在乡村教书，改变思维方式，才能改变你与世间的关系。乡村突围，我们应读懂"乡村教师"作为一种身份的内涵。"乡村"本是中性词，不存在优劣的价值判断，只是一个工作场域的事实判断。然而，现实并非如此，有些人在职场外不愿意提及自己是教师，对自己身为一名教师有一种抵制情绪；有些人思维定式，更是不情愿给教师身份前面再加上修饰性的定语“乡村”，提及这个词似乎感觉低人一等。

多一点儿勇气，会多一点儿胆识。每一个社会中的人，生活在现实中，比较现实是可以理解的，但绝对不能贬低自己。当教师怎么啦？当乡村教师又怎么啦？且不论为师者应该拥有伟大的教育理想和情怀，以最现实的教师职业地位、政治地位和社会地位而论，从事教育工作也应是让自己高兴且幸福的职业。一个人如有“围城之感”，对其他职业向往是可以理解的，但若超越人格底线，带给自我的只能是“自寻其辱”。此刻，让我想起一位乡村教师朋友曾说过的一句话：

一个总是瞧不起自己的人，别人也会瞧不起你；一个总是瞧不起自己职业的人，别人连同你的职业一起瞧不起。

在乡村为师，实际上向好的改变已然发生，只是很多人的内心没有做好充分准备。考究教师的职业地位，只要人们真正走向社会，定会发现教师在经济收入、社会地位和社会声望等方面的总体状况是被羡慕的。人心不知满足，多会心魔附体。此刻，或许这种心魔可称“职业抑郁症”，因为抑郁症病人有一个显著的特征：目的得不到满足。教师患“职业抑郁症”，如果自己不知面目狰狞的程度，可参见生活中患抑郁症病人的样子进行自我画像。

为师者打开心结，必须寻求内心的改变，才可感知到职业的价值，才可感知到职业的幸福。若能横向比较职场地位，对职业地位的分层有更多了解，就会得出为师者患“职业抑郁症”毫无理由的结论。如美国广泛流行的理查德·赛特的职业地位分层，职业地位由低到高依次分为7个层级，如表1所示：

表1　赛特的职业地位分层表[①]

职业层级	职业技能和素质要求	相关职业
非熟练体力劳动者	在技术和责任方面要求最低	清洁工、搬运工、擦鞋工等
半熟练体力劳动者	以体力劳动为主，技术要求不高	售货员、服务员、汽车司机、机器操作工等
熟练体力劳动者	具有一定技能的体力劳动者	印刷工、火车司机、厨师、理发师等
白领工人	各类职员和技术工人	图书管理员、打字员、推销员、制图员等
小企业所有者和经营者	具有一定的管理技能	修理业主、服务业主、小零售商、小承包商及其他一切非农产所有者
专业人员	具有相关的专业知识和技能	工程师、作家、艺术家、法官、编辑、医生、教师等
工商业者	具有丰富的经营管理经验	大产业主、大工商企业家等

① 范慰慈．职业道德[M].北京：劳动社会保障出版社，2016.

教师属于"具有相关的专业知识和技能"的人,按照理查德·赛特职业地位分层对照标准,教师职业处于"专业人员"层级,社会地位还是比较高的。为师者去心魔,让自我拥有卓越的专业知识和技能,守住职业道德的底线和幸福的源泉,才能守住根本。

为了重塑愿望,此刻,再谈乡村教师身份所面临的尴尬。试问乡村教师身份怎么啦?前面已经陈述过乡村教师身份的渊源,属于"先结婚后恋爱"的方式,但这绝对不是影响为师乡村的职场价值和幸福的原因。身为乡村人师,若真能沉下去修炼,做出城市教师所不及的成就,那才算本事。最怕的是在乡村教书,无心教学降低教育质量的水准,胸无前瞻的教育理念和先进的教育技术,不具有育才的"相关的专业知识和技能",存在患上职业抑郁症,从而患得患失。教师与其他职业相比,不存在低下之说;乡村教师与城市教师相比,比的其实不是乡村和城市,而是给予幸福感支撑的专业素养和岗位业绩。我现今依旧记得多年前的一幕:

当年,市教科院组织了一场名师献课观摩活动,我也跟随区县教师一块学习。结束一天的观摩后,大家在宾馆聊天,交流心得。印象深刻的是,在交谈中城区教师自信心十足,同行乡村教师唯唯诺诺,像害羞的小媳妇,精神头明显不及城区教师。

轮到我交流心得时,观摩评价与众人视角存异,我的态度不是仰望,更多的是客观的批判式评价。在交流中,引出我在教育杂志社连载的教育类文章中的观点,更是激起了不小反响。交流还在继续,有城区教师打断我的发言,问我在哪里任教。

"我,本县最北端的乡村小学教师而已。"

现在回想起来,那一幕之所以印象深刻,源于人们感受到了身为乡村教师的我的底气以及人们对乡村教师身份的尊重;源于没有"乡村小学教师"自卑,却有"乡村小学教师"独有的自豪感。

打破乡村的禁锢,必须具备改变内心和外在的勇气,才能从心底里认可教师职业在困难面前不低头,处于职场劣势时保持清醒,对乡村文化拥有包容的胸襟,不患乡村教师职业抑郁症。如此,一个人的价值才会得到体现。

时下,需要我们不因厌烦乡村这"胡须"而自毁,需要内心朝向积极方向改变,甚至坚持做出坚定的改变。久居乡村,性格上难免会打上乡村烙印。在乡村教书教久了自然不会懂得斯文和时尚,甚至缺乏现代生活上的礼数和能力,但这依旧不是阻碍你向前迈开稳健步伐的理由和借口。身为一位具有特殊经历的教师,此刻再说两个因为师乡村孤陋寡闻所闹的笑话:

一则是,那年我到县城参加培训。主办方把我们安排到了一家现代而气派的宾馆。平生第一次入住如此高大时尚的宾馆,真有刘姥姥进大观园看啥都稀罕的感觉。先是开门不用锁而是用门卡，可我不知如何开门，只好跑到前台请服务员前往演示。服务员帮我把门打开后，另一件糗事又出现了。我见茶几上放着一个带着线绳的小茶包，由于口有点渴，随手便把茶包撕开倒进了茶杯。这下好了，热水倒进杯里，满满的茶末顿时飘浮在杯中水面。至今难忘当时那个帮我开门的女孩，笑得花枝招展，手舞足蹈……

第二则，我第一次走出大山，到郑州给来自全国各地的校长做专题讲座。主办方在一家星级酒店款待一行的专家。满桌的山珍海味，让我第一次大开眼界。桌上的螃蟹个大体肥，以前我课余抓的螃蟹与之相比，简直是小巫见大巫。那场面，我真不知如何下手吃，好在多了一个心眼，不着急去拿螃蟹，而是先悄悄观察同席教师如何操刀，方才学着他们"老道"的样子吃起来。

我们为师乡村，需要时刻拥有改变的勇气，应力求身心内外都有改变，同时须正视时代的改变让乡村提前发生。以上这些话，可以算是乡村教师不入流的真实写照吧。这些情况，对成为卓越的教师有何影响呢？在乡村教书，只要敢于迈开第二次成长的步伐，只要拥有乡村教育的理想和情怀，依然可以入伍卓越群体；只要有成为现代化教师的实践，依然可以拥有与时俱进的现代精神；只要敢于朝着专业化发展方向坚定前行，敢于用缄默性深邃知识不断孕育专业，你的视域就会超越乡村。

打破乡村视域的界线，此刻需要我们拥有改变的勇气。有勇气改变自我，改变内心，在我们感到幸福或不幸时，才不会习惯找一个外部理由。不可否认，乡村是一个缺乏优质教育资源之地，只要我们心胸无限开阔，给予人生的发展空间也许会比城市更大更宽。时下，我们应该思考如何打破乡村视域的界线，让自我做出更多更大的社会贡献以提升自我的幸福指数，带给我们无限的人生幸福。

2.寻变从克服乡村危机开始

我们不可低估环境的影响，只有找到超越过去的力量，才可能真正实现突围。经常发现一些人因无法减少环境的影响，除了行动中处处受限外，还不断累积消极的影响导致人性扭曲，甚至因乡村而生"自卑感"，将乡村理解成"人生的末期"，因看不到希望而失望或绝望。如果把乡村当作幽灵，那么我们就自然不会为之努力；而如果将其看作是一种可以改变自我的环境，那么我们就能更好地面对自己的教育事业而为之努力。

封闭，是地域的封锁；开放，是人与人的携手。打破封闭，寻求开放，本质是自我寻变。特别是在身感局促的时候，能主动打破乡村视域封闭的界线，能主动地抛出橄榄枝，人生才会像路一样通畅。

打破乡村视域的界线，克服乡村危机，我们必须迈过两道坎：一是自我寻变，二是与优秀者为伍。前者是基础，后者是延展，只有两道坎迈得坚实，乡村危机才会消除，我们才可能致远。

自我寻变

在我们的乡村教师队伍中，能够主动自省，不断寻找改变的人少之又少，这也是为什么乡村优秀教育者占比不多的原因之一。一个人的成长肯定会受到地域环境的影响，发展方向和速度稍不注意就会被其左右。雨果曾说："地形可以影响人们的许多行为，它是人类的同谋者，它所起的作用比我们的想象更大。"在乡村为师，我虽不敢妄言他人人生轨迹是否正确，更不敢妄言他人人生是否能获取幸福，但我可根据其行为判断其受乡村影响的大小，根据其精神面貌感受到乡村给其职后性格打下烙印的程度。

我曾在乡村教书多年，其间可谓是一个完全的书呆子，现如今虽已待在城市十余年，但仍然算半个书呆子。一个完全的书呆子，并非一个人的有心之举；依然半个书呆子，这绝非本人刻意所为。其实，我真不主张成为完全的书呆子，现在看来，只要方法得当是可以避免的。为师者不能只是教书，不能处于完全或半封闭状态的生存方式，不能只是接受书本的教育，还得接受社会大学的教育。我现在自称半个书呆子，丢掉的半个，是因为我曾有两年多的时间离开教育，被借调到县委组织部，在那里接受了社会大学的教育，让我脱离了完全的书呆子印象，变得趋于成熟。

正视我们的内心，如能够出现生命的逆转，我们应展现出自由和能正视并接受生命中一切事物的一面。在乡村教书，并非每一个人都有像我一样接受社会教育的机会，但真正让自我接受社会大学的教育，不一定就需要像我这样有离开教育行业的特殊经历。接受社会教育，让自我行为处世格局不再狭小，让自我看问题的视域不再短浅，让自我时刻能保持正确的意识形态，让自我不再有浓浓的书呆子气。我对比乡下教书和城市教学的经历发现，一切改变与工作之余接触的人士有关。如果我们能主动与优秀者为伍，不管是在哪里工作生活，都能因优秀者的外部性对你产生潜移默化的影响，让你也变得优秀。

追求内心改变，应当用崭新的视角看待事物。例如，笔者曾不时听到教师谈论自我的生活圈子，皆言社会的复杂，庆幸学校生存环境的单纯；不时也听到社会人士评价教师，书生气浓，格局较小，甚至一遇大事就手足无措、束手无策。人们习惯性将客观现象与生存环境联系起来，以此对教师作评价。在我看来，真正原因在于其长期受到一个固定圈子人的影响，有意识地划定了自我保护层。《人论》的作者德国的恩斯特·卡西尔曾指出："人总是倾向把他生活的小圈子看成是世界的中心，并且把他的特殊的个人生活作为宇宙的标准。”他告诫人们:“必须放弃这种虚幻的托词,放弃这种小心眼儿的、乡下佬式的思想方式和判断方式。”在乡村教书,易将乡村里的生存环境看成自我的全部,加上一群人都带着固有的生活态度长期在乡村生活,自身不知何时便已成为了乡村教师的一个缩影。

寻求内心改变,需要我们练就过硬的本领。在乡村教书的那些日子,可谓是我人生的黄金岁月,虽然不时会为成为书呆子而自嘲,但我感受到书呆子已深深影响到了我的专业化推进速度。对于成为书呆子,我在总结形成的原因时发现,虽然一部分可以划归于深受职前家庭教育影响,而重要的原因在于职后的我,总是被动地受到环境的影响。很多乡村教师,工作时间内交流的对象多是学生,工作之外的交流对象主要是普通教师和乡民,在这样的环境中也许可以得过且过,偶尔会要要小聪明,便可找到安身立命之处所,何谈格局和专业化发展。

我曾在《身处逆境或恶劣环境的劝勉》一文中提到:“只要一个人认为自己就是外部境况的造化,那么他就会受到外部境况的冲击。”在乡村教书也是一样,若我们只看到乡村与城市的差距而不做改变,即使我们有优异的潜质,我们的造化也会受乡村环境的影响而发生变化,甚至会变得不可救药。改变从内心开始,我们必须正视问题产生的原因:

一是一些人想改变生活方式,但害怕将自己的想法付诸实际行动。如环境最容易磨灭一个人的意志,环境也最容易锻炼一个人的心智。解决客观问题,在我看来,首要办法是拓宽自我视野,不因物质的匮乏而受其局限,不因条件的艰巨而受束缚,不让不明朗的前景致使我们沉沦。解决我们的困顿有没有行之有效的办法?答案是肯定的,那就是人脉的拓宽,平素应注意与高素养的优秀人士为伍。

改变是美好的,但无方向的改变有时是最危险的,只有正确的判断好方向的改变才会有改变的回报。所有资源中什么资源最珍贵?多年经验告诉我“人力资源”最珍贵!在乡村教书,拥有了理想和情怀,完全明白“我从什么地方来”“我来到什么地方”“我要到什么地方去”。而真要达成此目的,我们绝对不能忽视前行的速度,一定考虑前行速度所致的影响,也绝对不能偏离方向。对于怀着无限梦想的人而言,对乡村印象极其深刻,梦想不受制于乡村,无禁足之感,但会因为前行途中找不到借力点而苦恼。有时会感觉前行途中仿佛只有双手双脚可以发力,其他什么都依靠不上;有时会感觉前行途中虽然有千万条道路,一旦踏上却又感觉全都是死路。所以,此时保持清醒的头脑,选择好方向尤其重要。不然,当我们经受一番折磨,回归原点时,就会因为大好年华被浪费而悔恨不已。其实在失败的征途中,可能导致失败的有千万条,对于多数人而言,真正促进自我走向成功的就只有一条。

多年奋斗，一路走来，笔者发现，通往成功的捷径，就是“与优秀者为伍”。即使身处困境，只要真心付出，从而打破现有人脉的局限，与优秀人士结伴，诸多困难才会迎刃而解，思想得到启迪，优势才会加速彰显出来。

二是在乡村为师，很多人表面上看起来并没有存在什么问题，实际上他们的职场是灰色的、缺少前景的，潜在的问题很可怕。为了引起人们的主体意识觉醒，帮助其明白为何要改变，因何而改变，笔者再次指出“人是影响发展速度的关键因素”，此观点可能依然很抽象。原因在于，很多人哪怕从教一生，从来没有感受到他人对自我发展的影响，他们总停留于原始层级。可能有人会指责我提出的观点近乎是不切实际的幻想，原因在于乡村教书所接触到的人群是固化的。其实，与优秀者为伍，并非只有潜意识中的人群，只要我们有向优秀人群靠近的意识，后续我们便会真可能见到很多曾经想遇见的人。

三是我们必须明白我们为谁而改变。有些人的改变只是为自己，有些人是为他人。不管为谁，很多时候人们会提及缘分，缘分不免带有命中注定的意思。为了与人交往，你会发现，一个人能与某一优秀者一同前行是缘分，优秀者与一群优秀的人一同前行那也是缘分。我所感知的缘分，内涵多有“讲究”的意思，很多缘分是努力结缘所产生的结果。在乡村教书，怎样与某一优秀的人为伍，怎样与一群优秀的人为伍，实有很多讲究。在乡村教书，只要我们真正讲究到位，便能与所期待之人结缘，从而努力改变自我。如此，让自己变得强大的目标，才可能早日实现。

与优秀者为伍

乡村为师，最怕的是什么？身处危机之中，昏昏然，毫无突围的意识和方向。改变自我的心境，让自我心境敞亮，特别是在行动乏力或无方向的时候，能主动打开心结，不再刻意地躲藏，主动走向他人，显得十分重要。

解决封闭彰显开放态势，与优秀者为伍是医治的药。我们必须明确，与优秀者为伍，改变固有思维，需讲究策略。解决的问题需要能根据自我发展需求，锁定前行速度，明确期待与谁同行。人的很多行为都带有目的性，谋求职场发展更是带有强烈的目的性。在乡村教书，虽然会感到出行艰难，但只要锁定前进的方向，我们的就可搜寻到所仰慕之人，想出办法便能找到与其同行的契机。

当下属地球村时代，已打破地域限制，为与优秀者为伍提供了诸多可行的办法。如多年前我的一次经历：

在一次新课程理念的培训会上，我认识了他——一位来自主城区给乡村教师做专题讲座的教研员，在全国小学语文界产生了影响的专家。后来，我还成了他的朋友。当时，在区位优势和学识素养方面，我与他差距很大，然而彼此却能在专家与学员面对面交流环节建立第一印象。我积极请教,表现出超越他人对新知识新技能提升的迫切渴求,让他注意到了我。

在那次培训会上,我作为有心人,记下了他的联系方式。与优秀者为伍,并非机械地理解成必须要与优秀者在一起才能同行。只要与他们有畅通的交流通道,最终定会达成目的。后来,通过QQ方式,我向他请教的次数越来越多,无形中他成了我的导师,也成了我的朋友。

后来,他曾组织一次全国性的作文征文活动,因我积极撰写论文,在他推荐下居然获得一等奖。后来,我受邀与他一起到成都领奖——那是我为师乡村首次获得的一个"大奖"呢。那次与他一块同行的经历,让我终生难忘。当然,能与优秀的人一块同行,近距离请教更好,那定是美事。同行途中除了彼此话短长外,他还给予我更多指点,通过他的推荐介绍,我这位来自乡村的教师又结识了很多同行的专家朋友。

与优秀者为伍,重在内心有改变,建议做到以下三点:

一要善于抓住机会。与优秀者结缘的机会、方法有很多,只要善于抓住机会,就能与其结缘。人人都有寻求知音的期盼,人人都期望获得别人的帮助,期盼能用自我之力帮助需要帮助之人。这也是身居乡村的我们能打破地域限制,与优秀者结缘的根本原因。

所有的突围,都会有一段不可磨灭的记忆。我们应看到与一位优秀者结缘,我们不止认识一人,后续往往会认识他身后的那一群优秀者。结缘,迈第一步时往往会感到困难,只要勇敢尝试,定会增添无穷机遇。

二要努力改变自我的人脉圈子,让梦想变成现实。我们与一位优秀者结缘的方式,被他人机械套用,可能就不会见效。结缘的关键,除了惺惺相惜,彼此成为知音外,再无良策。一个人只要敢于行动,就可能找到更多的优秀者,他们都可以成为你的朋友。我记得在一次外出学习的过程中,有专家讲地球村概念时说道:

"这个世界很小,你哪怕想和联合国秘书长取得联系,或许中间不超过6个人帮助,就可能联系上他。"

这个时代,教师行业只属于千万行业之一,教师队伍的圈子也很小,只要你真心向上,将有无数你仰慕的人因为你的行动而感动,他们会愿意与你同行。你会发现,为了共同的教育理想和情怀,只要积极参与发展共同体建构,让共同愿景拥有协同的载体,如论坛、QQ群、微信公众号等,掌握时下最常用的交流方式,定会收获多多。

每个人只要敢于尝试,就有大成的可能。乡村因地域的限制,往往限制了人的

视野，若注重与优秀者为伍，便会发现视野会逐渐拓宽，呈开放的态势，我们会逐渐找到给予自己成功的多种理由。这种借助外力扩大视野而获得新信息的方式，不只是打破了地域限制，神奇之处在于能借助他人之眼看到其所在高度的景致。这是与优秀者为伍产生奇效的原因。

我发现，有人领旗，能提高前行的速度。有这样一句话讲："你与什么人在一起，五年后你会成为他那样的人。"相信自我，若与优秀的人在一起，在五年里也会成为像他们一样优秀的人。原因在于你在前行发展的道路上，获取了更多源于他者的优质资源，同时因为参与发展共同体建构，与大家一起向前奔跑，你会感知到发展的速度明显加快，一切皆因前行途中，不时有人会跑至前面领旗，当走过一段路程后，又有人继续领旗。

三要与优秀者为伍，最好能建立相互依存的关系。其间，需要有良好的心态，方能打破乡村视域的界线，让人能看到诗和远方。很多时候，我们往往太专注于自己的伤口，却不注意正在伸向我们的援手。一个没有接受濡化的人，很多行为都比较原始，哪怕生活方式也是如此。所以才会出现如笔者提及的所遇见的尴尬之事。只有不断学习先进文化，接受前瞻理念的洗礼，一个人才会因专业提升而变得卓越。

与优秀者在一起，是凸显改变，从而获取优质资源的最好方式。具有优秀品质的人，身上会充满正能量，让乡村带来的负能量消失，特别是其正确的三观，更会让接近他的人变得客观、唯物，能公平、公正地看待他所面临的教育和事物，其事业心可以通过很多事实得到证明，他们强大的专业理念和师德、专业知识和专业能力，都是与之一起前行时值得学习的资源。

在乡村教书，我们需要时刻努力，向周围证实自我进步和幸福。可现实是，如果我们还没有脱离乡村的影响，就会把乡村理解成地狱，就会在职场中走向消亡。虽然我们从没有逃离地域影响，但只要我们敢于提升自我内心，强大到不受乡村地域影响，才会真正找到捷径，让自我与优秀者结缘的强大力量逐渐克服所遇到的一切阻力，让我们的未来充满精气神。

3.借助外部力量拓展自我视域

改变乡村现状，经由自身选择产生，但我们不能对其产生失望感，需要释放新能量，遇见未知的自己。

人的成长与发展离不开生存的环境。在乡村教书，一个人如果不能打破乡村视野的限制，思维与行为注定会受到乡村视野的限制，甚至因此而锁定人生的格局。以开放的姿态向外拓展视域，以大脑思想所触及的底线为界线，与长年仰慕的优秀者为伍，深受优秀者的影响，会让人受益终身。

不要让外部环境决定一切。为了促使改变环境成为一件积极的事情，需要强调的是，如果一个人视域里只有物理生存的空间，其发展难以超越此空间，受到的空间限制也会越来越深。在乡村教书的我们既是教师，也是社会人，离不开生存的空间。据我的经历发现，只有真正将视野拓展，超越乡村的限制，才不会死死拽着乡村仅有的那点资源不放手，才不会感觉视野只有乡村那么“狭小”，才不会遇事斤斤计较，同时感觉到自我胸襟不会总是被限制成穷途。总之，优秀的人有大格局，积极与他们相处，就不会坐井观天。

在乡村教书，在接受改变的过程中，需要我们能时刻正确经营新的情感，让乡村不影响每一个乡村教师的发展。一个追求上进的人，只有获得正确的处理方法，坚守正确的原则，其发展速度才会得到提升。我倡导大家能与优秀者为伍，在成长的过程中获得优质的人力资源，助推个人成长。

缄默知识

在改变自我的过程中，需要我们把一些痛苦和消极外因转化为创造力，或许会成为某方面的专家。在一个人成长的过程中，影响其发展速度的因素来源于方方面面，像正常行驶在道路上的车辆一样，除了能迅速驶入快车道，同时还须遵守交通规则，给予高速前行的必要保证，但关键还在于有高超的驾驶技术和性能卓越的车辆，方可持续地奔驰在路上。前面，我所陈述的内容属于车辆上路的问题，此刻将谈核心技术掌握的问题。

一个人的知识分为显性知识和缄默知识[①]，通常为师者在职前所掌握的显性知识足够应对职后工作，哪怕是教育学和心理学方面的知识，近百年以内都没有太多变化；变化最大的是缄默知识，职后最难提升的知识多属于缄默知识。在我看来，经验、理念、思考、思想等属于缄默知识的范畴，缄默知识的习得主要靠实践，通过历练总结方才可获取。获取缄默知识的方式主要有两种，一是自我直接实践习得，二是间接习得。直接实践习得耗时，特别是从失败中总结出经验，虽利于后面的实践，但放缓发展速度所致损失无法估量。间接习得缄默知识，是指将他人经验吸纳并直接利用，虽可减少走弯路，但获其真经非常难。所以，“拜师”是十分必要的。

增添缄默知识，面对外部影响，我们是守护者还是囚禁者，内心是积极的还是消极的，会影响我们的幸福指数。当前，无数新入职教师的培训，多采用导师制和

① 英国著名物理化学家和思想家波兰尼提出，人类的知识有两种，通常所说的知识是用书面文字或地图、数学公式来表达的，这只是知识的一种形式，还有一种知识是不能系统表述的，例如我们有关自己行为的某种知识。如果我们将前一种知识称为显性知识的话，那么我们就可以将后一种知识称为缄默知识。

师徒制，以组织或行政手段推进，被动成分过重，工作推进自然难以达到顶层设计的初衷。说真的，采用这种方式推进工作，并非处处可行，乡村学校推行师徒制就需打个问号。乡村教书拜师须谨慎，在一个人的成长历程中，不是谁都可以当师傅。我目睹很多年轻教师的成长，很多带有血与泪的教训，有的年轻人因刚走入社会判断力差，跟错师傅，师傅给其传授了不正确的三观，导致其职场、家庭等方面受负面影响严重。也有年轻人尽管当初犯有不少错误，然而跟对了师傅，在其强大人格引领和卓越品质的濡化下，不但走出了泥潭，而且人生也获得了快速发展。

我发现，很多乡村教师也在尝试着改变。寻觅身正、德高者为师，寻觅素养卓越者为师，来打破乡村视域的界线，并非不可为之事，关键在于拥有渴求良师的诉求。我以为，在乡村里教书的过程中寻求良师益友，依然可以如前面所谈的那样，虽视野所不及但借助互联网皆可拜到良师。

增添缄默知识，需要我们有接受不可预见事物的勇气。网络时代，人与人的交往早已超越物理空间。在乡村教书，人与人之间的交流，因数字信息越来越发达，早已打破传统沟通方式，只是人们没有用来借以拜师罢了。至此，还是谈一谈我的几次拜师经历吧。

我们这群生在20世纪70年代的人，多属于“网络移民”，不像现在的年轻人天生是“网络土著”。我最先接触到计算机是在20世纪末期，当时已进入职场快10年之际。

我认识的第一个师傅，是原福建安溪教师进修学校校长林润生老师，他是原人教版小学语文教材的编审。认识林老师，是通过他的个人网站“小学语文教学”而结缘的。最初得到林老师的赏识，是因为我将平素教育教学之余所写的一些文章投向林老师的网站，投稿多了便引起了他的关注。我有一个习惯，在投稿前会写上我的联系方式。林老师在审稿中见我所留QQ便主动联系了我。之后的许多年，林老师给我进入他网站后台的管理权限，此方式让我阅读到了很多优秀的文章。至今，林老师对我影响最深的是：在教育研究中我遇到困难向他老人家求助时，他给我讲述“自圆其说”的技巧；在职场中遇到不顺时，他给我讲“职场生存法则”。我与林老师从未有一面之缘，但是能获得他老人家的帮助，皆是由于他所说的“后生可教”吧。

虽在乡下教书，但网速越来越快，收费越来越低，我的学习和交流方式彻底发生改变，网络让我认识了很多教育界的大咖。如我这么多年着力于“教育原规则研究”，得益于南京特级教师宋运来老师的指点，是他鼓励我要创建自我的园地，教我如何树立自己的旗号；如我现今乐于教育策划，这得益于教育界的策划大师刘秉民老师的精心点拨。

在乡村教书的那段岁月，我借助网络拜了很多名师。至今，还记得那一段传奇的拜师经历。那天，我外出讲学刚回来，在返回乡村学校的路上，接到外地的一个电话。当时的情形历历在目。让我惊讶的是，这是内蒙古师范大学的陶·哈斯巴根教授给我的来电。当我询问老先生年龄时，他反问我多大了，我说我35岁，他说他的年龄是我年龄的两倍。后来，我提出要向他学习，老人家将其著作寄送给我，并将研究课题"过程完整化研究"的经验，毫不保留地传授于我。

增添缄默知识，需要我们能够从熟悉的世界里发现未知的事物，能够适应时代的改革。只有这样，方可说我们拥有改变的勇气。这么多年，如果说在某一个点上我获得小成，那么这完全应该归功于师傅们的真传，让我少走了许多弯路，少经受许多挫折和失败，从而走在了专业化发展的快车道上。我在外出交流时，曾多次陈述拜师的好处，但是据我观察，效仿者并不多，原因在于人们不知道缄默知识主要靠师傅传承的道理。

学会拜师

一些乡村教师因外部性影响，持续忧虑而保持缄默，长时间抑制内驱动力发挥作用，但不知这主要症结所在。这些人不懂得为何要拜师，必须要明白拜师绝对不是世俗理解的那样，搞圈子主义，以求得师傅的保护，或者是借机图虚名，沾师傅的光；拜师真正的目的在于借助外部的力量，增添积极的"人"的因素。网络拜师，师傅接纳了你，除了专业和职场的引领，何谈保护？获得师傅真传，是为了自身发展，需要虚名吗？在成长的过程中，显性知识可以通过书本获得，大量缄默知识难以从书本中获得，这正是它的宝贵之处，它多属于智慧与经验范畴，需要个人在长期实践中悟得，或通过这种传承习得。

网络拜师，是乡村教师增添勇气，促进外部改变，打破视域界线的有效策略。此策略的有效性在于，只要一个人真心向上，其行动就会得到仰慕之人的认可，久而久之，与自己仰慕之人交往过多，他就会将自己实践中得来的真经亲传于你。网络拜师最大的好处是直接，能免除更多的日常繁文缛节，免除人与人之间的防范，彼此交往完全属于君子之交。

网络拜师，为了教育情怀和情感的需要，有必要更进一步明示它对于促进快速成长的重要性。获得真传并不需要长篇大论，缄默知识的含金量就在于"真传一句话"，就会让我们在实践中醍醐灌顶，快速彻悟。前阵子笔者听讲座，一位专家谈教学如何出彩，便传授了一句真经"抓关键概念"。这位专家讲道：

现今的教学，往往轻视概念的解读，在对一些概念进行解释时会轻描淡写一笔带过，而后重视习题的练习，用大量时间让学生做习题练习，通过一次又一次的练习达到提升教学成绩的效果。

在教学时，如果注重抓好课文关键概念的解读，在关键概念解读上狠下功夫，教学效果比花费更多时间让学生练习要好很多，更易事半功倍。如教学《鸿门宴》一课，如果抓好对“英雄”一词的解读，课前做足功课，课中对项羽、刘邦两人的人物性格和命运进行分析，围绕“英雄”进行解读，比做练习的效果要好得多。涉及“英雄”概念和人物形象讲述时，他给学生进行了如下引导：

古人云：“夫草之精秀者为英，兽之特群者为雄。是故聪明秀出谓之英，胆力过人谓之雄。”刘邵在《人物志》中说：“聪明秀出谓之英，胆力过人谓之雄。”

扬雄在《法言》中说：“英雄者，乃人群中之豪杰，为天下先者。故众人称之为头目、头脑、头头、头人。头目者，先天下之敏目；头脑者，先天下之睿智；头头者，先天下之首领；头人者，先天下之英雄。先者，其所面对，乃一未知、未觉、未行、未为之世界。故，凡先天下者，先知、先觉、先行、先为是也。”

一个人如果英过盛而雄不足，做事难以率先而服众；一个人如果雄过盛英不足，做事欠计略易坏事。项羽这人雄过盛英不足，刚愎之用，原在他手下的很多人会因此产生二心，不愿意跟他，跑到刘邦那边去了，如韩信一样成为刘邦的股肱之臣，还少吗？想想，项羽的失败，实是他性格所致，他实可称雄者。刘邦这人英不足，雄不足，但他大度，手下接纳大批谋士和雄者，正好弥补了他先天的不足，他后来夺取天下，正是他性格所致。

楚霸王项羽在进行必死战斗的前夕，唱响绝命词《大风歌》：“力拔山兮气盖世。时不利兮骓不逝。骓不逝可奈何！虞兮虞兮奈若何！”注定他以悲剧的方式结束人生。汉高祖刘邦一曲《大风歌》：“大风起兮云飞扬。威加海内兮归故乡。安得猛士兮守四方！”一种王霸之气，注定他成就千秋大业。

为师乡村，我们不能变成乡村的奴隶，应努力寻求大量缄默知识给予自我智慧和力量。我们应明白任何一位功成名就者的背后，都有其成功的绝招，其经验之谈当是心血和智慧的见证。后来者只有真正与卓越者为伍，努力奋进而得其赏识，才会真正获其传承的衣钵。乡村教师的身份，从不阻碍一个人的求学上进，从不影响一个人的拜师学艺，关键在于乡村教师要有一颗不败之心。求学的路上，我们应博采众长，尤其是一个人，要敢于程门立雪，投身多位高手门下，哪怕天生资质欠佳，也会成为一代大侠。

为了促进自我内驱力的不断提升，我们需要不断地寻找新的支点。在专业化发展和幸福的追逐过程中，一个人能得到师傅真传，重要性不言而喻。在改变自我的过程中，只要有满满的上进之心，有满满的诚心，定能获得真谛。任何一位取得成就的人，都深知缄默知识的重要性，都有传承的愿望，只是苦于没有找到可放心得其衣钵的人。事实上,天下人都好为人师,成为其弟子贵在让其称心。

学会拜师,改变往往来自外部性彰显,建议大家能做到以下几点:一要打破地域限制,拥有开放之心。我们可以通过网络拜师,也可以通过其他形式拜师,关键是作为年轻人要懂得拜师之道、尊师之术。不管是城市教师还是乡村教师,我发现真正能做到位的人并不多。特别是在有限物理地域内拜师,更要深知师傅之学识与秉性才行。虽然现今的拜师不再需要行跪拜之礼,但是投身门下尊敬师傅是必不可少的,甚至要有“一日为师,终身为父”般的孝敬尊崇。做学问如做人,跟在师傅后面前行,细节处理应理解到位才行。

二要主动成为接受改变的人,主动向师傅靠拢。时下,师傅一词的内涵被扩大化,甚至发生了歧义,据此,我们应充满智慧。现今是什么人都喜欢当老师,而不再习惯被称为师傅。以前很多从事某一行业的匠人会被人称为师傅,现今都被改了尊称,如理发的、驾驶员、修理铺的等都改成老师,他们不愿意人们称他师傅。其实在求学的路上,拜师之后人们真不愿意你称他为师傅吗?真不是这样的。老师和师傅之间在我看来是有区别的。正常情形下,特别是实施班级授课制以来,一位教师站在讲台上,下面会有几十名学生听其授课,师生之间的亲密度非常有限,被尊称为老师,向其学习的更多的是显性知识,彼此之间的关系存在,靠课堂知识传授和课外习题批改而建立关联,师生之间的关系多属于工作上的关系。其实,如若建立师徒关系,它与班级授课方式是有所区别的,师徒间通常采用口授相传的方式,所传授的多是缄默性知识,且师傅终其一生教授的学生人数有限。不知诸君发现了没有,教师一生难有几人称呼其“师傅”,也不会答应几人可称呼其“师傅”。我在与年轻人们交流时,让他们一定要敢于拜师,同时要敢于改口称“师傅”,源于教师一生都被别人称老师,而你投身门下成为其徒弟,师傅才会教授缄默性知识,而非大众化的显性知识。

三要寻求行为和思想的改变,以便能够以最小的改变为代价,抓住一切促进自我发展的机会。一个人的发展历程,也可以说是其拜师的历程。我这一路走来,无不感谢师傅们对我的特殊关照。如我现今从事的教育科研管理工作,其中涉及的很多管理知识与经验,非书本可以习得,都是通过师傅给予我学习机会,多次带着我一同深入教育科研现场,近距离聆听、观看实战演练,都是师傅手把手指导,口授相传所获得。

总之,为师乡村,学会拜师,应指出的是:我们要能从工作带来的身体和精神疲惫中解脱出来,人的一生不只是为了工作和生活。人希望得到发展,若能建立师徒关系,当发展达到一定的层级,成为传承人与被传承人,那定是人生之幸事。作为

一线教师,作为乡村教师,只有解决胆怯的问题,才能敢于迈开前行的步伐,不再受乡村视域界线的限制,在不可预知的情况下获得师傅的青睐。当前,人们空间观念的尺度和标准均发生了本质性变化,可能有人依旧会戏言丛林法则:

小树愤怒地盯着大树:"你已经足够强大,为什么还要限制我的生长?"大树漠然地看了它一眼,冷淡地说:"对于我来说,你的生长永远是个威胁。"

为师乡村我们要勇敢地改变自我,把改变看作一个个机会。生存空间的存在感因互联网而发生变化,我们只要有敢于打破传统的思维方式,就会有所作为。在一个大环境中求得生存和发展,你的视野决定了你的出路,如果依旧被乡村限制,注定你一生只能故步自封。在人生的征程中需要敢于突破,没有谁挡谁的道,只要你功课做到家了,他人就会助力带你奔跑,会带你向前提升速度,带你在更大的空间内获得发展,绝不会让丛林法则上演。

4.找到适合自我发展的秩序

职场的巨大变化,为人们提供了无数的发展空间。对于乡村的误解,最初是从情感偏执开始的,除源于职场发展没有让人感觉到人生的价值外,还源于错误地将乡村理解成了实际秩序,认为乡村是一切不幸之源,认为乡村是一切弊端之本。并且持有这种观点的人还比较多,特别是那些视域总被乡村禁锢的人,他们一边数落着乡村只有井口那么大,同时又因为无法跳出井口而悲观伤神,虽有跳出井口的计划,但终因缺乏胆量而成为空谈,只能一生待在原处。这种将一切秩序建立在空间之上的理解,是错误的。

在乡村的道路上前行,面向未来的世界,存在着众多可以改变的时机。多年的职场经历告诉我,一个人一旦渴求某项目标,但又无法满足时,除了易患抑郁症之外,还会表现出一种无理由的带有憎恨的情绪,不只是对相关人、事物产生否定情绪,更有产生脱离苦海的期盼。其实,空间并非一种实际的秩序,在时间的刻度上,只有客观事实与主观的态度相融合,才会真正生成一种意义,才会重新开始产生新的内涵。与大家一起探讨秩序,源于很多人把控秩序产生的基点时容易出现错误。一个人努力生长,外力只会产生推动作用,真正产生决定作用的是自我。在笔者看来,人是产生一切秩序的起点。

主动寻变

驻守乡村的岁月我们不能存在乌托邦似的空想,必须增添改变的勇气,必须防止对乡村教育信心的丧失。空间并非一种实际秩序,对于方位和空间而言,每一个实际秩序和共同体,都拥有具体的内涵。关于对秩序的理解,很久以来,我依然坚持一个观点:“秩序顺了,什么都顺了;秩序乱了,什么都乱了;我们的努力,就在于找到适合发展的秩序。”包括与大家一块探讨幸福的话题,我们的努力也可换上这句话:“一切为了找到给予幸福的秩序。”很多在乡村教书的教师停止发展或缓慢发展,只能说明一个问题:他们没有找到适合自我发展的秩序,发展秩序还非常乱,急需有人帮着找到秩序。

身处乡村的岁月,我们必须防止闲暇时间的净增长。乡村与人生秩序之间的关系,只不过是人生秩序轮回的一个置换空间。合理安排自己的人生秩序,给予自我内驱动力系统持续增长的内生产力,这里必须涉及人的“感观”转变,特别是不再将视野锁定在一个固定范围。很多事情都与情感相关,当一个人集中精力完成一件事时,时间概念、空间概念会被抛弃,如此情形出现,以至于将良序内涵解读成与时间无关、与空间无关,只与目标相关。这实则是我们接下来将要探讨的一种境界。

改变你的内心世界,你会立即改变你的精神面貌。我们必须强调的是,现在比以前更好,未来比现在更好。前面探讨的,多属于空间影响层面的理解,将乡村所呈现的空间理解成了一种保守的空间,把向外拓展的无限空间理解成了一种开放的空间。能自我将视域向外拓展,定有利于我们理顺发展秩序。在此,建议弱化乡村空间影响而发奋努力,定能找到另一条可以拓展视域的路。

为了能彻底改变自我,保证一切行动符合内生长的要求,我曾将时间分成了内时间和外时间,认识到这两种时间能带给人生完全不同的发展秩序,以便让大家找到需要改变的领域。这里的内时间与外时间是一个相对的概念,第一次将时间如此分开,那是我在乘坐电梯时突然产生的灵感。内时间与外时间是一个相对的概念,比如站在电梯外等电梯,这一段时间称作外时间,进入电梯后的这一段时间称作内时间。外时间有一个极限时间,如果超越极限人就会变得烦躁。与之相对的是,只要进入内时间,人一般会感觉到时间过得快。人的发展秩序一旦达到高速状态,时间会在不经意间溜走,同步相伴的还有高效的深度学习。

面对时间内涵,人们持有不同站位和不同见解。一位乡村教师能努力坚持发展自我,只要他能有序地高速前行,就会进入内时间状态,或产生内时间倾向。有效性更多源于将原来混沌的发展秩序更改,将自我行动融入特定的情感、态度和价值观,方才能弄清楚我们所处的环境是否有利于改变。

在乡村教书,把好时间的节点,需要学会仰望星空,学会在自己和外界中寻找到实现梦想之法。如能把握内时间倾向的重要特征,将表现出的活跃的、积极的、主动的因素,用于指导我们的发展。促进内生长秩序产生,在发展过程中只有真正体现内时间倾向,才会在接受改变的过程中体现出发展的有效性。而要想真正将

自我人生解放,体现内时间倾向,有必要将其与梦想相结合的着力点弄清楚,只有这样才能推动个人的发展。

与其等待其他人来改变自己,不如及时反省自身,以便找到改变现状的方法。内时间倾向虽然是对情绪的有效把控,实则是在于对“我”“我的”情感的把控。根据时间安排,接受改变时可将其时间分为一般内时间与特殊内时间。通常整体感知,在一个较长时间内对感知、审美、思维、创建等素养建构与提升过程进行观察,并施以过程影响的可称之为一般内时间。虽然一般内时间不将某一特定时间内的表现作为观察主体,但可以根据较长时间段内的前后对比,特别是根据自觉状态的影响做出认定。一般内时间的认定,便于在共同体内去整体把握发展效果,有针对性地结合呈现的问题调整后期的改革方案。

在成长过程中,通常需要我们能正确处理好自我的理想冲突,把控好时间秩序不间断地转换的规律。其间,如广大教师更擅长于对特殊内时间的处理,因特殊内时间倾向性易促进物化效果的产生。其实一般内时间的最大价值在于,能将孤立的一些特殊内时间倾向串通,据此聚合集中起来赋予人生意义,以拓宽视野。

在乡村教书,主动寻求改变,我们应准备充足的时间,为创建美丽的农村教育而努力。在实践中,我们应注重对内时间与外时间承受极限的关注,防止过短的特定时间对认知形成消极的影响。否则,其内心表述处于浅尝辄止的状态,无法达到既定效果。同时,我们还应该防止特定时间过长导致兴奋状态过长,从而带来负面影响。通常,我们会引入一些特别的方法,给予内时间倾向的正向干预。如我们通过活动展现情境,快速进入内时间通道,在选定的维度中创造出为教育付出后的真实的美的享受。

促内生长

在解决上述问题的过程中促内生长,增添存在感十分重要。开启内时间倾向性通道,必须注重在内时间与外时间中所承受范围的限制,即必须注重有限时间内对自我的行为权衡,特别是在一个相对较长的内时间里,对心理和生理进行保护。时间过长会引起情绪疲劳,长时间兴奋,也会疲软,会导致顾此失彼、得不偿失的局面发生;如果内时间过短,参与热情中定会浅尝辄止,情绪稍稍打开又回到封闭状态,让人总处于一种艰难维系的过程中。在发展过程中,我们要有效防止内时间的破坏性,同时也应加强对外时间时长的关注,特别是对热情度的保护,做到对内时间的有效调控,才更加利于持续提升。

促内生长,在内时间倾向的通道之中,因为倾情投入,意义、经验与事实被认定和创造出来,以前那些“死的观点”会与新生成的好奇心、判断力、创生力等形成鲜

明的对比,从而促进心智的成熟和素养的提升。建议大家能做到以下几点:

一要增添改变的勇气,形成新的转变。学得快乐、深入,学得开放、扎实,这是打通专业化发展的路径,彰显内时间倾向的原初目标。我们通过对生命、生存、生活、生长的关照,尽可能找寻快速进入内时间通道的机会,向纵深推进。其实,如果内生长过程真能表现内时间倾向性特征,一切尽会水到渠成,我们与其一同超越技术转变,并对此有充分的准备,有充足的等待时间。可能更多人关注的只是某一次任务的完成,或者说是模块群任务在一个时间段的达成。尽管适当的布置只会停留于短暂的等待中,但经验告诉我们,已经有一个答案在脑海中形成。只是我们很容易陷入在短暂的等待时间内简单地判断要做些什么,如此因践行不彻底而致使成效很小。这里,很明显的问题在于不是辨别切实与否,而是没有打开内时间通道的技术,没有让足够的时间停留在内时间通道,最终导致认知与践行的矛盾,致使效果弱化。

二要对乡村教育充满信心,对自我现代化、专业化发展充满信心。与大家交流内时间,不如谈奋进过程中深度学习的概念,因为只知道深度学习而不知内时间的特征,不利于把握全速前进时的速度特征。一个进入高速发展状态的人,在给自己描绘外环境时,渴求开放之态,特别是当感觉前行的道路已到尽头,再也看不到方向时,此刻最需要的是清楚何处是归途。这些已经说明,建构秩序的意义已经发挥穷尽,只有重新再次启动第二条秩序才行。在我看来,保守的解决办法,就是重新认识人,打破现有的视域,重新开始构建新的秩序,才可能找到新的出发点,才可能重新让自我回到全速前行的轨道上来。

三要将情感融入改变的过程中,必须明晰人是一切秩序构建的起点,开放的外环境才能给予全速前行保障。但我们在追逐全开放之态时,应看到任何秩序的内部结构是封闭的,特别是全速前行时更是以建立封闭通道为工作的全部,哪怕给予秩序向前延展的,依旧是完全封闭的通道。这点真有些像轻轨运行图,为了保证列车的高速运行,整个轨道系统的所有秩序都是处于封闭状态。虽然我们可以自由乘坐任何一次列车,可以自由选择前往任何一个站点,但是这种高效和自由均是建立在整个秩序无限封闭的状态中。我们考究秩序,常会发现秩序建构有点像轨道建构在无限广袤的土地上,呈现开放之态才可保证视域的拓展,秩序之内的秩序只有处于封闭之态,将任何干扰、阻碍给予排除,真正实现全速前行。正如设计的城市交通信号系统,一切都有章可循,秩序井然。

四要建构利于自我发展的秩序,给予乡村教师人生幸福保障的前提。何谓开放之态,真还不能给个人开出处方。秩序建构只有结合自我情况进行描绘,才可能

适合。对秩序的内控,让自我处于内时间状态,全速运行状态,是完全有可能的。只不过秩序内封闭状态的建构,需要智慧支撑方才可行。依旧像轻轨路线设计一样,为了保持线路通畅,基础建设多设在地面之下,不占有常规视域空间,遇见过不去的沟壑和河流,需要架设桥梁或绕行。乘坐轻轨,最初秩序建构的是站台,出发点要么设在路上方,要么深入地下几十米,若不打破常规,就无法建构轻轨秩序。站台为秩序建构的起点,终点非常明确,坐上轻轨只要大脑清晰,哪怕转几条路线,定能保证高速顺畅到达目的地。以轻轨路线图打比方,乘坐轻轨者,只需要在起点选定路线,就能准确到达终点。职场发展中的路线图需要自己去设计,建构内封闭状态秩序更是考验智力和毅力。打破常规行走方式的前提,是打破思维定式,不因个人发展影响其他常规秩序,遇到困难,解决办法还可采用"互联互通"之策。

五要面对乡村,扬长发展才是正确的选择。只有认清自身拥有的资源及条件,了解内心深处发出的声音,辨别出自己对于改革所能接受的程度,才可能真正调动自我的内动力。专业化发展过程,处于内时间状态,路线建设是前期的准备,真正发展是在进入完全封闭状态。让自我处于全动力状态,进入内时间状态,沿着既定秩序达到预设目的地,人生才不会后悔。也许很多人会想到我们只是自然人,力量有限,小到不可计算,所有付出不能带给乡村教育太多变化,但可以更换方式看待自我建构的人生秩序。其实,一个人只要用智慧和汗水改变了自我,等同于改变世界。

促进内生长应注意三点:首先,在于能着力自我需求改变。面对农村教育的未知领域,人生向前迈进,或者会有结果,或者只有学习过程,这些都可能会产生恐惧。改变职场环境,带给职场需要的认知态度并向着积极的方向前行,才可能让我们真正踏出一条适合自我之路,让沿途带有生命特质的花草见证我们的幸福。拓展人生秩序的宽度和长度,充分理解属于第四维时间带来的内涵,让秩序的内环通道顺畅,才会在坎、坡、沟、壑之处,让自我看到勇气看到希望,而不是悲观、退却和消沉。

其次,给予内生长时间的保证。改变陋习是为了带来发展保障,也是带来防范危机的方法。此刻提及工作之外的时间,可能指向专属于教师特有的寒暑假,若真以拓宽视野为出发点,定有质的不同。有些时间富有意义,而有一些时间只能称作"被消耗"。在乡下教书的那些岁月与现在的日子相比,工作时间内笔者所干的工作很多是相同的。细细想来,在工作之外时间的处置,明显感觉尽是让人生富有起色的内生长时间。现今,人人都有很多可自由支配的专属于自我的时间,处置方式不同,才导致人生的迥然不同。至今,我已多次提及入职的前六年属于荒废的时间，得出此结论源于与现在自由时间用途的对比，或换一种方式解释更清楚——叩问自己，那六年自由时间去哪儿了？现在自由时间都干什么去了？自由时间的处置不外乎两种方式，一是不做事，二是做实事。纵观无数乡村教师自由时间的处置，便会发现很多人都处于悠闲状态，甚至是得过且过状态。如同歌中所唱，“在半睡半醒之间”“留一半清醒留一半醉”。我入职的前六年，差不多也是如此度过，自由时间内除了寻求短暂的快乐外，大多数时间会处于完全不做事的状态。后来，我不再浪费寒暑假等自由时间。自由时间到来前，我已经做好专业化发展规划，而后在接下来的不同阶段里，做工作时间内原本难以做成的事。每一个寒暑假，是我出成果的高峰期。当然，我在自由时间做出的规划路径只适合于自己，但大家应该认同自由时间的宝贵，完全有必要基于专业成长的角度合理安排自由时间，让自己做事有张有弛，如此才会因顺势做事而使人生充实。

促内生长，打破乡村视域的界线，我们应让自由时间变成促进自我有效改变的法宝。时间对于每一个人来说都是公平的，乡村教师和城市教师的自由时间也是公平的。任何一位教师最终获取素养高度的不同，最终创造的人生价值存在差异，很关键的一点在于对自由时间的支配。如果我们在工作时间内让自我处于内时间内，处于高速运转的状态，而到支配自由时间时便松懈散漫，让自我处于内时间外，其人生获取的成绩又怎能不打折扣呢？

再次，促内生长，在寻求自我改变的过程中必须积极主动。也许无数人会问，自由的时间里怎样才能找到事情做，做哪些事？对任何人而言，只要愿意做事，有两类事就值得去做：一是实事，即看得见摸得着的事，做了短期就能看得见效果的事；二是“虚事”，即为了促进自我专业化发展，让自我倾情进入内时间状态，做促进利于核心能力提升的事，如课程力修炼，为了提升自我的积淀。常见一些老师多年前便如此，长期坚持学习家庭教育、亲子沟通、生涯教育、精神分析、心理咨询等课程，这也是至今他们走在了整个队伍前列的原因。我们自己无论在哪里教书，只有用好自由时间，让秩序内环不出现混乱，让自己有事做，才会因充实而感受到人生的价值和意义，才会因此而预约幸福，与幸福相拥。

五、抓好职后品格的修炼

在乡村或城市，形成了一个又一个相对独立的职场空间。目光所聚集的全指向职场生存空间，因此生成一个又一个不同类型的“利益分化区域”，对人们的品行进行检验。

谈品格，讲究人格与修炼，属于为师者职后道德修养范畴。审视对待人生处境的态度，审查对待乡村环境、职业、生存等的处置方式，直接反映其生存状况，抑或间接折射人的品格属性。

人们习惯性将品格纳入师德范畴，源于它反映人的品性特质。为了更直观地理解品格，笔者将个人言谈举止等一系列行为与教育理想和情怀关联，作为品格入格的判断基准，而后得出结论：师德是品格的底线，坚守底线而展开品格修炼，潜质变成现实才有可能性。

1.适时增添品格修炼意识

谈品格修炼前，先打一比方。

同时种下两棵小树，保证他们有充足的水分、养分等一切利于生长的自然条件，而后对其中一棵管理修枝，另一棵任由自然生长。试问一年两年，五年十年，抑或更长时间，它们会是一个什么结果呢？

这不需要我们亲自试验，也能猜想出结果。其实，我们涉足职场也一个样，对自己的行为加强监管，在相应的时节结合其生长取向适时修剪枝叶，抑或任由岁月延展而不加任何作为，会是一个什么样？

品行先于才能，不只是属于观念的转变，更是行为的转化。我们通过具体的行为进行品格修炼，让自我不仅拥有较高的学识素养，同时表现出较高的品格修养，符合当下时代的需求。

我们必须明白，涉及一个人品格的评判，虽然与所处的生存环境、工作环境、人文环境等有着关联，但这些都不是主要因素。专属于一个人的品格若有深层的修炼，那么任何外在因素都会被忽略，人与人之间都将处于公平的状态，用一个尺度接受考量。

我们必须观念统一:品格属于职后修炼的成果。这里自然存在职前先验的基础部分,职后后验的发展部分。人们早已习惯学校主要是培养学生的地方,错误地将教师品格理解成先验部分,忽视其可塑性。像一棵苹果树,等它开花而后结出果实,才以“苹果”佐证是“苹果树”,绝对不是“梨树”。“苹果树”不是“梨树”,属于先验部分,人们看重的不是苹果树能结出“苹果”,而是后验部分,如苹果的品质,后期超高的品质,那才是人们看中的东西。为师者也一样,职后品格修炼才能彰显为师的重要性。

环境对品格的影响主要是自然影响,如自然气候影响,或者生存所依赖土地的影响。自然的影响不可忽视,若不能保证自己在一个环境中能够生存下来,何谈人生价值产生?在乡村为师,生存第一性不能得到保证,何谈发展的可能性保证?对环境理性评估,找到自我生存方式,方才能促进品性潜质的提升。如原本属于“梨树”的品性,硬让其适应“苹果树”的习性,只会本末倒置。一个人深受自然影响,甚至不可调和,“橘生淮南则为橘,生于淮北则为枳”就是佐证。人与物的生存法则有质的不同,一个人发现自我在淮南时如橘有利,便会走“橘生橘”之道,一旦发现处于淮北不能再如“橘”,定会重新寻觅新方向,以适应淮北气候为基准,选择“橘变柚”的改良道路。在乡村为师,被动地与环境结缘,环境对人生走向的影响不可小觑,若精明于全面权衡,在淮南做橘,面对现实的淮北,也定能得以很好的发展。不可否认生长环境对一个人的影响,短期内看不到效果,但历经岁月的大浪淘沙,品质差距日渐明显,是不可更改的事实。

我们应看到,职后修炼方式主要是以人为影响为主。人为影响可分成有意识的人为影响和无意识的人为影响。通常,人们接受的是无意识的人为影响,或接受所处区域内人文的人为影响,或受到接触群体交流方式的人为影响。在乡村教书,无意识的人为影响主要体现在三个阶段:一是扬弃,自己认真习得,发觉与认定的价值观有距离,于是自觉远离;二是适合,一段时间内经受工作和生存的调整,全面熟悉所处环境,不经意间便与群体融为一体;三是神俱,长期适应,品格被深深地打上烙印。针对无意识影响,我们须防范侵蚀,如对体能、思想、意志等方面的侵蚀,有点儿像将一只手先浸泡于热水,突然换成冰水以浸泡,顿生一种特别不舒适的感觉。经受不同文化冲击的无意识的人为影响,侵蚀虽非如此迅速,但若持续的时间长,其反作用不可估量。

职后品格修炼多以无意识的人为影响为主,而真正让人得以改变的,却是有意识的人为影响部分,如正能量会让人的情操变得高尚,让人的行为变得富有品位。在乡村为师,注重主体意识的觉醒,强化品格修为,甚至比专业知识的弥补还重要。

职后人为影响根据主体意识觉醒时态的表现，可分为主动学习与被动学习。如职场着装，教师职业虽不像其他职业有固定的着装要求，但也有它基本的要求——得体、稳重。一个人只要登上讲台，他的言谈举止就要遵守职场内的基本要求。达到基本要求，多属于职场内被动学习的范畴。为师者只有将自己改造得更彻底，才能符合教师职场的要求。不知大家发现没有，即使被动地符合教师的标准，随着时间推移，其自身气质和性格也会随之发生变化，彰显出的“教师味”。

影响教师品格修炼最重要的均不是被动式的人为影响，而是个性化的主动学习，方才能铸就不同层次的品质。不管是城市教师还是乡村教师，站在讲台时的状态都差不多，所做事没有太多不同，而最终呈现不同的效果，是在于教师品质与人格等的差距。抑或相同的人生轨迹，但却有不同的成就，这依旧源于主动修为的不同。一个人力争上游，不断追求真善美，与时俱进，才能让自我脱俗，有责任感，有仁者之心，才能铸就伟大的品格。

适时抓好职后品格的修炼，特别是抓好主动式的有意识的人为影响，更利于认识其强大的适用性。如同样是说一句话，同样是做一件事，品格高尚的人说话和做事定然不同，所产生的效果可能更好，产生的价值也更大。

适时铸就强大的品格，定会让一个人的品性充分彰显其适用性。我们必须明确：品格是职后修炼的结果，包括同事之间的合作，与领导相处，待人接物，责任与担当，处理好个人与集体和社会的关系等，只有经受过修炼的人，才会因此拥有正确的价值观，才会因此而拥有无数中间成就值，才会让自我核心素养得以修炼，促成“梦工厂”的建构。

2.促进“一块璞玉的苏醒”

我们必须行动统一：抓好主动式的有意识的人为影响，强化修行。品格是修行的代称，关键不是做得更好，而是保存和彰显本身价值。笔者一直主张人不是产品，但不可否认一个人所创造的社会价值，通常约等于自我人生价值。倡导强化修行，铸就正确的价值观，全部目的在于全面提升自我的社会价值。

去除杂质

一块玉的价值在于纯度，因其天生丽质，巧夺天工，方才被视为珍品。人，天生丽质者少之又少，更多的属于璞玉，尚属未雕琢之玉。经常见在乡村教书的很多年轻人，原本就是一块璞玉，因少有雕琢，不懂得补缺，最终只具有“顽石”的价值。其实哪怕是一块石头，只要勇于接受雕琢，也会因此而有思想，何况我们还是一块璞玉呢？

作为一块璞玉，最痛苦的是什么？不受卖，经常被贱卖。很多人不懂得雕琢的重要性，他们的判断多是现在的价值，对雕琢后的价值毫无想象力和预判力。如，笔者那段书呆子的经历，因缺乏雕琢真带给自己很多尴尬。一个书呆子，也是一个社会人，无法完全将自己躲藏起来，与人交往的全过程似乎成了手捧"顽石"参与"赌石"。一个人不懂得雕琢的道理，不主动接受雕琢，或没有雕琢的机会，很长一段时间内璞玉也只能称"顽石"，有时会被随意扔在角落，难以被人多瞧几眼。经历一次"赌石"，必然经历一次伤害，磕磕绊绊不断，若达到心理承受极限，自己也会瞧不起自己，认定自己就是一块"顽石"。

与大家交流笔者的真实境遇，并非有意埋汰自己。在乡村教书最初的那段岁月，我做了几年毫无价值的"顽石"，日子不顺，让我感到悲催。此刻，再次提及便如我曾说过的话"曾经的教训对自己而言没有太多意义，因为我再也回不到从前。但它对后来者有用，可以以我为靶子，防微杜渐。"此刻探讨品格的修炼，一切目的在于促进"一块璞玉的苏醒"。

寻觅价值被发现的规律，是物质本身就潜藏着价值，被发现的价值永远小于自身潜藏的价值。作为一名乡村教师，稍不注意就会忘记自己是一块璞玉，特别是在没有经受雕琢之前，自身价值很难被发现，自己也很难预判自身价值，那刻意识的觉醒非常重要。认定自身价值，一个人应基于"想什么"，明确"要什么"开始。"要什么"属于价值需求开端。尝试对"璞玉"价值认定，"要什么"是"一块璞玉苏醒"的前奏，随着自我意识"想什么""有什么""没有什么"的清醒和渐变，提升自身价值的愿望会越来越强烈，定会自觉主动地寻觅自我雕琢的机会。

一块璞玉雕琢成精品，须经历尝试的过程。作为一位乡村教师，执刀雕琢者主要是自己。无数专家或学者，他们风姿卓绝，独领风骚，多数非天生丽质的玉物，能有今天的成就，其品格无不经受多次构图与雕琢。一块原石接受雕琢，是修行最直观的表达。我们在修行中并非一帆风顺，甚至会经受折磨。人人都有向上之心，包括我初涉职场的前六年，在那荒废之年，虽向上之心没有消失，但因不得方法尽是失败，导致自己伤痕累累。修行须得方法，否则，便如我一样，会付出"六年时光"的代价。

修行，从学习雕琢开端，其中首道工序是去杂质。如笔者：

我是一个杂质特别凸显的璞玉。天生品质欠佳，让我乏力困顿，体现在很多方面，如普通话不标准，书写非常差等。在那教学艺术代表教学成就的年代，我这一块原石其价值很难得以彰显。

初涉职场的那段时间，我主动要求上公开课，虽努力提高普通话水平，努力提升书写水平，但因两大弱项的存在，不管如何努力，总难达到他人应有的高度。在

一些赛课活动上,哪怕教学设计精巧,教学流程科学流畅,教学效果优异,全因那几句普通话和那几笔字,最终也只能斩获三等奖。那几年,自己书呆子性格,不懂修炼艺术,越努力,伤痕越是遍布全身。

提升品位,去杂质,顺应材质而雕琢,实属良策。在修行过程中去除杂质,是非常有讲究的事,若在原石接受雕琢的过程中良莠不分,本属杂质部分就会呈放大趋势。璞玉接受修炼,需要慧眼。其实,一个人接受雕琢也存在风险,若无限保留杂质部分,只能被认定其属于"顽石"的品性。

画短为长

若是一块"璞玉",懂修行的方法,则完全可以除去杂质而让玉的一面显现出来。"画短为长"[①]的故事不知大家听过没有?故事虽属虚构,但却能让我们明白巧妙雕琢的重要性,瑕疵部分哪怕突出,只要合理处理,依然可以勾勒出一幅国王射雕英武图。试想,画家没有巧妙构思,能完成所交办的任务吗?接受修炼,无数乡村教师如我一样,真实情形多像是独眼瘸腿的国王,或普通话水平低劣,或书写水平不高,甚至存在其他方面的硬伤,若不能画短为长,怎能完成雕琢任务?一块璞玉接受雕琢,去除杂质,结合材质合理定型方为上策,如若真要去追逐品性,也并非易事。

修行,去杂质,有时意味着取舍。人的一生都希望有许多斩获,如此,目标太多,真能达成的有几何。笔者主张只为一个目标或为几个特定的目标而拼搏,修行中方有精力直接或间接为达成目标而前行。我亦如此,二十多年来只为一件努力——教师专业化发展研究。

一个人只为达成一个目标而修行,成功概率大于多个目标,这道理不言而喻(修行中如何扬长发展,将于后面章节探讨)。如一块接受雕琢的原石,目标过多只会被分散成若干小件,对比其价值,原石被分散成若干小件价值的总和,难以超越作为整件雕琢的价值。我们在修行的征程中,在班级管理、教育教学、课程建设、教育科研等方面锁定主要目标,独具匠心,必然涉及个人自我价值的认定,达成过程最优化、价值最大化,才是最明智的选择。

一个人的精力、体力和智力都是有限的,若一生只做一件事,接受雕琢永不停止,只会让自我品质越来越优质,只会让自身不断增值。我们身为乡村教师,不可对自我属于璞玉的品质妄自菲薄,但也应明晰璞玉本身的品质,须为铸就无限可能性提供基本条件,而只有敢于将自我置于前台,敢于进行个性化的追逐,才会真让自我价值最大化。

---

① 古时候,有一个独眼瘸腿的国王想要画张像。第一位画师逼真地还原了国王的本来面貌,结果为自己招来了杀身之祸。第二位画师吸取教训,把国王画得英俊潇洒,国王很生气,以"欺君之罪"杀了他。第三位画师急中生智,画了一幅射雕图,画中的国王用好腿站着,瘸腿则跪在石头上,那只盲眼闭着,好眼直视前方,拉弓箭射大雕。

一个人彰显价值的方式非常多,并非任何一个点都适合释放最大化的价值。人因为具有社会性,才会有价值认定需求。在接受雕琢的过程中,我们必须与主流思想吻合,为找到自我表达方式而努力。一生碌碌无为的人真不少见,缺少修行艺术的人比比皆是,不知取舍是其主要的原因。很多人修炼不成功,主要源于取舍不对,价值没有得到提升,因杂质留存而使自己依旧属于普通层级。

在修炼的过程中,需要我们抓好内化的过程,促进内生长。能将璞玉打造成精品,非一日之功,脱胎换骨,需要时刻保持最佳的精神状态。被称作"经营之神"的松下幸之助十分重视热情的作用,他说:"热情胜过才干。"有一位父亲告诫他的孩子说:"无论从事什么样的职业,如果你能够对自己的工作充满热情,那么你就不用为自己的前途操心了。"在乡村为师,完成内化,虽不敢提前预知未来,但若敬业,赋予使命,将最佳精神状态激发出来,定然会取得卓绝成就。

内化时需要我们能从工作中找到乐趣、尊严、成就感以及和谐的人际关系。IBM营销总裁巴克·罗杰斯曾说过:"我不能把工作看作是为了五斗米折腰的事情,我们必须从工作中获得更多的意义才行。"在乡村教书,难免不处于被动的地位,关键在于能用新的眼光审视自我,能在践行中找到新的兴奋点,从而点燃激情。

一个人只有在平凡中进行自我雕琢,才会完成原石朝向美玉的内化;只有不间断努力,才会彰显卓越品质。一个人虽是一块璞玉,如不经受雕琢,那么无数羁绊就直接会成为前行的阻力。如笔者入职的最初阶段,生活中磕绊真给自己带来了不少麻烦。今年暑期,与多年前的同事聚会,她提及当年的一件"趣事":

那是在她刚生产后,她的先生(我的同学)与我私聊,回家转述了我的一句戏言:"你今生只有生公主的命,亏大啦。"

明显带有重男轻女思想的一句话,让我脱口而出,真没有想到会让她记这么长时间。现在提及虽为"趣事",当初呢?一切源于我大脑里的偏见。其实,一个人修行到一定高度,如此之类的话绝对不会出口。

接受雕琢,往往相伴专业知识与技能的提升,目标要求我们能让心灵得到净化。一个人经受雕琢,心境如玉纯净,定会懂得有嘴不等于随口说,懂得有手不等于随便做,言行透露出的定然是高贵与典雅。现今,想起"范跑跑事件"①,无不让人深思。

① 范美忠,男,四川隆昌人,1997年毕业于北京大学历史系,曾在四川自贡蜀光中学当教师,后因课堂言论辞职,转至深圳、广州、重庆、北京、杭州、成都等城市从事教育或媒体工作。后供职于四川都江堰市光亚学校。2008年5月12日汶川大地震发生时,正在课堂讲课的范美忠先于学生逃生,并因此向学校辞职。22日在天涯上发帖《那一刻地动——"5·12"汶川地震亲历记》一文,细致地描述自己在地震时所做的一切以及过后的心路历程,掀起轩然大波,被网友讥讽为"范跑跑",并引发了一场关于"师德"的讨论。

一个人的修行非一次就能完成,只有通过无数次雕琢,经历长时间修行,言行才会彰显高贵品质。在修行中去杂念,心境自然会淡定。

今年,笔者所在学校订制绩效考核办法,其中包括教育科研成果部分,我参与了对其考核评定量标的设计。

注重修行,随着时间的推移,物化成果增添便是其最直接的佐证。说真的,由于我的本职工作就是教育科研与管理,近年我在论文发表、著作出版、课题研究等方面所取得的物化成果,差不多占所在单位的大半份额。此考核方案的订制实则让我尴尬,若弱化考核量标,这对于其他人而言不公平;若坚持现有的标准,我便成了占总体份额最高的获利者。在订制考核量标的过程中,针对自我提出"只统计不计入考核"的办法,终让全校有关教育科研的绩效考核得以顺利执行。

利益面前而不争,这实是修行的结果。此刻,我想起多年前的另一件事。

那年,我所在学校为了鼓励教师们在教育科研上能出成绩,订制了一个奖励制度,其中针对文章发表制定了按篇给奖励60—80元的政策。那年头,教师月工资只有几百元,发表一篇文章能奖励这么多,标准真不低。到了年终,我对发表的文章进行统计,一共是6篇,盘算着将会获得"四百多元"的奖励,心理美滋滋的。乡村学校教育科研水平一般不会太高,办公经费本就不多,当初出台此项奖励制度,往年几乎等于空设,从没有人摘此桃,可谁也没想到我会发表那么多。执行前,校长基于学校财力全面权衡,决定调整此项制度。但我认为既然是制度,就应该坚持执行。这下可好,一个坚持,一个否定,矛盾不可避免地产生。最终,我拿到了那笔奖励。因矛盾激化,带给我的负面影响让我成长放缓,说句心里话,那笔奖金,有还不如无呢。

接受修炼,要求我们看重的应是价值之争,而非利益之争。以上这些事虽只是个案,但具有典型性。修行,经受雕琢,全部目的为的是提高自身的价值,有文章发表,获得奖励,只能称作附加值。为了奖励而不顾其他,无不有损于修行。其实,有文章发表,是对自我教育科研能力提升的证明,为了意外奖励不能审时度势,更会让个人价值下降到冰点。

在修炼中重修行,主动接受雕琢,才会让自我更加完美。一个人由于潜质原因,应谨防雕琢失误所出现的硬伤。一个人修行若达到一定层级,哪怕遇到硬伤也定会进行艺术化处理,从而化腐朽为神奇。像小孩顽皮把一件心爱的衣服划破,手巧的妈妈贴花式缝补,比笨拙的妈妈所打补丁效果不知要好多少倍。

品格修炼,接受雕琢,不免会遇见一些意外,重要的是我们要拥有正确的价值观。品格较高的人,遇事常常能让坏事变成好事;一些修养极低的人,遇见小事,演化成不可挽回的大事,也屡见不鲜。

每一次接受雕琢，是自我思考的落地。正确的价值观，多属于思想积淀的范畴。修行中接受无数次雕琢，才会拥有思想。在乡村教书，并不影响一个人修行，对此特别建议：一个人需要时时处处事事保持一颗善良的心，于人于事于物都能善待。这是修行应坚守的底线，哪怕前行中受阻，难以赢得尊重，甚至是打击和嘲笑，但可肯定的是，这些只会是暂时性的，绝对不会带给自我毁灭性的恶果。自我多年修行告诉自己：一个人只要有正确的价值观，保持善良的本色，哪怕遇见太多风浪，坚持下去定然有到达彼岸的一天。

3.围绕乡村教育铸就理想

在乡村教书，谈理想，必然涉及命运和幸福等问题。命运，一般指我们有些什么。幸福大半依赖于我们的本性和个性。为了让人生没有遗憾，意识里能提高对品性的认知，真让自我觉醒，需要将命运紧抓手中。让人生有意义，没有固定的生成模式，品性修炼到一定的程度，便会发现机遇和幸福是随之而来的附加值。

我们必须有统一的认知：拥有教育理想，等同于为品格铸魂。一个人为师乡村，对乡村教育没有倾注情感，没有围绕乡村教育铸就理想，注定其乡村为师的日子有失魂落魄之态。

理想品性

前面，用璞玉比拟，虽存在着很多相似性，但也存在不精准性。一块璞玉的潜质是固定的，但人具有无限发展的可能，并不代表一定就有实现的可能，人的发展虽然受客观潜质影响，但是真给发展带来决定性影响的却是理想的品性。“三个建筑工人”的故事，几乎人人知晓，最终取得成就不同，源于追求不同。同样是在乡村教书，有的人一生只能成为充满匠气的普通教师，有的人却能成为教育专家，有的人甚至会成为教育家，致使成就不同的并非付出汗水的多少，根本原因在于人生理想存在着品性的不同。

理想的品性直接决定一个人未来的轨迹和获得成就的大小。理想的品性与潜质无关，与一个人的主观愿望有关联，它是职后修行的目的反映。在乡村教书，真要提升个人理想的品性并非易事，只有超越环境的影响，只有真正对“我是谁”“我要什么”有超越平庸追求卓越的需求，才会让自我拥有卓越的理想品性。一个人的理想是品格的重要参数，直接关乎人们的行动，对未来的航向发挥着导向作用。至此，谈一谈理想产生的依据。

任何人的理想的产生都有根据，特别是具有明显的倾向性特征。理想绝对不是无源之水，绝对不是无根之木，它有着强烈的依附性。我观察发现，理想的生成

主要参照着两个时间点:一个是着眼于过去,一个是着眼于未来。着眼于过去,参照已经发生的事、所处的环境、生活方式、工作条件等客观条件做出判断,围绕下一步行动目的进行规划,持如此着眼点产生理想,多是大众群体的生成方式,其多会将注意力集中在眼下不利处,其产生的负面影响大于其正面影响。着眼于未来,参照自我个体潜质的客观条件和当下生存环境的客观条件,做出科学合理的评定,多会将注意力集中于未来生成而构想。两者之间的不同,在于着眼于过去的理想,目的性带有悲观情绪,理想品质因太多的现实性而属于普遍层级;相反,着眼于未来的理想,目的性带有乐观情绪,思想品质因太多理想成分而属于卓越层级。若以时间性评判,道理更简单:过去已经没有目的性,未来才有目的性,着眼于过去和着眼于未来客观条件产生理想,两者品性差距,定然能分出伯仲。

着眼于未来理想只是一种趋势,但依旧不能给人定格,需要未来多种因素的促进,目标才能实现。格局决定未来,精进决定未来。在乡村教书,立足未来建构理想,才利于找到制高点,才能给予自我希望的起点。我们应看到精进的重要性,明白只有通过精进方式,才可能提升前行速度,从而感知到性格特征、能力素养的品性以及服务教育大众场域时达到他者仰望的高度。

理想是一种拔高的心想,需说明的是理想实现是分阶段的。不同阶段产生不同的目标,完成不同阶段的目标,产生对应的"中间成就值"。实现理想,一个拾级登攀的图腾秩序,若有不同层级的"中间成就值"给予支撑,定能达到事业巅峰。回过头展望来时的路,只有自己知道其中的付出,以及长期内意志力发挥的支配作用。对自己而言,似乎会生成一种"不可能"的心态;对他者而言,更会产生素养品质间的对比,惊叹"怎么可能"。理想的实现,是自我品性与他者品性形成差异的客观实证,对每一位乡村教师而言,只要我们敢于着眼未来的客观实际制定理想,而后精进,"不可能"才会在日后变成"有可能"。

增添修行意识,立足现有条件铸就理想方才致远。正如托尔金《魔戒》说:"不断向前延伸的道路,是从家门开始的。"在乡村教书,根在乡村,渴求到远方修行,必须看到未来的无数不确定性。须指出的是,前行中包含梦想,但绝不能让冒险成为主导,修行是让自我发展秩序沿着正途延伸,而非幻想或产生赌徒心理。

人们须明白,围绕理想对未来进行画像是非常困难的一件事,正因此而生无穷意义。未来不仅受当前条件的限制,未来任何一个不可靠性,都会让曾经的预设发生偏差。在乡村教书,正因为拥有无限的未来,才让有关修行与品格的讨论价值无限。这是我们立足乡村教育向前看、致远方的理由。眼前你还只是一块原石,在他人看不到你未来价值时,你可能一直消沉,但伸向未来的路充满无限的可能性,除了需要立足当下脚踏实地，更需要能仰望星空。虽然笔者反对张狂，但也倡导大呼“燕雀安知鸿鹄之志哉”。就像我当年的那句话：“像我这样的书呆子，在群体中可能是最不中用的那人，也许是走得最远的那个人。”二十余载，为了诗和远方，一路走来，我所付出的辛劳只有额头的皱纹和两鬓的白发知道。一切都因为我与同事们对待自由时间的安排完全不同，从脚下开始延伸的路的方向也有不同；一切因为我不是机会主义者和实用(现实)主义者，锁定的理想与他们也有着质的不同。

在乡村教书，一个人不能没有理想，否则，便没有作为。据笔者经验，对理想品性的判断，可发现“客观的载体有时间性，主观的载体没有时间性”。换言之，理想与修行关系密切，当我们确立的理想能引领实践，有明确的事情做，有明确的时间概念，这样的理想因能落地而具有操作性；相反，那些主观臆断的想法，因好高骛远而只能束之高阁，是毫无时间性的体现，这样的理想只是空想。全面认识自我，判断自我理想的品性，根据其体现出的有无时间性，或持续时间的长短，以及内时间与外时间的表现样态，可给予当下处境和未来趋势的预判。

理想品性，决定一个人的人生境界，决定一个人能登上多高的山峰；理想品性，决定一个人的人生之路能走多远；理想品性，无疑是教师专业成长的第二生产力。拿破仑·希尔曾说：“一个人的成功取决于机遇，但更取决于他的品性。”乡村教师的幸福是一幅复合图，它由教育精神和情怀、专业发展方式、独特经验和教训、乡村教师的故事等组成，需要全面着力以求产生合目的性。在乡村教书，起点在于职业坚守，需要有一个高远的教育理想，需要有一些实实在在的教育行动，需要有无数清晰的人生目标，才可能预约人生的幸福。

关于理想品性的理解，笔者一直坚持以时间换空间的观点。我们在乡村教书，应建构时间概念，把时间概念看得比空间概念重要，才会真正实现理想。其实，时间是一切努力的结果，通过努力修行，乡下教书的空间意义自然会弱化，时间的重要性也自然会凸显。一个人的人生是思维的产物，理想发展至最后，会将人的品格分成很多的层级，我们只有充满智慧和理性，才会真正感觉到超越性需求满足的必要性。自然空间本身赐给人的快乐不是很大，它对人生幸福的影响度和深刻度远远无法超越人为影响。当前，最需要的是我们能超越空间，方能超越时间，从而赢得发展的机遇。

中间成就值

对笔者而言，回忆曾经在乡村教书的日子，感觉非常美好，至少在乡村的那段时光，是值得让我回忆的往事，比在城市里工作和生活留给我的多得多。此刻借用《卓越教师的发展“图谱”》上的一句话：

再次重申，致远，成就卓越，身体和灵魂必须有一个在路上才行。阅历和中间成就值[①]，稍不注意就会演变成专业化发展的包袱。

接下来，将围绕理想与中间成就值之间的关联，进一步探讨理想落地的问题。

成就自己的人生理想，成就乡村教育事业，面对未来需要长久坚持，坚守的事业才会演变成一种信仰。如没有这一信仰，自己这一块璞玉难以承受雕琢所带来的折磨，因为执刀人是自己，雕琢自己完全根据心的期盼设计，哪怕与优秀的人为伍，获得师傅缄默性知识也是不错的选择，但关键技术和核心能力却无法引进，靠自悟自行才会提高。这就不得不提及坚持所产生的作用，其所需要的长期持续的动力——中间成就值才能助推成长，直接推动理想和理想品性的实现。

任何人长时间做一件事都会乏力，包括沿着既定理想前行也是如此，其关键在于找到解决的办法。为此，笔者提示大家应看到理想和中间成就值的魅力。眼下条件不具备时总感觉理想不可能实现，但若一直朝前行走，历经五年、十年甚至三十年，定然会梦想成真。坚持做好这一件事，理想并非能立即变成现实，短时间内达成的事，那不能称理想，最多只算是在朝向理想进发过程中产生的中间成就值，因为只有产生无数个中间成就值，才能将通往理想之路连通。

在乡村教书，立志的重要性不须多言，但应争朝夕。若没有客观性的时间佐证，理想只会成为幻光。万事重开头，如笔者的"教育科研"之路：

那是我入职的第七个年头，乡下教书之余，除完成本职工作外，我比同事多做了一件事，自发地围绕"讨论式教学"展开了研究。在研究过程中，虽然我也写了开题报告，并深入课堂进行讨论式教学模式、规律、策略等研讨，同时在三年里完成十几万字的教学实践研究记录，但是因是自发性课题，最终没有步入课题结题程序。现在想起来，那一段苦楚的日子，若不是相信"苦心人，天不负"，差一点就打起了退堂鼓。

最初学做课题，完全是摸着石头过河，没有做课题的常规知识，自我储备的教育科研经验几乎为零，全凭一股子激情向前冲。一年的坚持，没有看到希望，觉得自我潜质差，一切从零开始恶补；两年的坚持，没有看到希望，自己对此的理解是自我正处于打理论基础阶段，不断摸索才会掌握门道；三年的坚持，依然没有看到希望，说真话我的毅力已经到极限，在教学过程中不断地将所得经验总结用于实践，教学之余开始写教学反思，同时围绕"讨论式"这一关键词开启论文撰写之旅。现今，依然记得撰写的论文《对讨论式教学的探索》在《中国民族教育》杂志发表的情

① 中间成就值是指在专业化提升的过程中，先为自己设定一个远大目标。当这个远大目标确定后，随即设置一些利于达成的中间（阶梯）目标，让自己能够看到希望和感受拾级而上，触摸成功的喜悦。通常，实现创业或转型的远大目标，需要通过中间目标一步一步达成，在这个过程中累积的"中间成就值"，足以促进人们长时间保持旺盛的精力、体力和智力，直到达成远大目标。

形,那可是我努力三年得以发表的一篇论文,也是我人生中发表的第一篇论文。现在想来,这篇只有一千四百字的论文,无不就是此刻所谈的“中间成就值”,因它给我鼓励,让我看到未来的希望。而后岁月,因三年自发课题研究打下基础,加上逐年对教育教学科研经验的积累,教育科研成果慢慢多起来,呈现出来的中间成就值也慢慢多起来。

铸就理想,我们应注重中间成就值的产生。与大家谈理想与修行,我们应深知迈出第一步的重要性,但很少有人知晓中间成就值的价值。做一件事,总看不到希望,多会让人丧失意志,产生自卑感、挫折感。向理想进发,能确立合适的目标,一步一步地干自己能干的事,干能取得成绩的事,才可能让自我拥有继续向前的动力。人生不能没有远大目标,更不能没有科学的打算,不能不多设一些中间目标,让生成中间成就值激励自我一步一步完成全部目标。

教师理想品性的提升,是一个不间断修行的过程,不同人生阶段有不同的内涵与要求。有追求的教师,应有自我专业化发展目标,这是教师生涯规划不可缺少的内容。其目标给人指引,也给人以力量。完成此设计时,通常远期目标难以落地,最好以远期目标为导向,订制一些短期的具体目标,采取小步子的策略,点滴积累中间成就值,为最终实现远大目标搭起阶梯。

在追逐理想的进程中,我们如果着眼于过去的客观条件行动,太过现实,只看得见今天的得失,一定会成为“近视眼”。做好本职工作,同样需要付出相同的精力,同步提升理想的品性。面对现实,一个人像璞玉一样存在缺点,不完美不要紧,贵在持续“精进”。铸就理想的品性,追求开智悟理,不如立足教育理想和情怀,运用理性去磨砺心志。在乡村教书,并不影响追逐理想的主动性,积极参与修行,追求精进,促进自我觉醒、自我成长、自我发展、自我开发、自我崛起和自我实现,真正保证中间成就值,人生目标实现起来才会更容易。

4.全面铸就核心竞争力

在乡村教书,无理想而模糊的岁月不能太长。就像我当年那样,入职六年依旧没有找到方向,自己毫无核心竞争力,走弯路的时间太多,损失太大。哪怕你真正拼过,并不表示一定会赢,一定就能摘取桂冠和幸福。模糊的岁月不能过长,必须尽快走出来,打造自己的核心竞争力。

我们必须目标统一:全力打造核心素养。核心素养,属于教师品格的具体化。但可肯定,一位教师的品格体现于多方面,如不具备核心素养,其品格修为定将大打折扣。

核心素养

提升核心素养，专属一位教师提升理想品性任务的重中之重。理想品性有四个“根基”，即活力、勇敢、敏感及智慧。我们在模糊岁月里，无核心素养修行，容易在消沉中失去追逐幸福的活力、勇敢、敏感以及智慧，从而使品性降低让人生留下遗憾。一个人总处于模糊的岁月里，就像没有种子的土壤，短时间内是一种休整，长时间里便会由荒芜变成凄凉。

既然是蕴含核心素养的能力，说明此项能力必须是众素养能力中的核心，如专属于自我具有而他者不具有的能力，或者虽然他者也具有此项素养能力但你却登峰造极。为师者，不只是教书那么简单。经济学中有一观点，衡量收益只看效益而不看产品，只看核心技术而不看价格。其实，就像销售衣服一样，要是糊涂地将待售的衣服放错地方，很难产生匹配的效益。我们倚靠理想致远，促进核心素养具体化，应当在内心深处树立远大目标，且努力去实现它。我们应让这个目标成为自我思想的中心点。那些在人生旅程中没有目标的人，很容易成为恐惧、麻木、自怜的尤物。

在乡村教书，如人在旅途，开启核心素养的修行，近乎等同于在乡村乘车，乡村无形中成了人生重要的一站。但我们必须清醒，有些人哪怕早已等候在这一站，但他依旧没有上车；有些人哪怕上了车，依旧停留在此站没有致远；有些人上了车，立即就下车，人生似乎与此无缘。

全面提升自我的核心竞争力，搭上高速列车，我们才可以称跟上了时代的步伐。不管你是在哪里上车，只有主动顺应时代的要求，才可能让自我立于潮头。很多知识、能力、技术都需要及时更新，哪怕是常规的教育学、心理学、课程方法论等，因受现代数字信息化的影响，针对新问题，解决的办法与以前比存在着明显的不同，需要我们主动修行；哪怕教学设计、教学策略、教学模式、教学方法、教学媒体、教学评价、教学反思发展力等属于常规的修炼，如若在工作之余不加强学习，便会快速落伍。

拥有核心素养，我们才可能成为赢家。为师者，能顺利进出课堂，需专业知识、专业能力和专业理念与师德支撑，但这些只属于基本能力或一般能力。一位已“上车”的教师，需致远必备核心能力才行，因为拥有核心技术的人获取的价值比拥有一般能力的人价值高出许多倍。在现实中，我们很多教师只掌握了一般能力，即掌握常规课堂的驾驭能力，因没有核心能力，竞争性被打折扣，致使在前进中存在动力不足，不能致远。

我们必须知晓常规能力不等于核心素养。朝向理想锁定的方向前行，我们打造常规能力的同时，应努力提升自身的核心能力。现实是，我们无数教师没有一项可称得上独占鳌头的具有竞争性的核心能力，一切源于大家只知道需要对基本能力予以修炼，却未产生将某一基本能力修炼成核心能力的想法。一位拥有高素养的教师并非只需要具有在课堂中师生交流与学习的能力，还有更多能力需要去修炼与掌握。不具备核心能力的教师，乡村和城市里占比都非常大，只不过乡村学校教师所占比例更大。如最近我开设了两堂专题讲座，其情形便可说明问题：

一是我到县示范幼儿园给教师们开论文写作课。在讲座中，通过互动交流我了解到老师们对论文摘要、关键词的表述方法不了解，对论文结构缺乏研讨，更谈不上对论文写作技巧的掌握。论文写作，虽然非课堂教学需要的一种素养，但是教师理应掌握的一项素养，事实给我反馈的情况是大量幼儿教师不具备论文写作素养。

二是我到县第一初级中学给教师们开讲如何做课题。我在调查环节中了解到曾参与过课题研究的教师占比不超过5%。在讲座中，我给他们讲解课题文本的规范，如核心概念界定、假设与创新、研究内容的逻辑性、研究效果及影响等概念。因为很多教师没有实践经历，浅显的讲座也只能让大部分人似懂非懂。课题研究，是教师都应具有的一项素养，事实是，具备课题研究能力者少之又少。

为师者具备必备的能力素养，是完成本职工作的基本保障，是得以发展的重要因素之一。我们应明白，能力素养与品格修炼本是一对孪生兄弟，相辅相成。一个人能力素养的高度，肯定影响着他品格提升的速度；反之，品格达成的高度，也影响着他能力素养产生的价值。多年观察发现，由于很多教师只局限于掌握基本素养，才让自身的知识宽度和厚度受限。一位教师站稳课堂，赢得课堂，只具备基本素养是不够的，除了具备对应课堂所需要的能力素养外，还得需要如写作、研究等方面的能力以辅助，才可能真让自我达到一个新高度。教师除基本素养之外，如若没有写作、研究等素养的辅助，基本素养发挥的价值很难最大化。

加强自我核心能力素养修炼，本应是一个非常简单的道理，在实践学习中真明白的人不多。“不知道”“听不懂”“理解不了”本不是与资深教师匹配的举动，但他们的视野只锁定于课堂教学，对其他的事以“不理睬”“不会做”“做不了”的态度，哪怕为课堂教学付出再多，还是很难提升自我能力素养的高度。在乡村教书，提高课堂的驾驭能力，这是必备素养，如若我们真想让自己的专业知识达到一个新的高度，更应主动拓展自己能力素养的宽度，除了掌握应对课堂教学所需要的一般素养外，还应围绕核心素养需求拓展相关的能力。

在乡村教书，自我突围的秘密在哪？笔者通过对无数卓越的乡村教师的观察发现，核心素养能力成为他们人生处于不败地位的最重要的武器。为何我们无数教师没有掌握一项核心素养呢？这与平素的修行有关，计划中没有打造核心素养

的安排，哪怕一般素养提升到一个高度，整个状态就像一辆不断提速的车，却依旧跑在低速的车道上一样。一个人主动拓展自我知识素养面，打造自我的核心能力素养，卧薪尝胆，定能凸显卓越。

蒙田曾说："我凭自己的切身经验谴责人类的无知，我认为，认识自己的无知是认识世界的最可靠的方法。"笔者凭借自己亲身体会以及对教师的观察发现，教师要拓展自身素养，必须全力打造核心素养。虽然没有谴责之意，却也无法给出最可靠的建议，这是因为每一个人都有无限的发展空间，只有自己才知道该走哪一条道。但此刻必须指出的是，没有计划的进步只能称作"演化"。达尔文曾写道："生命就算没有准备，也会自己'演化'。"我们在乡村教书，没有接受雕琢的准备，没有打造核心能力的恒心，最终只会因乏力而停留在半道。

朝向目标全力奋进，为了能全速行驶，拓展自我素养通道，除常规素养的修炼之外，建议能加强以下几项修炼(参见《卓越教师的专业修炼》)：

1.教育设计力：教育设计力即对教育内容的全部思考……激发学生上进的过程设计，是教育设计力的重点……教育设计力是一种动态的发展力。其目标是培养出拥有令人尊敬的道德观和爱国热情的人，培养出卓越的人……要成为人师，提升教育设计力是最直接的捷径。

2.教学设计力：教学设计更多的指向从事与教学相关的工作的策划，而教学设计力是教学设计者的水准与能力。只有经历长期的教学设计和教学研究，才可能形成能力，教学设计力才会有明显的效果……抄袭十年的教参，抵不上甩开膀子来一次彻底的教学设计。

3.组织力：组织与组织力两者间的区别在于组织回答的是"组织是什么"，组织力回答的是"怎么提高组织效果"，这是一位教师需要长久训练才能练就的本事……组织力，即组织结构的把控识别能力，此项能力是通过多次有目的有意识的训练而形成的一种带有专业化的特殊才能……缺乏组织能力，我们的教师人生便会缺少一个展示和提升自我的平台。

4.实施力：如果说组织力是一种谋划能力，实施力无疑便是一种执行能力……实施力的提升涵盖两大部分，一是意识层面快速接收任务的意识提升，二是相应隶属于教师素质的基本功部分……实施力是推动教师走向成功的一项核心能力。完成一项属于教师职业范围内的任务，其完成的速度、质量与效果往往成为他人认识与评判我们的标尺……提升实施力实质就是一个炼狱的过程，一个把平常事做得不平常，把普通事做得不普通的过程……提高实施力，从优秀到卓越看似仅一步之遥，但有的人终其一生也无法跨越。

5.激励力:我们会发现,在激励别人时,正能量能发挥巨大的作用。我们教师的内心就是一座“能量场”,拥有正能量的教师能给人以自信和自励……激励力,激励艺术的掌控能力……激励力是正能量的外在表现形式,正能量是激励产生效果的直接动力。

6.评价力:评价就是“根据某种或某些标准,对某个人或某件事做出评论和判断的行为”…… 评价力,一个改造人或物之力……评价力的缺乏直接指向批判精神的缺失……没有进步的批判精神作支撑,所有评价就失去光辉。

7.反思力:教师的反思力是教师在职业活动中把自我、教育教学活动本身作为自我意识的对象,不断进行积极主动的评价、反馈、控制和调节的能力,是教师专业持续发展的一种必备素质,也是教师多种能力的综合体现……强大的反思力方才可以解决教育教学中的问题,从而推动教育教学可持续发展。

8.发展力:发展力,一种推动教师走向成功的专业能力……发展力的大小决定教师发展的速度,决定社会对教师的认可度,是教师实现跨越式成长的最后一道核心力……发展力,教师发展过程中最核心的动力,一种最原始的动力……发展力是一种随发展而生发的力,如果不发展便会消失。[①]

提升核心素养,我们有必要学会仰望星空。教师群体人才济济,你凭什么独领风骚呢?提升自我核心素养,让自己具有核心竞争力,无疑才会有出路。

梦工厂

实现伟大成就在最初的一段时间内都是一种理想。在乡村教书,渴求致远的愿望比城市的教师更加强烈,和城市的教师达到同一高度,所要走的路一定会更长,付出的汗水肯定会更多,开启核心素养修炼关键在意识觉醒,而后再行动,龟兔赛跑的故事完全可能在现实中上演。为此,接下来将与大家探讨“梦工厂”的建构。

核心素养非一朝一夕之功,须长时间的加以核心素养的修炼。太阳升起的时候,是全新一天的开始。我们只要敢于站在新的起跑线上,哪怕从头再来,依然会拥有一个灿烂的明天。这一切的关键在于我们敢于从长计议,开启“梦工厂”建设的行程。

在现实生活中,有一部分教师抱怨因身处乡村学校致使自己无所作为,将“因”归结为施展自己才华的空间被局限于固定而封闭的课堂,无学习的榜样,没有城里教师的发展平台等。试问,如此的教师,哪怕有远大的理想,有切实的计划,如果不努力克服困难,又凭什么去缔造教育帝国,开创属于自己的教育事业?调查走访发现,有梦想而不追逐的教师真还不少,据不完全统计,所占的比例达80%以上。想

① 谢芝玥,钟发全.卓越教师的专业修炼[M].福州:福建教育出版社,2014.

“获得力量，如飞鹰振翅腾空”，若不敢打破常规状态，又怎能给自我专业化发展创造条件呢？

首要，在于我们需有建构“梦工厂”的意识。核心素养能力因具有稀有性，才彰显出其重要性，拥有核心素养是开建“梦工厂”的基本条件。在开启理想追逐的旅程中，我们必须明白，既然是靠核心素养能力在教育职场立足，那就只能针对一种或少有的几种素养能力努力修炼，不能贪多。理想建构时，才能在树“靶”时做到有的放矢，利于精进。

土壤中没有种子，就不会有嫩芽破土而出。打造核心素养能力，让计划变成现实的种子，应根据自我设定的计划，有效打造发展平台，打造属于自己的土壤。在现实生活中，需要我们“自我强迫发展”，打破生存空间的限制，开启自己的“梦工厂”，将自我发展置身于生产流水线上，让更多可物化的研修成果公之于众，从而让自身处于更加开放的环境之中。

作为乡村教师，学识不高、时运不济、资源短缺……这都不是借口。领悟“梦工厂”建构的思想，掌握营造发展势头的策略，主动出击，才会打开成功之门。

其次，注重创新，促核心产品提档升级。自我强迫发展以谋求专业化发展，加强“梦工厂”的建构，本身就是一个“无中生有”的过程，是从“0”到“1”的过程。在计划执行的最初，几乎没有什么平台，但这并不阻碍发展，专业化发展的关键在于我们能否“造势”“顺势”和“借势”。

何谓势？《孙子兵法》曰：“激水之疾，至于漂石者，势也。”湍急的流水，飞快地奔流，以致能冲走巨石，这就是“势”的力量。在企业的经营发展中，“造势”可谓是经常运用的办法，用于提升自我的核心素养能力，也同样适用。

如打造自我发展平台，造势首先在于合理布局。“势”，上方为“执”，高层把握；下方为“力”，基层发力；上“执”下“力”，“执”行有“力”；“执”“力”结合，方能成“势”。“造势”，不是消极地等待，而是主动地创造。怎么“造势”，既与自身素质和经营能力有关，也与外部环境和机缘密不可分。找到“造势”的多种途径尤为重要。

再次，抓好“梦工厂”的版本升级工作。建构职场“梦工厂”，提升自我的核心素养能力，这一过程漫长而复杂，必须循序渐进，任何急躁冒进的行为都可能会让自己陷入新的困境。奏出职场“圆梦”进行曲，需要提前谋划版本升级，通过导向专业化发展的自我强迫，营造发展势头，如此，才能让我们赢得未来的乡村教育。

曾仕强曾说：“人生只做三件事，知道此生为何而来，这是目标；知道如何完成，这是方法；知道如何做得更好，这是改善。三件事听起来简单，真正做起来并不那么容易，需要付出一生的时间和精力。”凭借我们的教育理想和情怀，打造核心素养能力，抓好职场“梦工厂”版本无限升级工作，需要用一生的时间和精力去打拼，去实践，去获得。

总之，我们应该铭记，平庸最可怕，而修炼职后品格和拓宽生存空间，都是积极修行的结果。当我们处于模糊岁月时，切莫忘记且行且思，且思且行，学会为自己建构“梦工厂”，成为探索与实践的“行者”。建构“梦工厂”，是一个循序渐进的过程，在“造势”中逐渐提升自我方能赢得美好未来。

六、铸就强大的课程力

批判意识的确立和精神的独立，只有在自身强大时，才会有获得感。

调查发现，有关课程力的概念，人们非常生疏。对一个概念生疏，原因有两个：一是该概念本身属于一个假概念，二是虽然属于一个真概念，但人们对其研究不深入，理解不透彻。判断概念的真假，可根据其内涵和外延客观性的有无进行判断。真概念不但有确切的内涵，还有明晰的外延；假概念虽然有内涵，但一定没外延。如“鬼”这一概念，从人类文明诞生开始，便对人“从什么地方来”“要到什么地方去”进行思考与探讨，当人类无法基于物质生命回答这些问题时，精神生命便开始酝酿“轮回”之理，“鬼”概念随之而引入。“鬼”这个概念的存在，我们无从考证它已存在多少年，可“鬼”这概念是没有外延的，没有外延的概念只能称作假概念。一个本不存在的概念，因某种需要而产生，它在现实中的确存在，其作用和影响是不可估量的。任何一个假概念，从产生的第一天起，就没有真正发挥作用，相反，它的存在只会产生反作用。就像“鬼”这概念一样，“真鬼”之真，真亦假，“假鬼”之假，假更假，结果是只要由“鬼”拓展出去的概念，就没有一个是真的。这是我们有必要加以防范的，虽不是真概念，但也绝对不能忽略它所产生的副作用。在近年的教育教学改革中，也产生了一些假概念，在笔者看来，只要是那些如“鬼”一样的概念，产生了副作用的就应该接受审查，对其真假属性进行彻查。

1.一个存在而被忽视的重要概念

人们对一个概念的理解、掌握、运用的程度，往往与其工作、学习和生存等存在关联。判断概念的真假，并不是一件容易的事。接受实践检验，是判断真假概念最直接的办法。有些概念本就是假概念，因找不到可替代的，在一个相对的时间内，只能许可其存在；有些概念本就是真概念，因为人们的认知水平有限，对其外延和内涵还没有彻底搞清楚，所以，它存在的意义还没有得到进一步的挖掘。由此不难看出，已经发挥作用的，不能说那一定是真概念，那些还没有发生作用或产生影响力较小的,也不能说它就是一个假概念。对课程力这一概念的研究判断,所遇的尴尬情形就是如此。课程力"是什么""有什么",当下着力思考的人并不多。纵观相关论述,因为对课程力本质的内涵和外延缺乏科学认定,导致后来者本想跟进,却总站不到前人的肩膀上,只好回归原点思索。对课程力内涵和外延认知的不足,回答"为什么""怎么做"只会更加勉强,用于指导教育教学实践,其效果更是可想而知。

针对课程力展开专题研讨,笔者已经历了四个年头。随着对课程力的深入了解,以及深入实践予以感知,我越来越认识到在课程改革中课程力的强大作用。通过一轮又一轮的研讨与总结,我逐渐明晰课程力"是什么""主体是谁""辅助概念""不完全的外延""基本路径"等一系列问题。

课程力概念内涵的界定,本身就存在一定的难度。课程力概念是一个组合词,只有弄明白"课程""力"两个独立的概念,并明白"课程"与"力"两者之间"基因组合"的规律,才可清晰课程力。

对课程概念发展沿革的了解,也不是一件容易的事。从注重学校教学内容中的基础知识、基本技能"双基"的讨论,到推崇素养教育,再到"新课程"改革这十几年,"课程"一词被推演的高度可谓前无古人,成了经久不衰的热词,若少有课程概念涉足就会缺乏高度。然则,真正理解课程概念的人有多少呢?真要理解课程概念,难度也是非常大的。查阅浩如烟海的资料,发现课程概念有几百种(还是不完全的统计),它们都从独特的视角给出合理解读,但都因视角的不完全导致对课程概念解读不周全,每一个概念的固有价值被打折扣。

纵观学界,近年普遍认可课程是"跑道"和"在跑道上跑"这两个比方,大有将它们作为论述课程概念基点的趋势。持"跑道"的观念,其观念和现代课程观所持有的观点相吻合,为实现培养目标,有条件性选择教育内容及其进程改革的总和;持"跑道上跑"的观念,其观念与后现代课程观所持有的观点相吻合,主张教育目的来自经验活动,通过合作性参与体验达成教育目标。人们愿意接受"跑道"和"在跑道上跑"的比方作为对课程概念的理解,主要原因在于其他涉及课程的概念,人们理解起来相对困难。笔者考究发现,无数教师习惯性地将课程理解成教学,认为课程就是教学,或教学就是课程,且不对这组概念的正确与否作评价,却不知为何会产生如此的理解。课程概念起源很早,但真对课程内涵外延作解读,较周全的是近百年发生的。其中,变化最大的莫过于最近十几年,引入西方研究成果,似乎让课程有说不完道不尽的内涵和外延。20世纪末端,课程概念主要是在课程教材教法的研习中融入,最近十来年最大特点体现在课程论的引入,将教育学内容与课程教材教法内容整合,从而引出课程概念。现实是,课程实施早已如期推进,只是课程概

念的界定依旧模糊。给人们的感受是,课程概念模糊对实践产生的影响是可忽略的,就像对"我是谁"无法给出确切的解释,但并不影响自我人生和未来一样。

对于"力"概念的理解,依然也是困难的事。对力的理解最易混淆的原因是,"力"的概念有两个:一是力学所指的力,人和动物筋肉的效能,即力气、力量,或一切事物的效能,如生产力、控制力等;二是哲学所指的力,影响力、意志力(强力意志)等。课程力中的力,属于力学之力,还是哲学之力,抑或两者兼具?力学之力,力的三要素指力对物体的作用效果取决于力的大小、方向与作用点。这需要弄清楚力的施力者和受力者,才会产生意义。课程力中的力,施力者是课程还是教师呢?换言之,是课程产生了力,还是教师产生了力?课程本身就属于一个内驱动力系统,课程的优劣完全可以直接影响所产生之力的大小、方向和作用点,但我们同时还应该看到,教师才是课程力产生的真正施力者,课程作为推动教育发展的中介,最终通过教师所发挥的力而产生作用。如毛泽东的《心之力》,觉醒的力、强力意志等,都属于哲学层面之力,虽然呈主观色彩,但不可否定哲学之力对改造世界及世界观所发挥的作用。课程力中的力对课程产生的影响,以及课程力对教育产生的影响,抑或课程力对教师产生的影响,或者说,教师课程力对课程发展产生的影响,对教育推进产生的影响,这些都真实存在,并非力学之力能概括,也并非哲学之力能概括。当下,我们必须将两个层面的力进行有机的整合,才真能完全理解课程力中的力"是什么"。

人们常言课程改革的核心是课堂,课堂改革的关键在教师,在笔者看来,影响课程改革质量的关键点在教师的课程力。现实的尴尬是,人们非常关心课程改革,非常关心课程改革对教学产生的影响,以及关注对影响课程改革质量的关键因素——教师,但结果不理想,这便引发人们开始反思、怀疑、质问病根在哪里,但总没有找到病根。课程改革进入深水区,摸着石头过河似乎有些困难,若依旧像以前那样只是挽起裤腿行走,可以想象这结果是怎样的一场灾难。下一步该如何行事,笔者以为,关键点在于弄清在课程改革中教师所发挥的作用,想尽办法让教师在课程改革中发挥积极的作用,促进课程力提升和课程产品生成尤为重要。这一点,对置身乡村的教师尤为重要。乡村教师课程力的提升,才能推动课程的发展,乡村教育才真正有希望。

何谓课程力?姑且不再思考课程的概念和力的概念,笔者也赞同人们所指,课程力是教师在教学过程中有关课程理解、课程建构、课程实施、课程评价等体现出的一种综合性的素养能力。其实,这概念也不太周全,因为在课程创生、执行、调控和反馈过程中,围绕课程不仅仅只做了这些事,课程建设也不仅仅就只有这么一些外延，还需要更多补充。甚至可以说，每一个人都应根据自我独特的理解，进一步丰富课程力的内涵和外延。课程力的内涵是什么，课程力的外延怎样周全，这些思考都可以先搁置，重要的是能认识到课程力在教育改革中的重要性，认知到教师课程力水平对课程建设的影响，并进而找到提升课程力的方法和提升课程力的着力点。

课程力属于教师素养中的关键能力，可划归为核心素养部分。当前，我们必须搞懂一个问题：为什么人们对课程力不理解。虽然人们弄清了教师在课程改革中的核心作用，但是还应该明白推进整个课程改革的关键点，完全在于教师课程力所发挥的作用。课程力概念提出的时间不长，它是新课程改革后才产生的新概念。以前，人们在大脑意识层面还没有建立此概念，对课程只是接受与执行，所以在人们大脑里课程就是教学，或认为教学就是课程。其实，早就有人开始着手课程理解、课程建构、课程实施、课程评价等工作，只是这些都由他人和机构在做，一线教师并未触及这一领域。

当下的新课程改革和课程实施的重心下移，要求提升教师在各个环境的参与度和渗透度。教师在职后踏上第二次成长的征程，根本在于充分认识终身教育的第一使命应该是认识生命，否则，第二次成长便会乏力。永远从天性着眼，从本分着手，这是古人的教育框架。不但要扩展生命的广度，更要提升生命的高度。把广度扩展一万倍，不如把高度提升一级。[①]在教学实践中，注重课程力提升，着力于核心素养提升，道理本就如此简单。

至此，有必要再次审视课程力与整个课程改革的关系。课程力专属于教师个体的一种能力素养，课程改革是集体的行动，影响课程改革的效果不能只依靠某一位教师，而应是教师群体整体素养的提升，才会让课程改革出现明显的效果。换个角度来看，我们每一位教师应看到自我在课程改革中所发挥的作用，审视自身课程力的大小，为全面提升自我课程力而努力。

我们应看到，课程力长期影响着教师，影响着教师在教育中的地位，不只是因为当前全面推进课程改革，重视自我与课程之间的关联。以前，如果一位教师拥有强大的课程力，并对课程产生影响，那么他便会受到重视。人们也完全可以想象在未来的教育教学中，教师课程力的大小将会直接决定着对教师个人素养的考核和价值评定。然而，在课程改革的过程中，课程力的提升并没有全面引起重视，一个主要的原因在于人们对课程执行积淀的经验受限，加上传统的一般素养已经占有认知空间，人们依然循着原有的素养做着新要求的事。虽然课程改革如期进行，但

① 郭文斌．醒来[M]．北京：中华书局，2016.

其效果也只会是停留于原定的所谓丰满的假设,最终导致一幕又一幕闹剧的出现。纵深推进课程改革,提升教师的课程力属于基础工程,需要全面从头开始才行。

教师课程力提升并非一件容易的事,原因还在于课程力属于具有个性倾向的职后素养。教师的素养,有一些属于职前习得,而真正形成的素养是职后的教育实践。如专业知识和专业能力,教学设计、教学策略、教学模式、教学方法、教学媒体制作、教学评价、教学反思等素养,都只属于基础素养或一般素养,作为教师,拥有实现教学的必备能力,在其课程实施中发挥着基础作用,因此引起人们重视。然而,这些素养不完全等同于课程力,只是课程力外延中实施课程的部分。促进课程力提升的主要渠道是教师自觉,首要在于认识到课程力与自我教育及个人发展之间的关系,同时能朝着认定的方向展开追逐,在课程改革过程中敢于通过课程理解、课程建构、课程实施、课程评价等途径提升能力,同步开启课程创生行动,并且长期坚持,方才可体会到课程力与一般能力之间的区别。

课程力属于教师素养中的核心能力,纵观教师对自我职场价值的认可度会发现,无数平平常常的教师有一个明显的特征,他的课程力多处于相对弱势的状态,甚至课程力概念在其整个职后修行中都不曾提及,更别谈针对课程力有着专题训练的要求和经历。课程力提升需要职后主动追逐方成,一位教师只有全面思考我与课程力之间的关系,才会着手课程力建构。为师乡村,开启课程力提升的步伐,无不是智慧的行动,虽然前行的过程困难多多,很少有值得借鉴的经验,但是只要你能够觉醒,敢于迈步就会脱颖而出。

2.从“生活意志”到“生命意志”的嬗变

一项能力素养的培养,特别是核心能力的培养,必须基于对自己理念的改变的理解,在原有观念、知识和能力的基础上,不断吸纳新理念并重组自我的认知结构,才会出现内增长。一项专属于对课程生成研讨的课程力,如果没有在专业化发展过程中的自觉,要想达到一定的核心能力高度,无异于白日做梦。我们在教学过程中大脑里不能只有教学那点事,须对课程改革进程进行审视,对理想课程进行描绘,对自我教学缺失的根源进行追踪,只有这样才会把“他人做的与课程相关的事”承揽过来,成为课内课外习惯性所做的事,课程力的提升才会真得到实现。

在广大的乡村教师群体中,人们的课程力层级普遍处于低层,铸就强大的课程力,须围绕课程这一关键词开展专题学习、实践、再学习、再实践。在乡村教书,进入职后第二次成长阶段,很难再有学生时代规范化和系统化的学习机会,只有依靠学校和培训才可实现跨越式发展。我们每一个人只有充分发挥能动性,让自己成为一座独立的图书馆、训练场,心智和视域才会同时打开。提升课程力的路在乡村的原野上可能还不存在,甚至规划和蓝图都没有,虽然笔者总在游说这里存在着的空白,就是机会,但前行依然存在无限困难,可借鉴的经验非常少。

每一项核心素养的修炼都是强力意志的体现,课程力提升也是如此。“生活意志”提升到“生命意志”,才能使人在对自身生命的超越中获得强力。必须指出的是,只注重课堂教学,课程力是无法得到提升的,只有将学习延展到课前、课后、课外等时空,强力意志得以体现,才会因为努力进取,让课程力具有强大的竞争力。自此,先与大家交流课程力“是什么”,再与大家交流课程力修炼所涉及的外延范围。

课程的产品属性

在对课程力“是什么”的研究中,笔者研读了很多相关论著,发现它们差不多有一共同特点:所定的调子差不多,论述的观点如出一辙,都指出课程力是一项非常重要的能力,课程力影响了教学改革的进度,提升课程力势在必行等,少有论述课程力“是什么”。很多关于课程力的文章,其认知理论观点的“原点”,出自徐万山有关“农村教师课程力问题研究”的研究成果,就像当前“核心素养”这一概念,人们都围绕林崇德的“中国学生发展核心素养”课题组所发的“中国学生发展核心素养体系总框架”而展开论述,超越者很少。众多课程力的概念产生,主要是借鉴“母本”,包括教师理解课程、实施课程、开发课程、评价课程等能力在内的教师作用于课程的多种相关能力的综合。[①]我在大量的文献研究中发现,目前关于课程力概念的主要问题是不周全的,比较而言徐万山阐述的概念人们认可度最高,但这一概念内涵依然没有对“是什么”进行阐述,加上其外延不周全,故也存在瑕疵。

对课程力概念的理解,首先应是对课程本质属性的深度理解。在我看来,必须厘清人和课程之间的关系,才可明晰课程的本质属性。为此我曾指出:课程(本质属性),是教育教学的产品。人不是教育教学或任何人的产品,课程才是教育教学的产品。课程(产品)是证明教师社会价值最直接的佐证。[②]人怎能是产品呢?人可以是教育教学的目的但不是手段,课程只能是人在教育教学过程中的产品,并且代代相传才有至今的盛况。既然明白课程是产品,自然明白教师与课程之间的关系。在此基础上理解何为课程力,以及理解如何提升课程力便不难。为此,笔者指出:课程力,是教师基于课程(产品)的生产力的总和,以及基于课程(产品)的生产方法和生产方式的总和。课程力的大小直接决定课程(产品)的品质。很明显,一

① 徐万山.论教师课程力及其影响[J].中国教育学刊,2011(8):39-41.

② 钟发全,谢芝玥.课程力,成就卓越教师——对课程及课程力的说明[M].福州:福建教育出版社,2017.

位教师课程力的大小,直接反映出课程产品的优劣,提升课程力本应成为卓越教师的责任。

我们看到课程属于产品的属性,但同时还应理解课程属于特殊的产品,受思想支配,每一个课程产生相伴着教师的智慧和思想,在课程内涵中表达思想,是带有个性倾向性的生产意识和行为。教师的教育思想是在教学过程中解决教育问题的意识,是课程力借助"我""我的"思想的灵动和激活,是师生双方在生产课程产品过程中的意志脉动和智慧撞击,是借助生产的课程产品促进师生双方思想的延伸和对接。

核心素养是自我课程力提升的表象,努力从课堂教学开始拓展课程的宽度和深度,全面提升课程力,产生带有自我标识的课程产品属于第一步,打造高端的课程产品属于后续的延展。这一切,关键在于我们敢为,除了参照提供给我们的教材而后行动外,还包括能对课程时间合理调配,对教学空间有效转场,对教材内容科学取舍,对教学理念的理解及应用恰到好处,对教学评价精准拿捏等。可能人们都知晓这些,这些也早已成为人们努力的方向,但不得不再强调一点,做到这些并不表示课程力就得到提升,必须是每做一件事都能有产品意识,能在行动过程中用课程产品证明自我价值。在我们的教学中,没有课程意识,其表征体现为没有产品意识,课程力低下,原因在于我们只有教学行动,没有让自我的课程力充分试水,导致课程力没有得到修炼,其课程产品自然没有原创性生成。

课程力是一次又一次课程实践的佐证,是一次又一次用课程产品累积的佐证。课程力用未来引导现在的思维,以目标为基点,用远景来确定现实的目标,然后在完成的基础上逐渐扩大目标层次,直到最终完全实现。现实是,课程力的提升哪怕是在我们常规的教学中,如果建立课程产品生产意识,此教学依然可促进课程力的提升。然而,真有课程产品意识的有多少人呢?我们必须认识到提升课程力,其产品只有带有"自我"标识时才具有意义。纵观无数教师,拿来就用的教材、教学设计、教学计划,甚至是教育教学场地的布置,都还是他人的产品,课堂上专属于自我的课程产品少之又少,甚至已经到了可以忽略自我创造的程度,自我在其中发挥了工人、演员的作用,自我拥有课程产品的占比非常低,哪怕在教学中如工人那样夜以继日,如演员那样全情投入,没有专属于自我原创性的课程产品,其课程力依然低下。

课程产品的生产质量,是课程力最直接的佐证。课程力属于教师能力素养中带有个体倾向的部分,在教学实践过程中具有自觉性。课程生产的自觉性,是教师长期修行的结果,对于课程力还处于零起点的人们而言,敢于追求课程产品,敢于打破常态的教学行为,课程力修行之途才可称得上真正的开启。当前,我们每一位教师判断自我课程力的标准,最直观的就是查阅自我有没有课程产品,以及生成的课程产品的质量。让自我清醒,是提升课程力的前提,而后在修行过程中,相关经验才会因一次又一次产品的生产而得以积累。

课程力的表征

课程力发展是一个唤醒的过程,课程力是教师实力的见证,但我们必须明确课程力是职后修行所为,需要主体精神回归,不消极、不被动地应对教育改革,才会因此而有自己的价值追求和教育理想,从而主动承担变革的责任,积极地参与变革,领导变革。

课程力发展是一种主动发展,一种牵引式的面向未来的思维。立足课堂,课程力更多的体现于过程价值,其间没有课程力的支撑,就没有课程产品,就没有教学高峰,如此的课堂只能是一潭沉沉死水,没有丝毫的灵动与生机,处处散发着让人窒息的气息。相反,如一位教师拥有较强的课程力,有丰富的课程产品生产过程经验,课堂定然有自己的活水源头,才会泛起层层生命的涟漪,从而催生生命的活力,用无数的课程产品证明师者的课堂价值。

大量事实证明,在乡村教书最好的方式,便是着力于课程力的打造,让自我拥有课程产品才会真正彰显自我品格品性,才会让自我素养价值彰显。在我们身边,这样的案例虽然不是太多,但总是有的。如荣登“重庆好人”榜,获“马云乡村老师奖”的吴政佑,扎根偏远山区二十年,证明其课程产品的是他自创五环教学法。

为了紧跟新课程改革步伐,吴政佑老师决定不再沉迷,决定向高效课堂挑战。当初,他白天食不知味,夜晚辗转难眠,查阅大量中外教育教研资料,潜心研究各大教育名家的教学方法,两个多月苦心钻研,终于创新出了小学数学课堂教学三步教学法(教师领讲、学生仿讲、学生自主出题训练)的雏形,并将所教班级作为实验对象进行试验。为了更好地适应课改潮流和教改要求,他又将三步教学法完善成五步连环贯通教学法(学生课前自读自思、自主完成题目;教师课堂导讲;学生自讲、互讲、小组内讲;当堂检测;学生自主出题练习),并随机择班从一年级开始试验,至今已十余年,在试验的二十余学期中获得十八个全镇第一。至今,他所任实验班学生接受县级测评,德智体美劳及班级活动展示等综合素质均为优。

拥有课程产品实现职场跨越式发展的教师很少,当然也包括无数的教研员。一个人投身于教育,若没有专属于自我的课程产品,凭什么证明自我的优异呢?

教师课程力的大小直接影响一个人能走多远,直接影响他获得多少价值认定。课程力的提升因追逐课程产品而得以提升,它来自高效课堂,因为在教学的同时相

伴课程生成的行动。现实是,有多少教师在课程力提升方面有课程产品的追求呢?有多少教师在课堂中锤炼自我的课程力呢?多数教师对课程力修炼的忽略,导致终身毫无建树。

人之所以不同于自然界的其他生物,重要的原因在于人有自己的追求,有一种改变的原始冲动,有改造自然的强大的生产力。正是因为有生产力,才让人脱离了低级行列,成为万物之灵。人人都有无限发展潜力,都渴求向上,渴求拥有无限职场价值,但很多人因行为目的不恰当,导致一生碌碌无为。教师都期盼有所成就,但真明白拥有强大的课程力,就拥有铸就富有无限价值的课程(产品)的能力的人并不多。永远行走在路上的师者,不能缺乏课程力的修炼,不能缺乏课程产品的生产环节,就像武者不能缺乏意志和行动,否则难以给出证明自身价值。为此,我们高呼,必须全面提高自我的课程力。

提升课程力与课堂教学协同,在让学生获取优异的成绩的同时,让自我的课程产品生成,这样才可称事半功倍。相对课程产品的生成而言,其产品也像其他实体物品一样琳琅满目,不可能任何产品我们都拥有其产权,在追逐的过程中应结合自我潜质做出取舍,让自我朝向某几个点进发,让其发展成为精品,那样才可铸就其产品地位。虽然在一个区域内,课程产品往往会以丰满著称,并且呈系列状态分布,但是真细化到某一产品的生产,会发现个人最大的价值在于能生产其中某一产品或零件,拥有其独立的知识产权。就像简称“5G”的第五代移动通信技术,因其拥有独立的知识产权,拥有对应的通信技术标准而领先世界一样。在一个区域内教育的整体提升,也需要教师整体课程力都得以提升。作为其中的一员协同发展的同时,我们让自我在某一点上有卓越的课程产品和知识产权,才可能找到自我独立的位置。在协同提升的过程中,我们不能只是有课程产品生产的实际行动,还应与区域内的同行合作,才会让我们的优势得到彰显。

课堂是教师耕耘的田园,课程产品是教师专业素养努力提升的见证。谁不想让自己的田园满是翠绿与硕果?谁不希望自己的田园充满芬芳和清香?当田园的枝头挂满了累累果实时,那会是一幅怎样喜人的风景啊!但是,摆在我们面前的事实却往往让我们感到现实的苦涩,感到耕耘的辛苦和收获的失落。自己的辛勤为什么没有相应的收获?自己的辛苦为什么没有预想的结果?笔者在著作《为自己的教师》一书中,对此问题做出了明确的回答:“教主要是为学生的发展,研才是为教师的发展。无数中国教师只‘教’不‘研’,除了见证学生的发展,又怎能见证到自我的课程力的发展呢?”

课堂是彰显教师职业生命力的地方,教师置身于课堂如果没有课程力学习的呈现,定然就不会有课程得以生成的可能,缺乏课程产品自然不会再有为师的底气。教师围绕课程生成产品才是最真实、最朴实、最扎实的,也才最有说服力。我们必须认识到"教不能带给教师的课程力的发展,学才能促进教师课程力的发展"。有人说教师的成败源于课堂的成败,但我感觉这话不严谨,应补充为教师的成败源于课堂中课程产品生产的成败。这全因课程力大小是一位教师立足于课堂是否有成就的佐证。

希望易逝,唯有呵护课程力才能让希望延续,才能让教师更具活力。特级教师王崧舟曾说:"一堂好课,存在三种境界:人在课中,课在人中,这是第一重佳境;人如其课,课如其人,这是第二重佳境;人即是课,课即是人,这是第三重佳境。境界越高,课的痕迹越淡,终至无痕。"王老师所说的好课三境界,实是教师在专业修炼的过程中,对课程(产品)生产方法及生产方式习得过程的描绘,对课程力提升与发展的追求。

提升课程力,需要由"生活意志"提升到"生命意志"。一个教师在课堂中如果没有课程力提升,注定他为师价值会因为课堂价值打折而下降。我们必须明确,获得课程产品证明课程力需要专业化修炼。课程力的提升以人的提升为佐证,"人不是教育教学的产品,课程才是教育教学的产品"。

3.为了持续提升增添紧迫性

抓住课程力提升的关键通道,即倾向于内生长式和持续式的发展,才可能促进自我快速达到顶点。笔者发现没有多少人是因为听了别人的建议和接受培训而发展起来的,如果真是那样的情形定有虚假的成分在里面。自己只有认识到发展课程力的紧迫性,明白拥有课程产品才会有附加值,才会努力使自我强迫式地发展起来。我见过无数擅长职场规划的专家,发现他们理论建立的基点是昨天,更多的是针对昨天的得失而给出建议和意见,对于每一个力求发展的人而言,只有着眼于未来,才真有可能为自己谋明天。

人们对于课程力认知的不足,主要源于对课程本质属性认知的不足,就像台前给予指点的专家,他们展示于人的是他们光彩照人的成绩,哪怕是以产品的形式呈现,却并没有讲出因为追求课程产品生成而让自己具有卓越成绩,这种只是展示产品而让人不明白成功之道的学习,哪怕再场多次学习也很难让人明白课程力提升的重要性,很难让人明白努力生成课程产品与内成长的关系。

道与术

纵观更多对课程力概念的解读和笔者对课程力概念的解读发现,两者之间真

要进行一个区分比较，那就是“道”与“术”之间的差异。更多对课程力概念解读着力在“术”上做文章，讲述如何行事的方法，如前面提及徐万山老师针对课程力概念的解读，让人读后便明白课程力解构的方法，知晓提升课程力的着力点在于“理解课程、实施课程、开发课程、评价课程”等。笔者将课程的本质属性归结于产品的定论，指出课程力是课程产品的生产力，指出课程力的大小直接决定课程产品的质量高低，很明显此论述以“道”为起点，从而展开对课程力概念的解读。两种概念之间不存在优劣之分，但存在上位概念和下位概念的区别。掌握“道”者，即掌握规律者，事情做起来才简便，才会因目的性明确而提高成功率；掌握“术”者，即掌握方法者，做起事来才不会走弯路，更易将目标变现。当前，最佳的办法是“道”和“术”的结合，懂得为什么需要提升课程力，懂得提升课程力的关键在于有课程产品的生成，同时掌握提升课程力的支点以及方法，让所做的事体现出周全。

我在讲解课程力提升的过程中，明确“道”是前提，掌握“术”是保障。如果明晰课程属性是产品，课程力直接的佐证就是课程产品的生产，那么我们在教育教学实践中一切行为的根本思想与逻辑应以产品生产为起点，只是如此的“道”属于缄默知识范畴，目前依旧属于“底层逻辑”，虽然具有很强的理论性，但是真要得以全面认可还有待时日。对“道”进行有效把握，结合“术”才能真正达成目标。为此，笔者强调基于“术”来理解和汲取课程力概念，以求生产过程具有科学性。老子《道德经》说：“有道无术，术尚可求也，有术无道，止于术。”以下，笔者针对课程力“是什么”之道，再针对提升之“术”进行解读。

课程力的组织要素

抓好课程力提升之“术”，关键在于明晰课程力的构成要素，方才便于在课程力提升的过程中找到着力点。通常课程力构成体现于多个方面，主要包括课程理解力、课程实施力、课程开发力、课程评价力四个方面，这些实则是围绕教学过程的时间节点行动，于课前、课中、课后围绕课程生成而展开。

一者课程理解力，它属于教学前对课程认知、判断、解读、分析等的能力。强大的课程理解力，必须在课程实践过程中，对教育教学场域的课程及其背后的价值观进行诠释、批判、转化和意义生成，包括课程教材解读与设计，课前学情的解读与掌控，课程教材价值的辨识等，生成的课程产品有时需要在现有素材的基础上做加减法。

强大的课程理解力，往往是课堂教学取得成功的关键。如去年在“国培”(2018)石柱县乡村学校送教活动中，有两位教师在“同课异构”环节教学汪曾祺的《昆明的雨》，给笔者留下了深刻的印象。

《昆明的雨》是八年级教材中一篇散文体裁的文章。授课教师一位是来自乡村学校的教师，另一位是送课下乡的教研员。两位都是女教师，她们都非常认真地对待这一堂公开课。作为听课者，我感觉两者最大的不同在于，他们课程生产力的不同，源于课程理解力的不同，通过其课前设计便呈现出来。乡村教师所授之课，采用传统的教学流程完成教学任务，而教研员的课看得出她的课前设计下了一定的功夫。她抓住“雨”这一题眼，围绕“识雨”“知雨”“赏雨”“悟雨”的授课主线，引导学生感知作家内心深处的昆明情结，体悟一种魂牵梦绕的昆明情结。一篇散文，她抓住关键性“题眼”——雨，让课堂不仅轻松有效，而且自我的教学设计也以产品的方式得以生成。

课前，进行课程理解力修炼，而后对应的课程产品品质高低是其课程力大小的标志。抓好此项修炼，借助课程力解决教学中错综复杂的路径问题，如教学空间设计适应协作学习的模式，合理安排教学活动给予有效的新生程序运行以充分的时间，更多课堂中的变量于课前充分预设，这些无不是因课程理解力提升而开拓的有效路径。如笔者多年前的一位朋友刘发建，能成功构建“智慧·生命·高效”的课堂，可以归结为他有强大的课程理解力，也让他生成很多的课程产品。如他教学现代作家周晔的散文。刘发建教学之后，在《人民教育》2006年21期发表了《由“伯父”到“鲁迅”——〈我的伯父鲁迅先生〉教学手记》。

这一文记叙了他所坚持的教学理念——“保持一份儿童视角”，阐述“教育要从儿童出发，强调教育不仅要有引领的一面，也要有‘蹲下来’亲近学生的一面。尊重儿童文化，就是要让教育内容尽可能贴近学生(当然也要有超越性)，让教学方式尽可能吸引学生。远离或排斥儿童文化的教育是没有亲和力的。教育，不要让儿童视角缺席。”同时讲述他所做的课前之功，为了对原文内容理解更深刻，他前往“鲁迅纪念馆”参观，为了让课堂教学有效，他坚持“儿童语文”的教学理念，对教材的解读下了一番苦功，方才有整个教学围绕“走近鲁迅、走进鲁迅、走出鲁迅”的环节设计，引导儿童对鲁迅进行理解，引导儿童和周晔对伯父的怀念之情进行理解。

刘发建拥有强大的课程理解力，其课程产品也是非常丰富的，他以小学教材中有关鲁迅的文章为专题展开研究，发表了一系列真知灼见的文章，并结集出版了《亲近鲁迅——落地麦儿童语文课堂》的教学专著。

徐万山说：“一个教师没有对教育本质的深刻认识和对教育规律的准确把握，没有对学生的充分了解和对学科知识的全面掌握，那么他就不可能有足够的课程认知、课程判断、课程解读、课程分析能力，就不会有较为全面的课程理解力。”在技术层面，教学设计是教师课程理解力最为重要的文本表现，提升课程理解力的关键是进行有质量的教学设计，在教学设计这一理解课程的实践中提升课程理解力。[①]

① 徐万山.论教师课程力及其影响[J].中国教育学刊，2011(8)：39-41.

我们提升自我的课程理解力，促进内生长，必须基于“再生性”理解，结合一定的情境与场域，基于“静态知识”教学而生成的学习经验，才会因此而让课程理解力具有明确的内容和指向。

二者课程实施力提升，主要指实施课程的能力，包括课程实施的组织、引导、传播、转化等方面的能力体现。课程实施力体现说得更实在一点儿，就是影响课堂教学的能力，包括课程组织能力、引导能力、传播能力、转化能力，是教师课程实施力的主要组成部分。我们无数教师一生倾情于课堂教学，但最终拿了些什么给课程实施力以佐证呢？虽然我们在课堂教学中已经总结出了很多经验，也在具体的教学环节中有诸多讲究，但给予证明的只是学生的成绩。人不是教学的产品，用学生成绩无法证明课程实施力，何况在乡村教书，由于受多种因素的限制，难以拿出学科教学成绩与城市学生的学科成绩作比较。围绕课程实施力提升而修炼，可以生成多种课程产品，如课堂实录、教育叙事、教学模式研究、教学理论实践研究等。教师课程实施力的强弱，很大程度上受教学程序方案磨合次数的多少，以及元认知策略反复调用次数的多少的影响，若有课程实施力产品的觉醒意识，只要未雨绸缪，做好应对准备，定能收到较好的效果。

当前，我们在课堂教学中只注重过程而不注意课程产品的生成，原因在于人们在想象、创造、情感、直觉等方面的优势没有激发，缺乏对课程力概念衍生的“课程产品”的理解。当然，追问其教学表现，还发现其他一些问题，诸如把知识作为教学的对象，存在技术主义的倾向，严重阻碍课程力产品的生成。我们必须明白，课程产品是先进的代表，教学理念只有时时更新保持先进性，才可能保证课程实施力产品的生产。我们必须看到，课堂教学虽然能保证学生学到知识，但是不能保证学生通过知识促进自身发展。时下，要求我们在教学“再出发”时将核心素养的培育落实，能注意教学过程的价值凸显及情境的体现与意义生成，能将认知维度与发展维度高度统一，做到知识的还原与下沉，注意知识的体验与探究，抓好知识的反思与上浮，做好“教什么”“怎么教”“学什么”“怎么学”的统一部署。这些不仅仅依靠教学技术和方法的改进，而且要把课程由“作为事实的课程”理解成“作为实践的课程”，重新思考和探索“什么知识最有价值”“谁的知识最有价值”，从而通过教学课程力的提升，直接作用于课程产品的生产。

三者课程开发力，或称课程建构力。课程开发虽然难，课程力虽然弱，但人们时常提及它们。课程开发力是指教师为满足学生个性化发展需求，对相关课程资源的整合利用和研发创新能力，包括国家课程、地方课程的校本化、班本化、生本化的实施，以及校本课程、班本课程的研发。课程开发力体现着教师的创新精神和创造能力,多体现于课程上打破学科界线,提供多种学科组合供学生选择,教材编排改变传统模式,不再一味按照知识逻辑编排,而按学生能力发展逻辑安排,未雨绸缪做好应对准备,保持着教师的“专业性”。具有强大课程开发力的教师,能够参照“教师”“学生”“教材”“环境”四个因素的动态交互作用,创建完美的课程体系。

课程开发力是教师职能专业化的具体体现,打破以前课程壁垒的“隔离”,让研究素养、创新素养、跨学科素养、信息素养等“相遇”,使课程、教育体系和模式因教师的参与而富有生机,教学活动因多样性与专业性的课程拓展变得丰富多彩。当下,课程开发要求以课程标准为基准,能立足学生实际需求,对教材内容进行个性化的改编、扩充、整合和拓展,呈现出符合未来学习、教学与教育变革需要的多样性,它是基于学习、教学、数字技术融合体现出专业性。当前,我们在课程开发上,很多教师主要围绕基于课堂问题、单元主题和模块专题等创生,引领课程理解从教材解释转向教材研究,引导课程转向从知识教学向素养培育方向努力。

我们作为一线教师,如果不参与课程开发,往往会感觉其高深莫测。其实,只要基于课程开发需求选准了点,围绕学习的要求,将教学和信息技术很好地结合起来,开发自主学习资源和平台,真正成为课程资源的开发者,并将接触到的各种先进思想、观念整合到自己的课程内容中来,使之成为课程产品的一部分。通过多种途径将素材性课程资源与条件性课程资源,校内资源与校外资源,以及人力与物资等各种资源融合起来,形成的统一系统,对自我的专业素养提升发挥巨大作用。

四者课程评价力,主要是指教师对课程结构、课程内容的比较分析能力和对课程实施效果的预测与评定能力。课程评价是课程价值的评判活动,它通过对课程的收集和分析,对课程价值、课程实施、课程绩效进行描述,做出判断,并以此作为课程开发和改革的基础。提升课程评价力,我们应不断增强情境感知力、价值引导力、反思批判力、策划改进力等。其主要路径有:将课程价值导向素养教育的培养,能对课程标准予以评价;引导自我理解视界融合,能对课程内容予以评价;引导教材为彰显价值而重组,能对课程实施进行评价;引导课程为实现价值而创生,能对课程绩效进行评价。

课程评价力的低下,经常性体现于教师评价主体的缺位,把自己当作局外人;体现于评价功能的错位,仅仅是停留于事实判断,而不是价值判断。提升课程评价力主要是抓住课堂生成评价产品。提升课程评价力,形象比喻为玩扑克。主动参与,先熟悉游戏规则,而后参与游戏,才会游刃有余。创新玩法,参与游戏规则制订,富有话语权才能百战不殆。我们应在提升评价力的过程中增强课程自觉和自信。应努力提高认识,增强课程评价的动力。能利用条件,用好课程评价的权力,

加强研究,提高课程评价的能力,积累更多的实践智慧,以真正彰显自身的课程评价力。

提升课程评价力最为重要的是教师持续不断的课程评价实践。能对实施的课程进行价值判断,不迷信,不偏颇,能利用现代课程观或后现代课程观秉持的理念对课程进行论述,这实则考验一位教师所持有的理论素养和实践经验。所以,人们经常性地言说课程评价是最难的一件事。的确,拥有客观公平公正的评价标准,往往比什么都难。课程评价力是用于教育教学实践中发挥指导性最有力的武器。课程评价力的提升,促指导性产品生成,并丰富其内涵,如课程执行量标的出台,教学论文的发表等,都是课程评价力提升的直接证明。

课程力是教师专业素养的核心要素,其组成部分还有其他一些因素。但其关键在于强化课程力提升的自觉性,能充分认知到“道”“术”之间的辩证关系,让体现内隐性的“道”的积极性发挥出来,认识到课程力提升的关键在于有明确的目的,能有效地促进课程产品的生产,同时让体现外显性的“术”找准着力点,从而在不同的点上生成课程产品。我们必须认识到,课程力代表着教师的核心素养,唯有充分发挥“道”与“术”的合目的性,我们的教育改革和教育质量才会有至关重要的主体性保障,我们每一位乡村教师才可能让自我拥有强大的核心素养进而在教育教学中取得丰硕的成就,在乡村教育这片沃土上成长起来,有成就感,更有幸福感。

4.努力代表未来素养发展的要求

通过以上的解读,深信大家对课程力概念已有大致的了解。在笔者看来,课程力代表着教师未来素养的发展要求,属于能力素养的范畴。课程力的发展将经历由小到大、由弱变强的过程,并且素养前面加上“核心”这一词语,其要义还在于代表教师能力素养的中心点或制高点。

对课程力概念及组织要素进行分析,我们应感知到它属于一群概念。至此,十分有必要清楚不同课程力之间的界线,虽不分彼此谁为基础性,谁为次第性,但应处理好彼此间有用性与适用性的度,才可在具体的教学践行中围绕课程诉诸教育改革,让每一次付出更有方向感和成就感。

核心要旨

当前,我们应围绕课程力且思且行。铸就强大的课程力,是课程改革成功的重要保证,但应着力于两大误区纠偏。一是走出专业水准依附承担学科层级化的误区。有一伪命题是:“教师的专业水准,会随着承揽教学年段的层级而存在,并存在逐级提升趋势,小学教师专业素养普遍低于中学教师,大学教师的专业素养普遍高于中学教师。”这成为当下中小学教师队伍课程力低下的缘由。二是走出普遍存在集体性无发展意识的误区。长久以来，我们尽在研究教师的教的目的性——主要为了学生的发展，不是教师发展。教师往往忽视了自身的发展，又怎么能推动新一轮基础教育改革的进程呢？教的主要目的是为了学生的发展，但教师须先于学生发展，或“教学相长”，这样学生的发展才有根基，才是实实在在的，才更持久。

力是最实际的体现，课程力是教师自我的内驱动力系统最实际的体现。不知大家发现没有，行为往往与思想挂钩，甚至与品格挂钩，一个富有极强责任心、事业心的人，他会在完成常规工作后以提升课程力为目标，让自我强大的课程力为课程建设服务，为课堂建设服务。在前面探讨课程力与课程之间的关系时，笔者一直在强调“我的课程力”“我的课程产品”，这是基于意识形态以及行动目的的认知。在提升课程力的过程中，笔者一直在强调我们必须找准着力点，调动一些积极条件因素形成合力，并让课程产品不间断生成，从而让自我在教育教学中产生不断向前的动力（中间成就值）。

克里福德·格尔茨在《烛幽之光》中说道：“思想是行为，也要加以道德判断……思想之所以是严肃的，是因为思想是社会行为，因此思想者要对它负责，像对其他社会行为一样。”笔者发现广大的一线教师，特别是农村教师，大脑意识层面中只有教学而没有课程，对课程及课程力的概念知之甚少，这实则是阻断了自我向前发展的道路。

回答课程是什么，进一步理顺课程力概念，才可能真给教师专业化发展带来新的思考方向，只是这依旧还有很长的一段路需要我们走。虽然人们对课程力认知存在偏颇，还有一个原因在于只关注“怎么教”，而少有关注“教什么”，两方面都忽略产品的生成。一个人的专业化发展，需要两条腿走路，如果其中一条腿功能弱化，还能走得快吗？我们必须弥补有关课程的概念，将被忽视的内容重新拾起来予以重视。课程的本质是产品，考究教师课程力的大小，是以教育教学生产工具为主的劳动资料——课程的创生能力的大小作为参考标准之一。

当前，立足课程建设，围绕教师专业发展，全面促进课程力的提升与发展，非常具有现实意义。我通过文献研究已基本清楚，已经被发展起来的课程力，不仅是课程建设的核心能力，也是教师专业发展的核心素养，还是深入推进课程改革的中坚力量。我在研究中发现，当前人们习惯性着力于课程力外延“有什么”进行归纳概述，遗憾的是对其内涵“是什么”阐述乏力，甚是欠缺。种种原因导致大量的教师不知课程建设的目标和方向，甚至不知何为课程建设，我在与教师交流时提及“课程力”概念，教师普遍存在陌生感。如此景况，何谈课程力的提升与发展。

当下教育,因为教师课程力低下,特别难以推行先进的教育理念。不知大家发现没有,在我们的教学实践中,如果没有课程力支撑,难以形成“我”“我的”教育思想。自此,也试问谁才是先进教育理念的代表?答案直指具有先进课程生产力的人,他们拥有强大的课程力佐证,代表了先进的教育理念,代表了先进的教育教学方法,代表了先进的教育教学方式。

我们应该看到,没有课程力的提升,没有应时而铸就的教育思想,一定办不好教育,一定培养不出有抱负的学子。课程力的实质是反映课程(产品)生产力的大小。为了提升课程力,为了拥有现代教育思想,我们应永远行走在修行的路上。努力向大师学习,积极吸纳,勇于实践,全面提升自我的课程生产能力。只要静心观察,便能发现那些拥有高效课堂和课程力的教师,总在不断地提升自我的课程效能意识、发展意识、精品意识、责任意识和合作意识,并且有着显著的物化成果。

在教育的道路上,我们应努力提升自我的课程生产力,向人师看齐。我们更应该明白,教师的核心素养代表着什么?掌握课程力代表着什么?当前,我们有三个任务:一是围绕课程力,明白“是什么”“为什么”“怎么做”;二是围绕课程力,明白“从什么地方来”“要到什么地方去”“要去干什么”;三是围绕课程力,明白“想什么”“要什么”“有什么”。

全面提升课程力,追求课程产品生产,物化效果是打破传统基础教育改革最有效的法宝。基于课程力求发展,只有敢于探讨、热衷推陈出新,才可能依托客观条件而更有作为。在笔者多年自下而上的观察中发现,给予物化效果的追求,同步相伴教育实践的过程,更多创新成果的生成出现,有利于不再绕开考试这一认定方式,有利于促进人的培养目的实现,包括教师自己和学生的培养。

物化效果

物化效果属于自下而上的逻辑追求方式,优点在于教育实践过程中,增添明确的方向性和目标性。如教育新秀管建刚致力于作文教学改革,不仅让学生掌握学习作文技巧与规律,还让学生自办手抄报发表作文,或带领学生创作而最后让其在报刊发表。此物化效果的追求,比单一地让学生进行作文练习显效得多。若在课程改革进程中,将生成物化效果的要求当作刚性需求,无形中便会轻松地跨越应试成绩认定的方式。如数学学科建模,在教学时可借助现代高科技组建观摩和践行的场域,借助3D打印对现实生活工作学习场域中的问题予以解决。只是我们应该知晓追求教育教学课程产品生产以求物化效果,将面临更多挑战,诸如教学课程资源准备的改变、教学讲座方式的改革,以及学生作业方式的更新等,只有不断与时代走得更近,只有不断与时俱进,才可能将原先教学中陈旧的知识和方式更替,从而因物化效果需求达成,让所学不陈腐,让所做具有先进性。

进行课程改革若没有课程产品生产的重点任务，定然只会让希望遥遥无期。我们追求物化效果，需要质性研究与量化研究的综合，促成教育目的性的回归，最大优点在于能满足特定核心素养的专项培养，同时激发人的主观能动性。物化效果生成时有两个点应该引起重视：

一是凸显物化效果的阶段性。同一个知识点或课程内容，因为教育对象的年龄特征与自身核心素养的能量级不同，其物化效果的诉求方式肯定存在明显的层级之分。加强课程力提升的阶段性认知，我们必须整体规划才可彰显科学性，明确阶段性物化目标，并对此做足研究，才可真正满足基础教育改革的刚性需求。

二是突出物化效果的模仿性。“人的培养目的”是教育改革的新高度。通过教学实践，实现物化效果的需求，凸显课程力的提升，依旧是以注重人的培养为前提条件。物化效果的追求，目的在于满足教育对象生存的第一性，同时满足未来无限可能的发展第二性。推进教育改革，需要拥有善于发现问题的思维方式，这就要求教育者能以人为本，引导受教育者问题意识、解决问题的物化行为方式的形成。当然，我们更应该明确此过程还只是一个素养提升的初级阶段，物化效果的达成并非真正具有强大的核心素养的佐证，为此要求大家将物化效果追求作为一种教育理念时，还要进一步明白整个过程具有模仿的特性。我们须进一步明确，更多物化效果带有模仿性，而非创新价值的生成。在确立模仿性的基础上开展教育教学实践，才会对课程产品生产有更好的保护。

当下，需要人们全面推进课程体系建设，促进课程力提升。

课程力的提升，除了需要教师自我的广泛认同和积极参与外，更需要教师的行为自觉。加强课程体系建设，除了在自上而下的教材中找到利于核心素养培育的教学内容外，还须同步结合时代新元素，加强新型资源的深度整合，开发出新的校本课程体系，营造浓厚的学习氛围，才可真正为课程力产品生产提供丰厚的资源。

加强基于课程力提升的课程体系建设，有几对矛盾需要处理。一是须处理好课程理念的完备性与学科课程的针对性。目前，基于核心素养这一先进理念，构建了一套较完整的课程设计，其内容、结构和逻辑是完善的，但从顶层设计到实践落地却不能完全照搬，更不能简单处理。我们必须处理好课程理念的完备性与学科课程的独特性，才能真正整体推进新一轮教育改革。二是须处理好教学理念的演绎逻辑和教学实践的归纳逻辑之间的关系。这一矛盾致使长期以来实践层面与理念层面的不对接，甚至是相互否定。我们在加强课程体系建设时，不仅要尽可能贴近实践，同时还要尽可能贴近理念，实现无缝对接。三是须处理课程力提升的目标与实现的矛盾。在建构课程新体系时，全面渗透核心素养理念内涵，能真正实现以

学科为基础的个性发展,全面开展以个性发展为特色的课程体系建设。

加强课程体系建设,处理好以上几组矛盾,巩固学科根基,反哺顶层设计,扎根学科教学研究,激发理念创新,立足学科共塑课程力,并以此为出发点,才能收到更好的效果。

七、让自我拥有教学主张

这个世界除了心理上的失败,实际上并不存在着什么失败。

——德国教育家亨·奥斯汀

讲述教学理想与人生价值的关联,探讨成长规律,寻觅成功路径,似乎都离不开职场,离不开以专业化发展作保障。若没有核心素养作为竞争力,就像建设大楼一样,没有坚实的基础,就不可能有高耸的大楼。多年来,笔者锁定教师专业化发展做研究,针对多个点进行研析,皆因落地难的问题,让很多设想束之高阁。包括专题研讨"课程力",从理论突破,到对组织元素解剖,虽在"是什么""有什么"方面研讨有超越,皆因"怎么做"难验证,致使延长了结题时间。提升课程力,打造强大的核心素养,探讨其实践路径,笔者思考很久。其间,大量文献研究和行动研究,像当年得出"论文写作结构"[①]一样,苦心经营方才发现捷径,或称"课程力提升四部曲",或称"成就卓越教师进行曲":一者提炼教学主张;二者抓好教学建模;三者打造精品课堂;四者创生有效课程。从这一章节开始,将分别针对这些关键词展开陈述,以与大家交流。

专题交流教学主张十分有难度,源于初始的"先在性"印象形成:一切涉及教学主张的话题,都具有非常强的学术性和严谨性。对于一线教师而言,似乎教学主张的内涵往往让其似懂非懂。如前两个月,笔者到一所城区学校专题讲座"教学主张",这所学校是新建学校,教师全从乡村教师中遴选而来。从他们对讲座主题的兴奋度判断,几乎全部教师无教学主张的意识,甚至大脑里少有其概念。想想也可理解,他们平素都是围绕课堂、学生、习题等教学任务转,哪有时间思考教学主张"是什么""我的教学主张""教学主张的影响"等问题。近来,笔者针对教学主张开展访谈,教师们普遍认为:教学主张非一般教师可为,属于名师的"专利",普通教师难以提出教学主张。普通教师潜意识里将教学主张与专家、学者、名师对接,而把自己划归普通行列,从而撇清关联。如此,谁想过其负面效应?

---

① 笔者从2002年发表第一篇文章,到2006年的几年间,发表了大约近百篇左右的教育论文,对照所发表的文章,对其结构进行分析,得出发表文章其实很"简单",发表文章就是一个技术活,只要懂得文章写作结构,成功概率定会大大提升。为此,我结合自己经验得出一公式:写作=思维+结构;对其结构的解剖,对其程式进行解析,画出解剖图:论文结构=文献综述+现象纪实+案例+反思+建议(意见)。

教学主张提炼非普通教师不可为？教学主张属于顶层设计范畴。关于教学主张，在笔者实践与观察中发现，它实则是与教育教学最贴近的缄默性知识，属于经验向理性转化的过程。重庆市江北区教师进修学院李大圣院长曾指出："一线教师只要开始关注理论，他便开始嬗变。"教学主张属于贴近个人教学的教育理论，属于实践向理性转化的过程，我们一线教师若涉足，可预判其专业化发展将是怎样的情景？遗憾的是很多教师早将其划归"非我等所能"。

在笔者看来，注重教学主张提炼，是一线教师课程力得以提升的首条捷径。专业化发展处于低起点的乡村教师，只要敢于突破偏见，在大脑意识里建构其概念，才能因此开启朝向成功的通途。提炼教学主张，不必区分教龄、学历、区域、学科、学段等，关键在于敢尝试。放眼身边的合格教师、骨干教师、优秀教师，他们有着比较丰富的教学实践经验，对所任学科有着自我理解和思考，但也遭遇专业化发展瓶颈："满足现状，持续发展后劲不足；凭经验教学，专业理论支撑不够；思考散点，缺乏整体系统的研究方向。分析发现，产生这些问题的根源在于教师基于经验进行教学，缺乏内隐的教育理论支撑。相关研究表明，在教学中每位教师如能基于个体经验和实践，建构出自己对教学的个性化理解，并形成'内隐理论'，将对教师的教学实践发挥指导性作用。教师的内隐理论基本等同于教学主张，教师内隐理论的形成也可看作是教师教学主张生成发展的过程。"①

我们必须统一认知：教学主张并非名师的专利，教学主张是教学思想的具体化和个性化，教学主张的血液里流淌着思想。教学主张是名师"教育自觉"的关键性标志。②我们为何不能像名师那样去修炼，也拥有自我教学主张呢？他们影响力大，我们影响力小，这些与自我着力教学主张提炼有何相干？如果我们不像名师那样"教育自觉"，掌握提炼教学主张的"自圆其说"法，不管你是城市教师，还是乡村教师，自我"职业价值"只会锁定于初始层级。

纵观教育场域内出现的一些人和事，发现很多名师昙花一现，只有少许人一生具有持续的影响力，有的原地踏步，有的则成为大家走了很远。深入探源，你便会发现一切皆是拥有硬实力——教学主张所致。无数名师缺乏教学主张，其名沦为过眼烟云，何况一线普通教师？我们主张"教育自觉"，着手提炼自我的教学主张，哪怕最初还显稚嫩，这并非坏事，只要敢于迈出这一步，就真有让自我从弱小至强大的可能。

回忆身边的人和事，何尝不是如此？"一个优秀教师可能经验丰富、教学有方；

① 徐志彤.教学主张引领专业发展[J].上海教育科研，2018(9)：67.

② 成尚荣.名师应当是思想者[J].人民教育，2009(1)：43.

可能‘著作’等身，论文不少；可能挂上了高级教师、特级教师的头衔，获得了各种荣誉。如果缺乏自己的教学主张，从专业上讲，到头来他也许还是一个无‘家’可归的‘流浪汉’‘门外汉’。他没有专业精神和追求上的归宿。”①以笔者所在区域教师群体现状为例，便可窥探症结。几十年来，县域内荣获特级教师殊荣的也有几十名吧，真产生影响的有几人呢？至此，不得不提及一个人，他就是谭小林老师。虽已退休的谭老师，现今人们记得的不是他的职务，也不是他攒下的全国优秀教师、中语教研员、特级教师、研究员等殊荣和职称，而是带有他个人标识的教学主张“扬长教育”②。教师群体庞大，禀赋优异者无数。来的来，去的去，如谭老师一样留下一丝痕迹者少之又少。我们应全面修行，促使潜在价值变成现实，基于教学主张而向前，它无疑是每个人能证明自己高专业化素养及高成就的捷径。

1.有主见到教学主张

纵观当下的课程改革，从教育理念到教学组织形式，从课程改革到教学方式转变，从空间结构到多样学习关系的建立，其中有很多误解，也有更多误导。包括与大家一块探讨的教学主张，有关它的内涵与外延，可谓至今没有一个清晰明了的定论，尤其是它的“贵族化”名师标签倾向，使广大普通教师终不能望其项背。

主见与主张

在了解教学主张的内涵与外延前，可先从了解主见与主张的区别开始。人们在生活或工作中遇到事时，需坚持某种见解和观念的主张，或在遇到挑战或剑拔弩张时，为维护尊严、利益、荣耀而申明主张。主见，主要针对事物、事理而产生的意见或见解，反映一个人独立思考的能力。主见的反义词是盲从。主见与主张有相似性，指人们遇事时所持有的观点，不同之处也非常明确。“有主见”与“无主见”，指向人的主观反映和直接印象，受“三观”影响，反映一个人决策能力的大小；“有主张”和“无主张”，指向人面对客观事实做出的反应，体现对待权益的态度，反映一个人的个性化倾向。在生活与工作中，时时处处事事的处置，抑或受到主观的主见影响，习惯定势性锁定行动的方向和结果。主张出现的频率有限，没遇到特殊境况，不需进行价值判断、抉择，通常不会有“我主张”“我不主张”的行为。

有主见的人，因有科学知识和社会认知作为行为基础，因有“先在的”成功经验

---

① 余文森.教学主张：教师从优秀走向卓越的生长点[N].中国教育报，2014-01-26(4).

② 可参考谭小林在《涪陵师范学院学报》2004年5期发表《扬长教育理念下的课堂教学改革》一文，对他的教学主张“扬长教育”理念进行了解。他主张：“目标定向—分类指导—异步发展”是扬长教育理念下的课堂教学模式，基本要求是：分合适度，动静协调，参与互动，各展其长。对学生分类可采用显性分类和隐性分类相结合的方法。对学生的分类，要重在揭示个体内在差异。这个模式的课堂教学策略有异质建组、目标弹性、分类提问、异步达标、个别指导、多元评价等。

可以借鉴,遇事才体现出信心和见地。通过自我经验常识和理智做出判断,直观性思考问题的本质和结论,所做决定易让人信服。所以,有主见的人通常是人们眼中的明白人。没有主见的人,遇事优柔寡断,易反复出错,不擅听取他人意见和劝说,刚愎自用。

我们应看到,主张是一个人深思熟虑后的主见,是理性思考的体现。有思想的主张抑或是一种内化的力量,是一种下沉的力量,是一种指导实践的战略模式。有主张的人,其产生主张必有前提条件,所持有的观念带有非常强的针对性和目的性,因经过大脑理性认知而持有见解,对行动价值做出取舍,对后续行动有鲜明的导向作用,让教师在特定环境中选择坚持什么、反对什么。主张是人们在实践活动中的理性意向,体现人的能动性和目的性,渗透人的意志和愿望。有主张的人,对所主张的内容有着强烈的结果把控意识,带有非常强的情感倾向。

主见呈现的是一个人的人生观,主张呈现的是一个人的价值观。在工作、生活中,一个人只要阅历丰富,思维清晰,遇事冷静,可能会是一个有主见的人,如遇事能有条理地处置,就是其体现。一个人并不是事事都有主张,只有面对熟知领域,因具有竞争性的核心素养而生成主张,但并非人人有主张,抑或有正确主张。两者对比,完全可以得出这样的结论:一个人只有不断修行,遇事有主见,遇特殊情形才会产生正确的主张。我们每一位师者只有先做一个有主见的人,去除低级和盲从,而后才可能以积极主动的姿态提出教学主张。

当下,在人们心目中,教学主张代表前行的"旗帜",提及自我教学主张多会色变,对教学主张难以形成事实性现象认可,不可能形成或提炼出教学主张,实则因缺少对其形成原因的分析和改进策略的思考。通常很多教师难以理解从事的工作是以传授真理为职责,导致储备观念与"先在性"相冲突。其实,教师的行动多与概念、公式、原理、原则、策略等相关联,由于"先在性"存在,对所做之事的正确性从不怀疑,导致其多以自我只是真理的传授者自居,以至于不敢超越。这种信奉所做之事代表真理的意识,成为一种大众心理时,他们自然而然地接受口授相传的方法,将其正确传承真理理解成最高追求,把在传承真理过程中的艺术性理解成行为的全部。试想,年复一年的依托自上而下的教材开展教学,处于真理与实践之间的人们还敢有大胆的行径吗?行为往往受思维定式影响,按部就班的人怎会有超越常态价值观产生?

能提炼出教学主张的人,通常是教学名师,教学主张是他们教学的内核和名片,是区别于他人的重要特征。他们之所以拥有自己的教学主张,就在于有四大突破:专业知识由窄到宽,教学思想由散到集,专业成就由点到面,专业声望由近到

远。如邱学华的"尝试教学"、李吉林的"情境教学"、华应龙的"融错教学"、王崧舟的"诗意语文"等，均彰显独特风格，呈现流派独立标识。此刻，我们应追问为何会这样呢？带着仰望的姿态审视，教学主张似乎原本就是凤毛麟角的名师所为之事，普通教师怎敢为？于是，人们探寻教学主张产生的本质属性与生成规律时，模仿名师，借鉴的范本主要源于名师们生产的课程物化成果。如"教学主张是名师的教学思想、教学信念、教育精神和学科文化的一种反映。如此，总是努力地成为名师的影子，甚至有称自我为影子之师者，自然难留下影子。

教学主张"是什么"，笔者非常赞同成尚荣、余文森的观点。如成尚荣在《名师应当是思想者——谈教学主张与名师成长》一文中指出，"名师应当有也必须有自己的教学主张。""教学主张是一种个性化的教学见解，它坚定地指向教学改革的实践。""保持教学主张与教改实验互动的张力，使教学主张成为一种现实。"这些观点，已明确告诉一线教师，想要成为名师那样的人，不能少有对自我教学主张的提炼。余文森在《教学主张：打开专业成长的"天眼"》一文中指出："根据我们多年的实践研究，要把优秀教师培养成为卓越教师，最核心的工作就是帮助他们提炼自己的教学主张，并围绕教学主张开展系统的理论和实践研究。可以说，教学主张是迄今为止我们找到的培养卓越教师的一把金钥匙……教学主张是专业影响力的核心……专业成长的重中之重：围绕教学主张作研究……"余文森没有讲教学主张是名师才干的事，而是强调教学主张提炼是培养卓越教师的金钥匙。

逼迫与坚守

涉及教学主张的提炼，需要一系列整体性和系统性的变革探索。我们应明白，教学主张是有心人的事。在此，链接张齐华"文化数学"的故事。

当张齐华把教师三年一度、人人必做的《我的地平线报告》递交给"报告组委会"后，满以为自己对未来三年高起点、高标准的职业规划，可以得到评审组的肯定与赞誉。没想到，来自评审组的反馈意见竟然是："作为一名有着丰富教学经验与研究能力的骨干教师，你对自己的课堂期待不能仅仅停留在'拥有鲜明的教学特色'上。未来三年，你应该着手确立属于自己的教学主张，唯有如此，你才可能真正实现由经验向理性的迈进，进而在自身专业成长的道路上跨出最关键的一步……"

要想建构自己的教学主张，首要任务是明确教学主张的基本内涵。在不到一个月的时间里，张齐华查阅了中国教育期刊网上所有与"教学主张"有关的理论与实践类文章，并对这些文章进行了分类整理与系统学习。随着学习的不断推进，他对教学主张内涵的理解也不断清晰起来。所谓教学主张是"教师在个人的实践基础上产生的，蕴含着教师的理想、信念、情感、意志等在内的，包括对于什么是教学、教学的目的以及如何开展教学等方面的见解和认识,是教师个人对教学实践经验的升华和概括化的认识。"这突破了张齐华对教学主张的狭隘见解。也让他认识到,作为一名优秀教师,不能仅仅停留在"有经验"和"有思考"的层面,而应该用理论来充实经验,在将零散的、浅层的、模糊的思考转化为系统的基于数学文化的课堂上,张齐华老师深入思考深刻的、清晰的教学主张。

学习他人的教学主张不难,但要真正建构自己的教学主张,谈何容易。在评审组针对《我的地平线报告》组织的一次中期评估活动中,成尚荣老师的一番建议再次给张齐华指明了前行的方向。"教学主张不是闭门造车造出来的,它一定是在你自身丰厚的教学实践的基础上自然而然地生长出来的。离开自己真实的实践土壤,凭空创造出的教学主张终究没法烙下你自己的印记,也必然是没有生命活力的,是走不远的。"

一语点醒梦中人！放下已经拟好的诸如"深度数学""智慧数学""灵动数学"等教学主张的"名片",他开始将目光重新投向自己的课堂。他自己十多年来积累下的数十节比较成熟的、烙下自身鲜明印记的"研究课例",不正是寻找、发现、建构自身教学主张最好的"土壤"吗?于是,那些已经封存的课例重新进入张齐华的视野,他开始重读、探寻、思考、梳理、求同、归纳、摒弃、建构。渐渐地,他发现自己这么多年的数学课堂,竟然也有着一条比较稳定而清晰的价值脉络蕴藏其间。只是由于缺乏"第三只眼"去关照它、发现它,以至于它一直以一种粗放、无意识的状态散落在那里。

随着阅读、反思与探索的不断深入,一个关键词渐渐浮出水面——文化数学。思考及此,关于"文化数学"的教学主张已渐渐清晰起来。所谓文化数学,是指用作为文化的数学,引导学生经历、参与、发现其形成发展的生动过程,感悟数学文化的内在基因、价值与魅力,使学生在形成知识技能的同时,思维方式、数学思想、精神品格等方面获得有效的浸润与提升。

从此,教学实践不再只是一次次重新出发,"文化数学"成为张齐华未来每一堂课的灵魂所在,成为他始终坚守、不断实践的教学主张。如今,"文化数学"已然成为张齐华鲜明的教学主张。回首曾经走过的路,如果没有《我的地平线报告》的"逼迫",没有随后引发的持续不断的学习、研究与实践,他的数学课堂或许还在经验的泥潭里摸爬滚打。可以说,是教学主张的确立,让张齐华的专业成长迎来新的发展与机遇。

我们必须超越长期以来生成教学主张的固化模式。笔者见无数如张齐华一样的名师谈教学主张,无不谈到它改写了"我"的教育人生。从张齐华关于"文化数学"的产生过程,可感知到教学主张强大的生成性,以及拒绝"固化"和"僵化"的思维方式，它以一种灵动、智慧的方式适应教育实践需要。客观上讲，教学主张提炼是“个人知识”的概念化，它绝非空泛词语和抽象概念的融合，通过教师主体自觉和一系列的理性思维活动，促进一般教学理论和教学经验之间碰撞、互动与转化，从而让其具有缄默性理性色彩。

重构自我的生存、工作和生活状态，才利于自我有勇气进行教学主张的提炼。美国教育哲学家乔治·F·奈勒说：“那些不应用哲学思考问题的教育工作者必然是肤浅的。一个肤浅的教育工作者，可能是好的教育工作者，也可能是坏的教育工作者——但是好也好得有限，而坏则每况愈下。”[①]教学主张的提炼，本就是具有创造性的行动，是教师个体体验和感悟到的关于教学的元知识和元策略，是与教师认知、情感、意志相结合的品性，是教师话语结构化了的“活”的个人教学经验，是教师以教学理论原创者身份置身台前的前提，对于引领课程改革具有非凡意义。一位教师能确立自我的教学主张，最大价值在于可以促进自我教学实践理论的提炼，使教学在成熟观念的引领下更高效，以表达对教学的真切希望和诉求，让教育更“优质”。

教学主张与一线教学紧紧相连，绝非与一线教师无缘，也绝非卓越层级教师独有的特质。一位有着现代教育理论和知识底色的教师，定然有提炼教学主张的本钱，只要其敢于擦亮个性化的生命底色，开发自我潜能，发挥自我意象，强化自我效能，一定会有新的突破。作为一线乡村教师，亟待自我意象刻画时，对“我属于哪种人”不妄加定性，对自我品性不妄自菲薄；亟待自我信念理想塑造时，能超越空间概念和过去时态概念，以未来无限发展的可能性为基础，提升自我效能感。只要结合自我诉求立身教育，对教学主张提炼有信心，定能在未来有收获。

提高内生动力，构建自主管理能力，只要我们合理把握教学主张设置的目标高度，合理提升自我效能感，产生行动动机，就能正向关联，就能合理归因，从而即时行动。我们作为一线教师，需要的是能努力克服专业上的不自信，让自我独特的潜质被激发，充分利用各种资源促进成功的要素，促进自我人生价值正向发展。当下，借助教学主张改变自我教学或许人们依旧感觉难为。其实，砥砺前行，在路途中的障碍多是虚掩，关键在于我们要有勇气、有毅力，那么在拐角处才可看到另一番风景。

如前面章节提及，笔者本资质平平，并且短板突出，但深知教学是职业生命的立身之本，一切成就源于成功转向，最终将着力点锁定在教育教学研究上。

① 陈友松.当代西方教育哲学[M].北京：教育科学出版社，1982.

给笔者带来成就感的并非发表的教育科研论文或出版的那些著述，而是我这样一位边远学校的乡村教师，敢于开启教学主张提炼之旅，提出“教育原规则研究”为一生的奋斗方向，从而全身心投入“教师教育教学根部力量探索”已近二十年。注意力集中于一点而不分散，并且多年如此，人们可想象水滴石穿似的累积而产生的力量，以及知晓积跬步至千里的道理。如我，哪怕再蠢笨，也定有开窍之时。

记得去年向重庆市教育科学研究院职业与成人教育研究所原副所长谭绍华老师请教的情境。他提醒我：“‘教育原规则研究’方向你不能丢，还得尽全力研究。否则捡了芝麻，丢了西瓜。”在与谭老师交流时，由此联想到自我经历的那些点点滴滴，顿悟“教育原规则研究”是我于乡村踮脚跳起的芭蕾舞蹈，是我羸弱之躯在教育科研领域的立身之本，依旧需要继续坚守。

如笔者一样的草根教师欲成就一番事业，需要寻求变革的起点提炼教学主张，但令人惋惜的是很多人要么在自我效能感上出现问题，要么对教学主张的认知出现偏差。实现专业发展与跨越，包括乡村教师在内的所有教师，前行的路非常宽广，但并不表示一定就能踏上快车道。我们应坚定信心，主动而积极地提炼教学主张，把握好前行途中的新支点，开启自我专业成长的全动力，让带有个性化的教学见解充满理性，勇于投入教学改革，最终才会真有美好的未来，自我教育理念、教育志向和教育思想才会成为招展的一面旗帜。

2.坚持“两条腿”稳步向前

即使身为草根，也应有思想。一线教师虽然属于草根一族，直面教学主张生成的相关问题，甚至直面各种危机，但依然可以致远。我们头顶阳光，同在一片蓝天下，只要草根有抱负，有动力前行，就会无所羁绊。揭开提炼教学主张的面纱，若不主动开掘新支点，若对此依然无动于衷，注定前行途中没有旗帜，只会让有限的精力、时间、智力等分散，因此难有作为。

提炼教学主张，为自己赋能，全面审视自我在教学中的所行、所见、所得，努力借鉴他人经验，方才会具有普适性的“理论因子”。只要我们敢于面对常态的教学实践，敢于围绕教学主张生成课程产品，敢于将课程力的生产性落到实处，坚持“孕育常态”和“且思且行”，坚持“两条腿”稳步向前，个性化的中间成就值才会生成，并因经验累积而不断放大格局。

孕育常态

提炼教学主张，需要基于任务驱动、情境体验、真实探究、内涵发展，但都得以教学为先决条件。唤醒专业发展的主体意识，需要我们擅长理性思维，基于深刻理解教育教学规律，基于准确把握学科课程目标内容，基于教学实践对富有特色的教学见解进行深加工和自我孵化。

我们立足常态促内发展，须经历从“输血”到“造血”的发展过程。成熟的教学主张反映教师对学科价值的深刻理解，对教学行动的特色取向和教育理想的最终追求，这是教师教学思想的核心体现，是对教学经验的概念提炼，是其教育智慧的个性化表达，是其教师人格信仰的彰显。现实是，人们只知道优质苹果的价值不会去怀念果农，只知道绿色鸡蛋不会去关心下蛋的母鸡，只知道优质适用的产品不会去惦记生产线上的工人，若我们只是一位消费者那还行，但作为教育行业的生产者，如对教学生产工艺没有兴趣，注定难找到成功的门道，难掌握教学主张产生的秘密。

提炼教学主张的过程是“道”“术”的置入，是自我在教育、教学、教研等实践基础上的内化，以及由此外显的科学行动，以唤醒崛起的内生力。随着实践的深入，教学主张基于自我专业化发展和提升，解决问题的教学思想会更加成熟，作用于常态教学的行为定会留下清晰而深刻的烙印。如此，针对某一固化的教学主张予以剖析，集中于揭秘它的生产形式，也许更易让人看清教学主张“是什么”“不是什么”“有什么”“没有什么”等，这才更利于在实践中追逐。

在乡村教书，唤醒成就自我的内动力，需要且思且行且珍惜。如我们依旧采用保守的常规的谋生方式推进教学，没有内在精神世界的丰盈及个人教育思想提升，注定难有作为。我们在日常教学生活中有自觉行为，针对教学实践只有敢于坚持不懈朝着一个目标努力，付诸创造性思维和创造性实践，将教学主张的生成纳入行动计划，才会加速推进自我的专业化发展。抓好教学主张的提炼，有两条路可以走：

第一条，归纳方式。基于大量实践，通过反复提炼，筛选归纳，提出教学主张。如张齐华的“文化数学”，其教学主张生成采用的就是此法。他基于教学实践，从经验中萌生出“数学文化”的概念，经年累积慢慢形成，同步纳入实践证明其正确性和有效性，当“数学文化”概念得以全面丰实时，定能促使教学水平和教学境界不间断提升。纵观此类教学主张的提炼，多属于教师兴趣点和教学长处的延展，兴趣驱动方才开花结果。总之，坚持归纳方式提炼教学主张，遵循做事逻辑，刚开始可能存在朦胧的感觉，但认定其方向并坚定行事，坚持了一段时间后发现这样做是对的，随之继续深入，朝向巅峰发展，这样教学主张的内涵就会被锁定被定型。

第二条，演绎方式。基于理论，借助现成理论或自我教学实践验证某个理论并进行演绎，如陶·哈斯巴根教授的“过程完整教学”，基于对过程完整化理论的欣赏、信服,而将其作为教学主张,再于实践中拓展、丰富、完善教学理论和模式。演绎方法通常会辅助相关课题研究,教师通过阅读和学习相关理论,参加相关培训,在储备相关理论的基础上做课题。他们还会围绕课题改革推进实践,不断调整主攻方向,抓住来自课题的假设和相关理论,不间断地对教学主张的内涵予以充实。此类路径坚持学理论逻辑,事先理论是清晰的,理论是先在的、外在的,不是自己慢慢琢磨出来的,在实践中通过充分发挥理论的引领作用,从而对其外延、策略、技术等展开探索。

以上两种路径的区分,主要通过行动假设而判定。假设理念或学说是模糊的,是不自觉意识的做事逻辑,通常属于归纳方式;假设理念或学说是清晰的,是自觉意识的学理逻辑,通常属于演绎方式。余文森曾对此指出:“打个不恰当的比方,归纳的路径是先恋爱后结婚,演绎的路径是先结婚后恋爱。就教学主张的形成而言,归纳路径是一条缓慢积累、滴水穿石、内力积聚的发展道路;演绎路径是一条自觉、激进、短平快的发展道路。”[①]生成教学主张没有固定路径,从事多年教学工作,定已有很多经验,但这并不保证因经历丰富而自动产生教学主张,只有我们拥有教学主张产生的“先定假设”,在平淡平实的教学中强化内生,才会主动寻觅路径。刚刚踏入三尺讲台的年轻人,只要拥有事业心,对某一理论认可,通过思维碰撞激发智慧斗志,促其生成教学主张,从而让外延在实践中被完善,借以演绎路径扩展职场价值。

提炼教学主张,我们需要有“第三只眼”,才可能触发创造性、主动性和积极性的生命开关。一位教师从教学经验走向教学理论,从教学思考走向教学思想,从优秀教师朝向卓越教师,教学主张的作用在于给予自我强大的专业生长点。一个教学主张提出来之后,后面依然需要沿着长长的路径行走才行。如笔者为对“教育原规则”主张予以充实,从2006年提出至今,包括对原有主张“教育潜规则”之名的修改,对其内涵的修订从没有停止,路基才因此越拓越宽,越展越远。近年,为引领年轻人专业化发展,笔者给他们布置的第一份作业是,提出自己的教学主张。为了帮助年轻教师尽快提出教学主张,通过归纳路径与演绎路径导向,促其慧根生成,已初见效果。如:

有一位教师提出“小蚂蚁快乐作文”的教学主张,源于他在小学生作文教学方面已形成自己的一些独特思考,他在少年宫开设“小蚂蚁作文培训营”就有好几年。我与他一块坐下来探讨教学主张方向,对他多年的教学经历进行回顾,包括对他的阅读教学课堂进行审查,最终选择了作文教学方向。确立“小蚂蚁快乐作文”教学

① 余文森.教学主张:打开专业成长的“天眼”[J].人民教育,2015(3):19.

主张并非一帆风顺，从最初“先在性”的确定任务开始，到最终确定此方向，用了差不多半个月时间，我们通过探讨确定以“小蚂蚁”命名，一则借用了作文训练营班名中的“小蚂蚁”，二则在深思中明确“小蚂蚁”特性，如“体型小、协作能力强、有团队精神、方向感强”等，正好与他主张的作文理念吻合。就这样，他终于迈出理论研究和课程开发的第一步。

如另有一位教师提出“‘种’字教学”主张。我与她展开交流，锁定在识字教学方面，主要源于她对识字教学方面有兴趣，还发表过识字教学理论文章。教学主张的方向确定之后，我们围绕近年随文识字、义理识字等理念进行交流，让她思考自己识字教学的特色。我根据她的识字教学，曾形象地打了一个比方：“就像学校操场上有一块空着的土地，刚好有一粒狗尾草籽随风飘落在这，而后被人为地选择了一个‘狗窝’落地生根，接着开始接受雨露和阳光而萌芽，然后长出一棵小草，最后狗尾草逐渐招展，并生产下一束狗尾草籽……经历一年、两年或多年，这里便成了狗尾草家族的乐园。”如此的，我们的发散性思维彼此碰撞，最终确立了“‘种’字教学”主张，并开始以课题驱动方式推进。

一个人只要乐此不疲地追求，实现教育的崇高价值，产生教学主张，并不是神话。相伴教学主张而体现出的生命成长，是青年教师精力充沛时应做的事，是其黄金时间段给予内生长最佳的帮扶方式，如拓展自我专业发展视野，提升自己的专业能力等。确立教学主张，不管是通过归纳式路径，还是演绎式路径，都不能截然分得那么鲜明，彼此之间要相互交叉、你中有我、我中有你。以上两位年轻教师提炼教学主张，走的实是综合之路，既有演绎路径又有归纳路径，关键在于找到适合自我专业化的发展点，能让课程力得到提升，能生成更多课程产品，以佐证课堂属于有效课堂，从而让教育科研成就产生影响。

且思且行

我们不仅要关注教学主张体现出的理性追求，更要关注我们的精神、信仰、理想和信念。完成教学主张的提炼，推动第二次成长，只是走了万里长征的第一步，后面还有很多事要做。我们在丰润教学经验的过程中，需要不断修正自己的观念和价值体系，优化自己的知识结构，转变教育行为习惯和方式。围绕教学主张展开践行，持续迸发出探索的激情，应于两个方面着力：

一是加强理论研究。基本方法以文献研究为主，行动研究为辅。通读大量同类研究文献，了解自我教学主张在相关领域里所在的位置，判断其属于原创性研究，抑或基础理论应用研究，准确定位自我研究前景。如笔者曾经开展的“讨论式教学研究”，只属于基础理论应用研究，但有助于教育理论研究素养打基础和提升，不过，其课程研究成果的学术性会受影响。文献研究时，应在通读文献资料的过程中，进行分析加工和比较研究，以获取具有研究价值的论据和素材，使资料个性化和研究课题化，促使观点内涵丰富、完善；同时深入课堂观察，形成发展共同体，以扎根研究的方式对教学主张的质性进行深入探析。

围绕教学主张进行理论研究，须明晰锁定基本内容和核心要点，如概念界定，对内涵和外延有明确的解释，以模糊概念为原点展开，只要存疑，那里定是下一步行动的着力点。在深入探析教学主张的过程中，应将教学主张的理论基础和依据纳入研究，找到给予个人理论有力的支撑，特别是把最直接、核心的理论基础找出来，务求准确、到位，并把两者内在的逻辑关系搞清楚，使其成为有机的理论体系。这需要我们与时俱进，结合相关教育政策法规，找到实施依据，能与当前主流思想保持高度一致，让自我的个人理论具有时代感而不显陈腐。涉及教学主张的完善，除坚持教学观点的修正，还应对实施策略、建议、信息技术等进行研究，促实践研究落地和推广；同时进行理论研究，强化物化效果生成，可以采用多形式多维度多渠道推进，如调研报告、论文、数据统计等，对研究过程和成果纪实，对合理性、科学性、完整性给予论证。

二是开展实践研究。实践研究可围绕三个维度展开。首先，教材化研究。教学研究能落地，不仅要对自下而上的教材内容进行取舍，还应结合教学主张创生，开发出与教学主张相匹配的成体系化的教材。这过程需用教学主张来统领，能给教材注入思想和智慧，能从中提炼出体现教学主张的内容和意义，使主张有根有源。把握教学主张的内容和意义，此过程需把握三个要点：从教材隐性存在变成显性存在；从教材零散存在变成系统存在；从教材微弱存在变成强大存在。

其次，教学化研究。教学化研究是人们经常在做的事，通过常态课、优质课、观摩课等形式呈现。有教学主张的教学研究与没有教学主张的教学研究有质的不同，有教学主张的教学通常会以自我教学主张为导向，将其融入教学实践各个环节，使整个教学带有个人风格和意志，让自我教学风格突显；相反，没有教学主张的教学，也会采用一些理论作支撑，但这些教学往往会因没有内核且散乱，而让其课看似非常丰满，实则缺乏灵魂。教学化研究，关键是能让教学主张与教学融合，在教学各个环节中显现教学主张的精髓。

再次，人格化研究。凸显教学主张的地位，进行教育教学研究，教师的自身人格精神会受到影响，自身思维方式、行为方式和生活方式等其重要方面也会受到影响。名师和卓越教师能给人留下印象，其根本原因在于其教学主张被人格化，如提及某人名时便想到他就是做某事的代表，提及做某事的代表就会想到某人。为此，

在提炼教学主张的进程中，我们朝向卓越方向进发时，凸显自身人格力量是一件不可忽视的事，自己应认真对待。

3.泥沙俱下时突出重围

关于专业化发展，关于课程力提升，关于教学主张提炼，最糟糕的现状是，对于摆在面前的低效现象及各种阻碍，没有人主动发现。

为什么少有教师拥有教学主张？抑或源于人们没有掌握提炼的方法，抑或无教学参考借鉴，抑或因为主体意识没有觉醒。近年，展开教学主张研究的有不少人，如专家办讲座，他们多是参照自我教学主张，针对所涉及内涵、外延、实践策略、方法等进行陈述，鼓动教师们参照其模式做实践性尝试。这种案例式的讲座，特定案例的局限性，多是低效的实证。成人学习需要案例启悟，要点主要是引入对其元知识、元策略学习，以指导后续实践，而非复制他者"个人理念"概念，做某一名师的第二。

一个讲座，哪怕针对特定教学主张的内涵讲得很透彻，若少有对教学主张的生成结构、组成因素解析，往往会是低效的。我们若能勤思善行，开启教学主张为自我代言的征程，通过巧妙发声促使价值增多，内生长就会提速。

理性建构

当下，需要的是能将归纳路径或演绎路径落到实处，真正凸显教学主张的价值引领力。如：

广东珠海香洲实验学校抓实教师教学主张，在促进教师专业化成长方面取得卓越成效。他们的很多做法值得借鉴，如以课题为载体，研究内容的集约化体现在六个方面：

1.基于经验与文献提出自己的教学主张。

2.用课题或主题研究来提升教学主张。

3.用教学主张解决课改实践问题。

4.以案例和故事丰富教学主张的内涵。

5.以扎实的实践逐步形成教学特色。

6.积极完善思想体系和操作体系。

为促进本项活动顺利推进，他们具体实施办法如下：

为让教师积极参与，学校鼓励教师积极尝试：用一个词表达自我的教学主张；用一个句子表达自我的教学主张；用一段话表达自我的教学主张；用一篇文章表达自我的教学主张；用一堂课表达自我的教学主张；用若干个课例表达自我的教学主张……如此引领,教师随性表达,不再感觉教学主张是高难度的事。有教师感觉用一篇几千字的文章表达起来困难,这时便可以让其先进入课例研究,只展开对话交流。他们采用五步模型,有效推进教学模式的提炼。第一步:大话主张,鼓励教师用一个词、一句话来表达自己的教学主张,如有教师脱口而出“生活数学”“儿童语文”“生活美”等,而后再鼓励教师继续说下去或写下来,进一步深思挖掘其无限的可能。第二步“望尽天涯路”,引导大家海量阅读,分析文献。如有一位教师说:“我的‘生活数学’更准确的是一种‘活动数学’。”不久后又说:“我的‘生活数学’是想用不同的行动方式力求让学生的思维看得见。”最终,这位教师决定“我的教学主张就叫‘有痕迹的数学’”。第三步“衣带渐宽”,用三千字的文章写出自己的教学主张,而后再进行多次的推翻、修改。第四步“蓦然回首”,文章写成,课例初成,引导大家进入新一轮反思、怀疑、自我否定、反复修改。第五步“灯火阑珊处”,引导大家发表自己的教学主张,奉献精彩课例,展示思考成果。

教学主张的本质是一种基于理解和价值判断的行动,并且还是一种基于理想的规划。笔者在观察中发现,能完整地参与教学主张建构,至少对教师有三个功效:一是加速经验型教师向研究型教师转化;二是促进个人教学理论的自主建构;三是促进教学的个性化和风格化。结合教学主张的提炼做实课题研究,成功走完每一步的并非已经功成名就的教师,往往是一些追求卓越、有积极专业情感态度的年轻人,是一些不甘现状、勇于尝试创新、坚持行动的新教师。

事实证明,每一位普通教师只要持续学习和兼备积极进取心态,都可以成功建构自己的教学主张,都可以因此变得不普通,变得卓越。一切皆因提炼教学主张为自我专业化发展定目标,大家也会因此积极地研究自己的课堂,开发自己的课程,让自我教学思想、教学风格日趋成熟。

教学主张的提炼与提升,没有止境。很多名师成为精神领袖,源于其从着力于教学主张提炼开始,便再没有停止过探索。如李吉林老师,四十年着力于“情境教学”研究,正因为她的理性建构,在教学实践与研究中进行修正、补充、完善、延展、提升,方才使“情境教学”到“情境教育”被人们熟知。对于我们广大的一线教师而言,惦记着给予幸福的职业,全力提升自我核心素养,若能理性而有主见地进行抉择,敢于向名师学习,让教学主张独立彰显,如名师一样探求给予自我专业化发展的路子,投入的时间和精力哪怕有限,也定然会听见自我拔节的声音。

用行动“给予支持”

当前,提炼教学主张,深耕需要行动给予支持。让自我拥有教学主张,给予支持的方式主要有两种:一种是外力,一种是内力。外力主要产生于两个点,一是聘

请专家亲临帮助，专家若能坐诊，对涉及教学主张提炼的元知识、元策略进行引领，定能发挥推动作用。二是培训机构组织专题培训，通过加强理论导向和实践导向的培训，指导课程设计，帮助教师加强对教学主张的核心价值、核心问题、具体策略、专业成长等内容的认识和实践。总体而言，外力作用的影响不可小觑，但应明白真正发挥作用的还得是教师自己内生动力的激发，能深层次地反求诸己、躬身自省。

教学主张的入行之门，修身为本，经过自身实践经验的理性概括和提炼，其间无知与理解、独立性与依赖性、自觉性与冲动性交织的体现，反映了专业化发展所属层级。教学主张是名师成长和成功的起点，抓教学主张的提炼，围绕教学主张全力精进，少走弯路方才会真正实现教师跨越式发展。名师为什么成名？主要是他们倾情于教学主张，找到着力点；倾情于自我教学实践行动，扎根课堂做课例研究，以理性精神引领教学行为，努力形成自我的教学理论，不间断地充实完善教学主张的认知结构。季羡林说："生命是一支队伍，走得快的走出队伍，走得慢的跟不上了，就离开队伍。"名师因有自己的教学主张，走在队伍前面发挥引领作用，但教学主张并非名师的专利，我们作为一线教师，完全可以通过努力提炼教学主张，行走在基础教育的前列，发挥引领作用。

行走在专业化发展的征程中，往往离决胜只差最后一公里。全面把好教学主张提升的节点，努力促进观念的转变，如智慧教育思维的转向。我们应认清，不同的教学主张，会产生不同的教学实践行为。好的教学主张，会让普通教师不再长时间普通，会让常态化教学向优质化教学迈进，催生合格教师向优秀教师转变，优秀教师向卓越教师转变。

教学主张绝非一朝一夕便可形成，它属于系统重构，素养目标、课程、课堂、学习空间和评价等，均需经历漫长的积累、过滤、筛选、加工，方才能领会其精髓。教学主张贯穿素养目标、课程、课堂、学习空间和评价等的各要素，既是一个追求的过程，又是一个自然生长的过程，需要我们不间断地进行经验梳理，不间断地提炼教学主张，需要我们从个性化走向特色，从特色走向理论建构，螺旋式的发展。

我们在追求专业化发展的同时，强化教学主张的提炼，二者相互浸润与满足，常有异曲同工之妙。专业化发展具有两大特征，一者不可替代性，二者明确的发展方向。这完全可以通过教学主张的陈述淋漓尽致地加以反映。甚至可言教学主张是教师专业化发展独特的表达形式与标识，是其内驱动力系统持续提升的动力支撑，反映教师丰富的心智和独立的人格。"修改"教学主张，掌握提炼策略是教师成熟的反映。

在理想与生命的激荡中凸显灵魂，做原创的拓荒者，提炼自我教学主张，强化教学主张的提炼，需要思考核心理论“是什么”、理论依据“为什么”、基本模式“怎么做”，策略多体现于极力克服自我教学经验和方法总结的片面性和极端性，如碎片式的提炼，缺乏持之以恒的精神，做事浅尝辄止，凭着感觉走等。我们只有掌握提炼策略，才能有效促使教师行动自觉，从经验思考走向理性思考，从零散思考走向系统思考，从表层思考走向深刻思考。

名师可贵之处在于有自己的思想，并且有代表自己思想的执行力。能针对提炼的教学主张，擅长持续地理性思考，促使累积内化有深度，总行走在教改实验前沿，使教学愿景成为一种现实。我们向名师学习，最终应使其理论与自我实践融会贯通，能结合教学主张体现教学创新，从而反复取舍、提纯自我教学主张，形成系统的带有个人标识的理论体系，以指导教育教学实践。

提炼教学主张，有很多事应该主动去做。“追求、行动、理念、实践、实验、信念”都是行动中的关键词。我们须明确，教学主张是对教育、教学改革的一种坚守。教学主张内涵涉及教学观、学生观和教材观的确立，提炼教学主张，必须保证教学主张的正确性。我们应以此作为重构自身教学理论知识体系的契机。“教学主张的产生赖于一定的知识背景和能力结构，如果缺乏适当的知识结构，则无法同化和顺应新的知识，自然也难以生成正确的教学主张，做出恰如其分的教学实践决定。”[①]作为乡村教师，作为一线教师，在丰富自我实践知识的同时，应克服教学理论知识的片面和狭隘，保证教学主张的正确性。这属于智慧和理性的范畴。

在更高层面追求完美的境界，教学主张是对学科和教学尝试性开发后的独到见解。教学主张对他者而言是故事，是难以涉足的高目标；对自己而言是前行的坐标，虽然需要经过岁月的沉淀，但只要经历生命的历练，定能展现自我的与众不同。我们为师一线，虽不敢言未来一定是名师，但应该力争朝向名师的方向，有勇气有毅力地前行。第二次成长虽然受到来自家庭、学校、社会、个人等因素的影响，但成功的关键在于敢为。我们也应该学名师提炼出自我的教学主张，而后自我革新和自我超越，才能真正让内生动力持续激发。

探求高质量的人生新样态，为了保证教学主张的正确性和前瞻性，要求我们能敏锐地捕捉时代需求，以“理性的”和“对话的”方式对待教育教学改革。教学主张和教改实验，是一个问题的两个方向，彼此存在着支撑关系。需要强化教学主张的提炼，能响应教育教学改革，积极主动地开启教改实验。教改实验中，在个人实践经验积累的基础上，应让实践经验与代表先进的教学理论进行碰撞互动，从而找到

① 李建军.教学主张：教师专业发展的内存维度[J].教学科学研究，2009(1)：70.

新的“生长点”，让自我的鉴赏力、判断力和建构力得到提升，能结合自我的教学主张，重新认识教学的意义、价值与特点，重建自我的知识结构，杜绝抱残守缺。在此过程中，我们应努力提升教学反思水平和语言转化能力，努力提升用教学原始性素材展示教学经验的能力，为教学主张的意义建构提供强大的思维基础和语言条件。

建构有利于自我发展的新形态，唤醒认知力、体验力、表现力和创造力，我们必须有正确的价值观，才可能保证教学主张的正确性。谈人生幸福也罢，谈教学主张也罢，必须关注价值观，播下责任心。我们必须弄清楚何谓价值？最近，笔者发现价值与理想有关，价值甚至等同于理想中的事实。谈价值就是对理想的关照。我们产生教学主张，必然涉及价值追求，包括专业发展与职业成就感的形成，教学主张甚至是对自我理想的写照。在提炼教学主张的过程中，从理论到行动，践行更高教育使命，我们必须加强对正确价值观的塑造，必须对自我教育理想有明晰的画像，才可避免教学主张流于浅薄。至此，我们必须理解，教学主张是价值观的表达，是教育理想的实践，追求格局高远，才可真正为行动给予支持；我们必须理解，教学主张是价值观在困境时的突出重围，在所想与所为之间找到平衡点，完成自我肩负的教育使命。

八、学会教学建模

课程和课程力，教学和教学建模等，定格成为一种激情，定格成为一种成功，体现一种更为恰当的课程观转变，体现一种更为融洽的价值观互动，最终朝向目标技术转化，方才给予人生幸福。

什么是教学模式？它是在一定教学思想或教学理论指导下，建立起来的较为稳定的课堂教学活动结构框架和活动程序。教学模式作为结构框架，突出教学活动整体及各要素之间内部关系和功能的宏观把握；作为活动程序，突出教学模式的有序性和可操作性。长期多样化的教学实践，才会就教学过程结构、阶段、程序等进行优化，形成具有独特风格的教学样式，形成相对稳定、富有特色的教学范式。

交流教学建模属元策略知识范畴，其目标在于找到新范式，思考如何应用核心技能，如何应对复杂挑战，如何适应环境变化等，从而为教育实践者、研究者和决策者提供实践经验和指南。学会教学建模，其根本在于铸就自我意识、自我管理、社会意识等因子，若意识里没干过“专家所干的事”，在课程改革中就只是经历一次意识运动，只是被动地接受，将提供的教学模式拿来就用，这样只会让自己在职场中处于不利的境地。只有敢于打破常规，不按部就班，敢于突围才有新收获。从提炼教学主张开始，到学习教学建模，建议抓好自我的专业化发展“行为修复”。

展开对教育教学规律、学生核心素养、创新人才培养等的模式研究，有必要先弄清教学建模与教学主张的关系。提炼教学主张，围绕教育现代化聚焦教育重大命题，若只是预设“个人理念”，没有教学设计、实施、反馈、评价等过程保证，切实提高工作的系统性、针对性、前瞻性、创造力和执行力，那真可谓纸上谈兵。融合资源，汇聚智慧，我们应明白教学建模是教学主张延展，是教学主张具体化，是对教学过程及课堂结构的科学优化，它反映个人理念，去除烦琐信息，促最优化目标达成，所以，只有抓住教学模式这一“牛鼻子”，方能打开职场新格局。

开展教学建模，发挥专业支撑作用，需要自我强大意志作支撑，以实现理论研究的集成化，只有这样我们才更易全面激活自我“生命要素”。纵观教育职场，大家所做的事，有匹配的教学主张，以及对应的教学模型，但更多的只属于没有灵魂的空壳，或者是现代化知识传授的“代工厂”。一位教师没有经历教学建模等自主创作活动,又怎能自我优秀？一个人奋斗了,也许永远达不到最高的顶峰,但可达到自我人生的顶峰。

追逐专业化发展,从实践中汲取养分,从危机中找到转机,全面提升自我的知识视野,通过探究、实验、观察等方式才能因教学建模尝试实现课程价值最大化。通常,常规教学其意不重革新,而在于维持现状。在常规教学中进行教学模式构建的尝试,目标在于达成教学过程最优化、教学结构科学化,抑或对不符合常规的教学进行革新,以回答“怎样培养人”的问题。

“前”教学模式以及正推崇的教学建模,初衷都在着力于打通学科界限建立意义关联,实现知识、经验、资源以及方式的融合,在原先无法解决新症结的基础上,对有待进一步澄清和明确的对象进行革新,以谋求建构立体化、多元互动的融合。但我们必须看清,新模式在于首先解决“前”模式无法解决的问题,而后围绕教学经验、个人理论,确定事实与理论的一致性,阐明新理论内涵与外延,寻求理性自增,学会独立建模,以及获得有条件支持。

1.通过教学建模统整课程现代化

身处智能时代,促内生长,拥有方向感十分重要,我们不缺乏学习的教材、案例,但常常缺乏主体觉醒意识及主体发展意识。教学建模原本不神秘,它所对应的价值是师者的基础和灵魂,是行动的轴心,不只是需要我们对其“是什么”“怎么做”“有什么”“注意什么”等予以研讨,同步需要我们对自我的“理想与抱负”“意志和品质”“实践和行动”加以明晰,以构建良好的发展态势。

理性自增

通过教学建模统整课程现代化,既是一个动态发展的目标,又是一个不断发展的过程。人的价值和生命意义往往存在后天的自增性,主要通过做事自增。知晓提升课程力的重要性,知晓教学建模的重要性,关键在于有行动能落地。我们理性对待,并做应做之事,才会使理性自增。强化教学建模的理性自增,我们应在以下几方面攻坚:

一是用价值观引领自觉的责任和行动。站立在课堂的中央,教学模式建构的发端在于深度学习。建模尝试,目的不只是生成某一教学模式,还在于用价值观引领自觉的责任和行动。课堂是生成教学模式最好的“演练场”,只要不缺乏建模意识,定能找到可模仿的例子,让“学习真正发生”。如笔者开展“讨论式教学的探

索”①，着力于讨论式教学模式建构，所建教学模式的科学性、严谨性，操作的有效性等都有待考究，现在看来这些教学模式毫无推广价值可言，但因生活性与发展性的回归，促使我将常规向非常规教学转向，促进教与研同步，哪怕当年没有开题、结题等物化成果支撑，但从中习得建模方法知识和策略，无不为内驱动力系统逐级提升奠基，无不为深入开展“教育原规则研究”奠基。

二是把好专业化发展中的“关键事件”。教学建模，会成为人生中应受到他者尊重的“固定资产”。笔者一直强化课程产品的生产和生成，最好能促其成为专业化发展中的“关键事件”。尝试教学建模，最重要的是平台，通过教学建模尝试获得高峰体验，虽不敢言应对的假设完全科学和正确，生成的教学模式完全代表先进的课堂结构，但若少有教学建模尝试，缺乏教学模式建构技术，很难让自我“一年一小样、三年大变样”，很难让自我听到拔节成长的声音。以笔者经历，当初尝试教学建模，是在自我专业化发展过程中的战略实施，虽然黑黢黢的舞台上只有自我在尽全力表演，台下无一个观众，但对自我的研究与转型发挥着关键作用。

三是“适性扬才”。教学建模尝试，需要我们风雨兼程，肯操心、肯出手，并由此相伴教学建模课程产品的生成，才可促进理想与情怀落地。通常只有让自我常规教学转为非常规教学，才会真正开掘出一条新模式的创生路径。可能有人会因此怀疑自我基础、起点问题，怀疑教学模式与有效教学之间的关系，甚至怀疑追求过多目标影响教学效果。事实上，只要能“适性扬才”，积极进入非常规状态，倾情于课程产品生成，才会有成长。

教学建模尝试，只要我们善于进一步完善课程保障体系，有一线教学平台的人都可跟进。当下，真尝试者，可谓寥寥无几。或许大家潜意识里认定专家才与教学

① 钟发全.对讨论式教学的探索[J].中国民族教育，2002(3):41.

注：以“讨论式教学”为专题，随着课题研究深入，一个由“研究、推求、分析、判断”等关键词构成的“讨论式教学模型”被建构出来。原模型文本因年久遗失，网查到此论文，从中可依稀感知精要：讨论式教学的特征：在教学活动中，教师是组织者，学生是参与者。教师和学生在教学中，共同以研究、推求、分析、判断的形式完成教学任务。愉悦的教学氛围充溢整个空间。讨论式教学包含三层含义：一是教师在教学中必须把教材变成活的“剧本”，教师的主导作用就是“搭台”。这是实施讨论式教学的前提。二是学生在教学活动中发挥主体作用，充分参与教学活动，研究、推求、分析、判断是学习活动的主要方式。这是实施讨论式教学的核心。三是完成教学任务的整个过程应体现民主。这是实施讨论式教学的关键。讨论式教学是实施素质教育的教学方式，在具体的教学过程中，处理好教与学的关系，传授新知识与传授学习方法的关系，应注意以下四点：一者讨论式教学必须是“论”与“讨”的结合，重教需重学，授之渔，把有规律性的东西，诸如学习方法教给学生最为重要。二者讨论式教学重培养学生思维，在教学活动中，发散思维是在学生逻辑思维的基础上发展的。三者讨论式教学必须处理好智力非智力之间的关系，兴趣、动机、情绪、意志、情感，注重这些对完成教学任务非常重要。四者讨论式教学的手段必须与教学目的协调，教学手段一定要能为教学目的服务，不能是华丽的教学手段，而没有达到提高学生素质的目的。

模式关联，或者只从教科书上获得如“凯洛夫模式”①等经验，我们普通教师若不敢想不敢为，又怎能立于教育，又怎能给予职场价值保障。尝试建构教学模式，只有在教育实践中看到“人”，才算把握了其真谛和方向，虽然可能其产品价值不太高，只能称作“准模式”，但也有其中间成就值；虽然没有太多学术价值和推广价值，但其作用也不能低估。

四是力求稳中求变。教学建模属于技术活，需要聚焦人的全面发展，在后续行动中依附强大目的性而稳中求变。教学建模若属于方法范畴，那么它是通过对教学结构模型研究，获得教学过程信息，获得对客体认识，主要特点体现为能撇开事物次要的、非本质的因素、关系和过程，突出事物主要的因素、关系和过程。②学习教学建模，营造一种专注于教书育人的工作氛围，将教学过程或课堂结构牵涉的重要因素、关系、状态、过程凸显出来，通过观察、实验、调查、模拟，方才体现改革创新作为第一动力的魅力。

打好教学建模的底色，理性自增才会见真知识长见识。按照自我教学主张做出假设，将教学结构作为认识论上的模式，获得本质、深刻认知，特别是解决常规课堂教学中呈现出的问题，从而为合理性而努力，探究有益于课堂教学的规律。面对在教学过程中的同一个问题，人们会从不同的角度、思路，参照不同的概念、假说等，尝试构造出不同模型，对原问题做出不同解释和预言，但可肯定它会对自己的“先在性”产生影响。如此，教学实践与研究同步，不只是解决课堂传授的知识问题，还同步解决课堂教学结构等问题，从而掌握建模方法，尽全力谋求进步，方才代表着先进性。具体要求如下：

一是建构教学新样态，促教学过程最优化。学习教学建模（包括改变学习的动因、场域、流程、关系等），须对教学过程和结构进行研究，涉及对教学环节、阶段、程序等中心问题的解决，须切入活动、深化课程体系。这些实际是对教学结构问题的解决，且与常规教学中的目的有所不同；相同的教学内容，只要应用的理论不同，哪怕进入同一教学流程，参与者视角不同，关注点不同，产生的效果也会不相同。因此，优化课堂结构，强化教学建模尝试，为成长注入内驱力，凸显教学主张，抓好个人理论抉择，比遵守教学规则重要得多。

沿着求真知、悟道理的方向前行，心无旁骛，不仅要有情怀还要有眼光，不仅要有责任担当还要敢于接受锤炼。教师对教学模式的印象，常以范式概念固化。学

---

① 前苏联著名教育者提出的“五步教学法”，被人们简称为“凯洛夫模式”，其具体结构是：组织教学、复习旧课、讲解新课、巩固新课、布置作业。“凯洛夫模式”对我国广大教师的影响非常深广，近年受到的批判也多。但对此我持保守态度。试问，“凯洛夫模式”就真的是灌输式教学的代表？只要深入研究近年名师们推导的教学模式，并以此作对比，你会发现很多是这一模式的深化。在我看来，真还没有几人建构的模式敢言超越“凯洛夫模式”的价值。

② 袁维新.课堂教学建模的理论和方法[J].教育理论与实践，1998(5)：55.

习教学建模，像小学生接受作文训练一样不能急于求成，如果过于着急生成的往往只是习作而不是作品，其价值作用不能扩大化，更不能期望全面推广，应当认定这只是练笔的过程。我们应明确，习作训练是文学创作的基础，尝试教学建模是成就卓越素养的基础。教学建模像习惯的训练一样，分成若干阶段，均可称作前范式阶段。此阶段，最典型的特征在于经常性处于猜测模态，但有一点不能忽视，前范式对后期发展的影响不限于起点，它对整个职场人生予以影射并进行优化。

二是探寻教学模型的基因编码。学习教学建模，除了打好理论底子外，同时还应持开放的姿态，融合新概念，全面提升自我的感受力、理解力、审美力和判断力。每个人都有无穷创造力，唯有展开跨界学习，将所学融合起来，才会有新的洞察力和智慧，以达成不同事物间的相互影响，才会有许多新创见，也才能超越自己。

常规教学中，应增强危机意识，能围绕教学理论产生假设和目标完成度，给出精准判断，而后再做出更替。无数人拒斥一个教学模式，同时接受另一个模式的决策，同步做了决策应对的判断。同时对教学模式与教育整体环境进行比较，以及不同模式之间的比较，从而决定是否运用及丰富其内涵。应知道，毫无理由拒斥新范式，等同于拒斥教学改革。

知行合一，在课堂里全面成长，教学改革以教学模式的构建为出发点。我们应明确，该出发点非功利，只为解决问题。教学建模对应着自我心智，甚至反映一个人的世界观，践行中只要真正发生模式转换，以前存在于大脑的概念、知识、研究计划等，都将随之而发生革新，教学视界甚至也会发生变化。我们必须看到教学模式与教学主张的关联，一种带给世界观的替换，才可真正算在进行彻底的改革。

三是谋求全面发展。从强化文化知识，到开阔视野，再到实践能力，只有获得全面发展，才能从构建教学建模中获得进步。这种进步的轨迹是跟踪式的。只要真正步入教学建模实践阶段，因为前期的积累使自己的理论知识达到一个新的高度，都会因新模式更替，改变原有认知的连续性。如一轮又一轮的课程改革，新理念总会第一时间淘汰原先留存的东西。新教学模式的生成，以解决教学实践新问题为目标，那些旧模式有的做得虽好但也会被忘掉。每一轮课程改革，其主题都会因目标不同而发生转换，积极尝试教学建模，集中转向新理念的学习与融合，覆盖旧主题，抛弃曾经一度的热词，才堪称与时俱进，才切合新一轮改革的需求。

教学建模相伴心灵修炼之旅，多体现于努力摆脱遭遇重大困难的先前的教学框架，而后取得进步。“新的不考虑旧的”——这是无数新模式刚刚建构，随后将批判的矛头指向旧模式的原因。每一轮课程改革开启，学习教学建模，注重新理论的应用，同时须对教学中存在的问题予以审视，从而明白，一个新理念的产生，无论其应用范围宽窄，它绝不会是已有理念知识的堆积。我们应谨记，重新建立新理论，重新评价先前的事实，重新建立新教育秩序，对课程结构进行重新组织，才可称完成教学建模任务。

四是因时制宜，回归学界的视野。区域性推崇的教学模式多较成熟，实践中多以落实育人目标和完成教学任务为目的。教学建模在信息时代是一次技术的刷新，作为初学者绝对不能急于求成，不能以为随便的试水之作便可拥有产权。只要视界逐渐开阔，未解问题的解决办法就会增多，随着教学建模元知识的习得，以及教育理论的积累，代表先进性的教学模式生成便可指日可待。那时，不只是特定的教学模式被建构，重点还在于围绕所建之模展开深层次研究，以至于能在任何一门学科或领域均可进行创造性地运用。

非累积事件

当今，面对改革速度凸显重要性的时代，我们必须情理交融、纵横贯通、内外联动，习惯教育理念和教学模式变化的速度。一项新理论或教学模式，在昨天刚刚被理解与掌握，今天有可能被另一个“候选者”替代。只有顺应时代发展要求，积极理解新要求，建构新模式，才是教育的智者。课程改革远不只是一个累积的过程，也不是对旧理论或教学模式的修改或扩展就能达到新要求的过程，它是在一个新的基础上重建新领域的过程，这种重建改变了研究领域中的许多方法和应用以及最基本的实践诉求。理性自增，在改革中谋求进步，对此要求我们在三方面努力：

一者凸显竞争性。学习教学建模是自我人生的“关键事件”，但依旧需要彰显敢为天下先的精神，积极探索教育改革和创新，不断修炼与进取才可能真正大成。构建教学模式与教育改革一样，都要经历阵痛和实践的磨砺。昨天的问题刚刚解决，新问题便又出现，只有敢于开拓创新，才会迎来曙光。当下，各种新技术出现在教育教学现场，这就要求我们敏感地捕捉新信息源，将其融进新模式，建构的教学模式才具有竞争性，才会被认可。

二者凸显优先性。学习教学建模开发自我的创新能力，需要凸显自然属性与内在潜力，以及教学模式的优先性。初构建而成的教学模式以及正被区域内推广的教学模式，最重要的是凸显其优先性，哪怕是其他教学模式发生变化，也必须坚持实践优先性，方才可能遵守其共有规则。只有这样，我们才会感觉到因教学模式融入认识论、课程论、教学论、价值论和方法论等内容，有对教学方法的把握，以及对教学结构的完全掌控，才利于直接指导实践，彰显其先进性。

三者积极应对反常性。面向教育现代化，坚持融合创新尝试教学建模，除对所建构之模优先性的把握外，还应对整个外界影响有充分的认知才利于行。稳定地扩展学科知识的广度和精度，便会发现今天的问题会以一种违反常规的方式出现，往往让我们难以预测。若立志教学研究，就必须有很强的质疑意识，能发现别人不能发现的问题并予以解决，这就需要我们能保持视界清醒和开阔，敢于破和立。一个新理论，只有常规问题解决宣告失败后才会出现；一种新模式，只有在新理论需要得到执行时才会变得有推广价值。教学建模中懂得抓住两个时机：一是建构新模式的时机，二是推广应用的时机。

我们必须明白，教育改革并非只是事件的累积，改革是在发展过程中必须经历的阶段，模式也呈动态的变化，而且也必然会被崭新的范式取代，所以我们应能用所学建模知识进行科学的演进。一种新理念的产生，要求我们踏入新领域，理念和实践必须高度吻合，既有对教学模式的承诺，也有对新问题解决的承诺，如此，我们在践行中才会获得发展和提升。全面提升教学建模技术，是一线教师必须认真应对的事。在实践过程中，我们应抓好节点，把好支点，凸显兴奋点。

一者在节点把好转换意识。处于一线的教师，要种好理想信念的责任田，重建教学模式，涉及转换意识。课程改革一旦进入下一阶段，我们的世界观、学生观、教学观、课程观等，也会随之改变。这过程不是一个新模式的产生，而是采用新工具，走进新领域，用新工具解决过去的问题，真正让新成果符合育人的要求。其间，所谓世界观的改变，既要求我们对改革有新主张，又能正视一个完全不同的新教育。

二者在支点做好诠释工作。接受课程改革洗礼，借助教学建模做好新理论的诠释工作，从而引导自我在历练中创造精神财富，能一路跋涉一路高歌。课程改革发端，所有常规理论都在发生变化，如应对新高考，出现很多新变化，要求教师能对新环境熟悉，对新知识重新建构。接受新理念，着手一次教学模式建构，用以前不一样的方式看教育，这种影响非常深远。虽然教育现象没有因教育改革而改变，没有因新模式建构改变，但因诠释理念不同，视角关注点也定然不同，教学效果也会不同。适应教育改革，我们是诠释者，同时我们应观察并思考，发现这个世界与教育相关细节的变化。

只要我们细心便会发现，每一次改革对应新主张的诠释，都给新教学模式预设了条件，以前教学模式执行不彻底，导致教学反常和产生危机，可用新模式弥补。事实上，只有汇集老经验，结合新要求转化为新经验，与新模式关联起来，才会符合改革要求。当然，并非过去习得和积累的知识与理论全被抛弃，它们只是转入后台，悄然对新生教学模式产生影响。

三者在兴奋点不迷失方向。教学建模给人成就感，让人兴奋，更让我们乐在昨天，敢为今天，有为明天。这需要我们正确应对教学建模尝试，须看到改革的无形。

每一次教育改革，无数政策法则的重写，会相伴一系列的改变，如剔除历史感，对前模式、问题结构和标准进行替换，甚至教科书部分或全部重写。我们须看到教育改革的作用，如教科书的重写，吸纳原有价值部分，看上去大体像累积性的改革，看上去让人感觉过去是朝向今天优越地位迈进，直线发展的过程。其实，只要经历改革，无形的教育观都会发生变化。每一次教育改革，都是留给我们的机会，需要我们努力应对，做“经师”和“人师”，才会在人生中寻找到逻辑与美的交汇点。

2.让自我有力量向前奔跑

学会教学建模，最核心的莫过于解决“变”与“不变”的问题。面对不变的学科、不变的核心知识，面对课程改革中铺天盖地的碎片化的信息，面对课程力提升乏力，我们正经历对决、摸索，经历毫无中间成就值补给的内驱力，若没有情感和专业素养的支撑，没有强壮身体和强大毅力的支撑，教育改革只能沦为空谈。

勇于学步

了解教学模式构成要件，才能有效地设计教学模式。教学模式又称教学结构，是在一定教育思想指导下建立的比较典型的、稳定的教学程序或构型。研究教育模式，从方向的确立，到过程的展开，再到结果的形成，拥有迎难而上的勇气和锐气，走向一种融会贯通、游刃有余、豁然开朗的境地，才会发现契合专业化成长的规律和发展需求。学会独立地教学建模，其要求主要体现于以下几方面：

一是明晰教学主张是作为教学建模的前提条件。完成教学模式建构，让教育“更好”地发生，从而证明自我参与课程改革不是难事，难在拥有对自己力量的确证和信心；在教学实践中运用一个教学模式促进改革落地也不是难事，难在成长过程中彰显最根本的力量。在笔者看来，只有掌握建模技术，为新建构模式铸魂，借此自我更新、自我超越，合理决断才可称真正有所建树。华东师范大学陆有铨教授曾说过：“要告诉我你主张什么，而不要告诉我你知道什么！”此言，可作为评判教学建模学习是否到家的标准。

二是明晰课程产品生产是基本保障。掌握教学建模技术，对境界思考和追逐，产生课程产品意识，创生适合教育改革要求的教学模式，将自我教学主张渗进课堂结构之中，让教学目标更鲜明，让教学思想凸显，方才可称一次完整的践行。我们一线教师与教学建模走得最近的方式是做课题，反复琢磨，将教学主张融入课题的假设之中，相互切磋，将希望达到的目标融入研究的内容之中，用理性思维和思考揭开教育规律，凸显课改的效果和影响，彰显更基本、更深沉、更持久的力量。

三是明晰新理念新策略是关键。教学建模实践，需要能体现积极意义。当下是教学模式空前繁荣的时代，也可以说是教学模式空间泛滥的时代。教学模式建构的学习促进了成长，但建构中若没有渗透教学主张，或根本就只是以解决问题为出发点而没有明确的教学主张，其教学模式价值会打折扣，短效和夭折是完全有可能的事。学习教学建模，同时做好自我教学主张概念的内涵补充，两者有效结合，其实践才可能真正符合教育改革要求。

教学建模是智慧与理智的相遇，它不代表着每个教师课堂结构的“标准件”，只有真正做实教学研究才可能达到既定目标。在这过程中，需要我们做到走向有理论视角的实证研究，一是能围绕教学主张而生成理论视角，二是能对教育改革要求落地做好实证研究。如此，我们方能从一堆杂乱的现象中理出头绪，将自己对教学的描述、解释、改进、启示等，借助于建构的教学模式产生作用。至此，我们将探讨教学建模的常规技术和教学主张与其整合的话题。

教学模式是对课堂教学任务、教学过程的概括化，最终找到认同的价值取向。或者说，教学模式是在明确的教育思想指引下，用以计划课程、选择教学方法、规范教师自身行为的一种相对稳定的教学结构和教学范式。它孕育于教学经验之中，是经过总结概括、抽象而成，带有相对稳定的、系统化和理论化的方法论体系。我们必须明确自己要什么，因为建构一个完全的教学模式，须融汇经验、智慧和创造，须博采众长，自主创新，深度学习。

教学模式是基于教育理论和教学实施之间的中介，一个完整的教学模式建构，需要经历从抽象到具体、从构想到实施的发展过程，其主要程序如下；

第一步，明确教育改革的要求。每一次教育改革都有对应的要求出台，需要建构与之匹配的教学模式，明确与之对应的要求，思考达成的条件，完成新一轮教学技术的训练，有超越前教学模式的打算。只有准确把握教学建模的基准和依据，我们再出发时，才可能因教育观的变化而让特定的教学任务和教学目标渗透其中。

第二步，确立教学主张。我们不能只是知道教学模式是什么，更要知道有明确的主张，才可能让建构的教学模式在教学思想和理论确立时，既不会犯经验主义错误，同时又能因个人思想智慧的体现，让实证研究得到落实。

第三步，抓好战前分析。教学建模实际就像战前战略路线的研究，有的通过直觉经验予以制订，有的通过理论演绎予以制订，有的通过借鉴创新予以制订。我们必须结合课堂教学需要，以实战为基本要求，寻找好的突破口，对课堂教学结构进行合理的分析。这是建构教学模式的重要环节，包括对将采用的战略和战术的确立。

第四步，确立模式特征。我们进行新模式建构时，会与前模式进行对比，必须参考其他模式，而后才可以制订出富有个性特征的教学模式，确立即将建构模式的类型。如查有梁教授参照教育建模特征，总结出了五个类型的模式："启发—创新"教学模式、"整体—融合"教学模式、"交流—互动"教学模式、"审美—立美"教学模式、"调查—反思"教学模式。

第五步，设计教学程序。教学模式的程序是完成目标的步骤和过程，是模式的核心内容。任何教学模式都具有一套独特的操作程序和步骤，简单适用是基本要求。

第六步，确定关键词。关键词的确立通常与教学主张关联，它是整个教学实践的核心表述，就像一个主线一样贯穿和主导整个模式，支配着模式的其他构成因素，左右着课题研究、教学实施的价值提取。如邱学华老师的"尝试教学法"，"尝试"一词便作为整个教学中的主问题而予以彰显；如陶·哈斯巴根老师的"过程完整化教学"，"完整化"成为整个模式的关键词语。关键词是建构模式的灵魂，它影响着后续的实践。

第七步，图式解释。建构教学模式是教学结构的图式化，需要给出简要的诠释，才利于操作。这一过程需要对教学流程精准阐释，需要对应用理论精确渗透，需要对教学行为要求予以规范。图式表达配合文字解读，是学习、实践、升华的过程，不能指望一次确立就达到要求，之后还需要不断总结、提升和修正。

第八步，教学试点。一个教学模式被建构，并不表示它就是教学过程优化、教学效果优化的代表，更多的还只是教学主张猜测的表达，还只是个人教学思想的具体化，此时不宜大面积推行，而应在自己的课堂试行，或在小范围内试行，参照假设进行检验，以进一步对其流程进行修改完善。

第九步，建模评价。完成建构模式的试点，进行推广前的价值评判，是非常重要的环节。条件成熟、许可的，要配合课题以论证，可以通过重要会议予以解读，或通过知识产权机构授牌等途径。

从实践育人出发，关注学习，立意课程，研发技术，规范管理，学科跨界，开放互动，这些有关教学建模的秘密在于，用有"根"的行动破解课程实施的难题。教学建模尝试，我们不可能保证一次尝试终生受用，只要结合自我教学主张进行课堂新模式建构，以往解决问题的方式、标准都会发生变化，只有当新教学模式被确定，选择问题被认为有解，新教学模式才会被认定是践行的"沃土"。

目标定好，落地很难。模式建构本就属于尝试过程，其中程序和建构方法的应用，不会像文字解读那样充满逻辑性，更多的时候是多种流程同步进行，如模式建构前六步，都没有明确的时间界定。我们只有不断总结经验，不断强化理论渗透，才可能完成一次高质量的建模。基于此，我将进一步针对在建模过程中如何渗透教学主张展开探讨。

主动作为

教学建模体现于实践操作中能产生正确的方向，让自我有力量向前奔跑，为此找到课程改革的突破口。教学建模关键在于能把好程序，操作中有许多可预设因素，同样的教学模式，可能一部分人在实践中得心应手，利于教学理论的可视化，便于转化成实际操作，一部分则认为该模式机械化，使教学流程生硬，有碍师生创造性发挥。一个教学模式被创建，其后还有更多事需要跟进。同样的教学流程，创设初期融入的教学理念和教育技术，在教学操作中往往会出现偏差，执行时需要对其理论进行第二次开发与补充，才能保证执行顺畅，而不受程序化束缚。

突破思维的束缚，教学模式不只具有方法属性，不只是一种选择，更是一种思想的更新、一种改革教育的力量。我们进行教学建模尝试，要求能体现科学操作与科学思维方法的融合，实现教学主张的具体化。教学建模，能对课堂教学结构固化，但前期只是对效果的预设，我们必须认识到教学建模是由教育科学理论转化而来，是对诸多实践方法概括而后形成教育教学行为和思维的内在基本逻辑构架，是其教育教学理论成熟和具有可操作性的标志。

教学建模至少可以改变学习与成长的生态、专业化发展的生态，围绕课堂让学习共同体深度交互成为可能。教学模式不只是一个固定行动程序，它是为完成教学目标和内容，从而对提炼教学诸要素，设定为一个比较稳定的简化组合方式，以促进思维碰撞、智慧升华。教师建模时都会带有个性化取向和情绪，将教学模式作为理念和实践的中介，包括将教学理论、教学目标、课程、教材和教学活动关联起来，以便于理解和操作，实则主要体现于模式化呈现。能将教学模式制定、实践有机融合起来，融入我们投身教育改革的激情、倾向、观念等，才可打破固有模式的界限。

学习教学建模重在通过各种途径习得精义，重在关键点是激发课堂产生质变，重在对自我掌握的理论知识、学科专业知识、教育政策法规知识、个人储备的缄默性知识等进行一次梳理，从而实现有效内化。教学建模就像采用思维导图方式，借助教学思维与操作过程模式而让其逻辑化呈现。我们对教学建模具有“内在逻辑共性”的理解和把握，才可能更加符合教育规律和时代要求。对于教学建模“内在逻辑共性”的实践，教学主张是其行动的“纲”，只有在把控教学主张的基础上加强建构，才可能真正促其运用。

教学建模尝试是在与教学深度对话中开创的一条学科路径，在知识与情感、情感与生命的互动中发挥学科的育人功能。虽然明白新模式不是对旧模式的积累，而是推倒后重建，但我们依然应看到自我建模的局限性，不能受视野局限性影响。我们应有更开放的姿态，能对同类模式或其他区域呈现的教学模式进行比较、理解,借助“教学模式群”横向解读,找出其共有的逻辑关系,才可能在群雄逐鹿中找到自我所属,从而在吸纳与借鉴中增添新的血液,保证建构的教学模式富有活力,创造新面貌、新气象。

教学建模带有审美的特质,能提升课堂的品位和效力。一线教师只要促进内生力量激发,同步提炼教学主张,就会让个人的教育思想教育方法凸显。这是徒步前行中我们价值内化的体现,是掌握先进武器的法宝。学习教学建模,会发现自我对教学主要矛盾的把控力提升,对教学结构的认知力有明显的提升。通过教学建模提升课程力,是卓越教师突围的重要隘口,所以教学建模前的基本功尤为重要。如,能看透教学模式的结构、功能,掌握教学模式建构的方法,遵循建构的原则等。为此,我们应搞清两组关系:

一是教学模式和教学过程的关系。构建教学模式侧重于抓特点、抓关键,教学过程研究侧重看顺序、看发展,两者有差异但又有共同点。教学模式中有教学过程,教学过程中有教学模式。一种教学模式,总有相对应的教学过程,反之亦然。变换教学过程常常导致教学模式发生变化,两者具有对应性、同步性。大的教学模式可以包括多种教学过程,一个大的教学过程又可以包括多种教学模式。其实,教学过程也是一种教学结构,不过是动态结构的建构而已。

二是教学模式与教学方法的关系。虽然笔者一直在言教学模式等同于教学方法,但两者有联系也存在着区别。教学模式包括主要矛盾分析、基本特征认识。教学方法是为了达到一定教学目的而选择的方式、途径和手段,两者既有差异又有共同点。一般来说,教学模式较为概括、抽象,而教学方法则较为形象、具体,在特殊情况下当然也有例外。从方法论看,建模是一种寻求事物内部稳定结构的科学方法;从模式论看,操作结构成熟的方法,也就是模式。一种相对稳定、卓有成效的教学模式,常常要运用多种教学方法;一种长期稳定使用的教学方法,如有自身的特征,则可成为某种模式。大的教学模式要运用多种教学方法,大的教学方法可抽象出较多的教学模式。较为完整地研究教学模式,不得不涉及一系列科学方法和教学方法。

教学模式主要回答的是“课堂中怎样做更好”。当前,教学模式建构研究及其运用,已经成为热点。无数的一线教师在机遇面前似乎遭遇尴尬,只能说明我们在教育理念、个人教学主张、教学操作等方面的准备不充分,甚至是对“模式”本身特征及其价值不理解或理解不充分,从心底里没有接受新生事物的想法。我们已进入课程改革门内,需要主动作为,不只是运用别人提供的模式,若能在学习他者基础上开启建模之旅,那将更有益于自我专业化成长。

查有梁教授曾指出，即使同一模式也至少有三种使用水平：第一种是低水平，其特点是缺乏理论，照搬模式，盲目实践。在这种水平上运用模式的教师，不仅不能体现模式运用的优越性，而且模式还成了他的桎梏，即使相当努力和辛苦，教学效果也甚差，事倍功半。第二种是中水平，其特点是了解理论，学习模式，重视经验。在这种水平上运用模式的教师，能体现模式的效用，成绩是有的，但缺乏创造性，事半功半。第三种是高水平，其特点是研究理论，探索模式，指导实践。在这种水平上运用模式的教师，思路清晰，主动探求，心情积极愉快，成效显著，事半功倍。①

将教学建模做成克难攻坚的引擎，我们需把握自我专业化发展的进程，才能把握自我职场价值和命运。我们常强调运用，而事实上应该是创造和运用同步，才利于内生长。这种主张肯定不只是对教学理论、操作规则、教学经验的掌握，更是看重自我创生能力作用的发挥。如应对课程改革中呈现的教学模式，笔者倡导一线教师不能只停留于模式的运用，更应挤出时间学习教学建模，生产更多的课程产品。深度学习、思考而生产产品，哪怕深受"先在性"特质的影响，导致质量不高，但其超越常规性教学研究，触动教学结构变革的根部，可能前行中不仅面临教学结构惰性的干扰，还面临课程实施自上而下的阻抗，哪怕举步维艰，但可肯定这也只是暂时的，比长期行走于黑暗之中强很多倍。

寻找促自我课程力提升的根部力量，教学建模是其重要方法，做实了才出生产力，做细了才出发展力，做强了才出竞争力。这依旧存在着诸多不确定性因素，只要坚持生成课程产品，让教学建模服务于课堂，延伸自我前行的路径，定能开花和结果。我们必须明确一个道理：一个区域内要打造教育品牌，必须全面推行适合本区域的教育模式；一所学校要打造特色，必须有全面建构体现自我办学风格的教育模式；我们作为一线教师，只有尽全力建构自我的教育模式，才可能因此而有自我的特色和品牌。

3.抓好"最后一公里"的突围

人的发展，需要有条件支持。很多事必须自己去创造条件，做了才有发展。在乡村教书，没有幸福感，没有给予幸福感的专业化发展证明，只能说明我们有很多事没有做。现实是少有教师参与教学主张的提炼，少有教师主动参与教学模式的建构，对个人能力素养与学校、教育等之间的关系忽视，导致专业认同感下降。一些事本身不存在难易，不知晓有一些事需要做，知晓也没有去做，不管是有意或无意，只要没有去做，最终都可能阻碍自我专业化发展。

① 赵伶俐．教育教学模式的建构及运用[J].教育与教学研究，2016(2)：15.

有条件支持

对教师而言,把第二次成长寄托在培训上获得发展,几乎不太现实。笔者将此发展方式称作“寄生发展”。那种参与区域内模式的实践,只能纳入“寄生发展”范畴。我们职后发展,主体意识觉醒,需要能转向“自主生长”,明显的标志在于:不再只学习知识,同时学习元知识;不再只学习策略,同时学习元策略。满足有条件支持,应注意以下几方面:

一者,推动自我素养的转型升级。在课程改革二十余载的“深水期”和“阵痛期”有所作为,着力教学建模需要基于课程力提升,才利于内发展起步,才能不断创新思想观念、改进工作方式、方法和手段,突破以往的思维定式,提出更具有创新性的措施。教育教学实践需要谋划全局,促教学主张具体化,若没有教学模式结构具体流程理解的兴趣,定然不会对具有核心竞争力的核心素养产生影响,不能对为培养完全发展的高素养的人做出贡献。如笔者开展“讨论式教学的探索”,如果没有“原规则研究”的坚持,没有对“讨论式教学的探索”这一课题的坚守,没有教学建模时对数据资源库、自媒体平台等的尝试,绝对没有捕捉一轮又一轮课改信息的敏感性。

二者,跳出作茧自缚的怪圈。除了有迎接学科新样态的心理准备,还须克服思维定式产生的阻力。教学建模落地需要“全局视野”,先前因惯性思维,常规教育教学行为缺乏变通性,才没有形成课程建设的思想共识,使教学建模应对教学生态变化的能力较弱。处于教学生态环境平衡期,教学建模能促使教师对方法的掌握和应用,迅速解决问题;教学生态环境若突变,它则会成为妨碍或束缚改革的阻力。包括上一章所交流的提炼教学主张,那也只是一种前期猜测,其透露出的思想和方法,并没有足够强大到彻底让我们放弃原有的理念和模式。关于教学建模,如果我们没有新技术运用、资源融合、跨学科整合的尝试,没有随着实践深入理解教学主张,没有强大到放弃原先的教学模式,重建新教学秩序的艰难历程是可想而知的。

三者,融汇一个人的教育信仰、追求和决心。教学模式不是“坐而论道”的形式,而是已经成形的课程产品,其根本在于凸显育人实效;教学建模属于“有我之境”的营造,是完成课程产品的生产过程,或可理解成“完善教学主张的行动”。我们多是孤独的行者,影响力弱小到可以被忽略时,不可能有一批坚强的拥护者,愿意跟随我们解决新问题。所以,追逐专业化发展需要我们有驱散阴霾的勇气。面对出现的新问题,应积极对待,因为如果新一轮教育改革没有彻底铺开,你所坚持解决问题的思维和导向,都难被别人重视。我们需要明白自己进入非常规时期,所有的践行还只是对效果承诺,它只代表个人行动的新秩序。

四者，真促内生长。教学建模属于专业化发展的自觉行为，它表现为学习与生活的自律性、有理想、自我管理、专注和有较清晰的目标。打破常规教学束缚，敢于抛弃低效教学模式，敢于尝试建构符合新时代要求的教学模式，在专业化发展中形成一种自我调控能力，才会真正促进内生长。如人们效仿江苏洋思学校的“先学后教，当堂训练”教学模式，山东杜郎口学校的“三三六”自主学习教学模式等，其中的“自律”和“自觉”无不是自我专业化嬗变的秘密。当今存在着一种非常不好的学风：渴望拿来就用，这典型的拿来主义，只能导致失败。而失败的原因在于与内生长规律相悖，拿别人的教学模式来运用，因为缺乏对“认知的认知”，没经过内化又怎能成功呢？

当下，模式正值盛行期，顺应课程改革的模式纷纷登台，大多甚至被强力推行。一边是组织者见新模式推广呈现热闹场面，鼓吹一大批优秀教师培养出一大批优秀学生，鼓吹课程改革获得前所未有的成功；一边是各学科课堂被折腾，表面的繁荣难掩低效或无效的局面。一个区域内，可以通过行政手段促一种教学模式强制推行，若没有教育思想理论体系的建构，没有完善的学科科学体系，它永远不可能引发人的内生长。我们应认识到，自主尝试教学建模，是应对模式之热趋利避害的有效方式。

五者，自我赋能。进入教学非常规时期，主动借鉴和尝试建模，将一些新想法借机整合创新。我们必须摆脱这样一种病态：推行一种教学模式，抑或被认为是提升教学质量和落实课程改革的佐证，抑或被当作一个区域、一所学校教育特色与品牌的见证，抑或将建构并推行某种教学模式纳入重要事件。考究被人们推崇的教学模式，发现渠道不过源于两个点：一是外援，如云南孟照彬老师构建的“孟氏有效教学理论 MS—EEPO 操作系统”，在一些区域内被引进；二是本土专家主导产生，如重庆沙坪坝区全面推广“学导式课堂教学范式”。教学模式被强行推行，最大问题在于缺乏理论准备，在执行过程中多会缺乏自信，这种教学多是无效的。

尝试教学建模，有必要认清以前教学模式对应的课堂行为。回顾以往，常规工作主要致力于学科知识求解，课堂教学结构多不被外界关注，当下随着课改深入，对突破传统已有了回归的迹象与趋势。学习教学建模，探寻实现的路径与策略，只有打破常规状态，进入非常规状态，关注新课题，同步形成新的教学方法，哪怕处于不成熟状态，若在试行中进一步完善，也定会悄然积淀教学建模相关的缄默性元知识。

六者，引发课程变革，为自己提供基础教育课程现代化发展的新机遇。教师第二次发展，不会再像学生时代那样，有强大后盾作保障。职后发展通常会被职场忽视，为师者只有自我重视，才可能迎来职后第二个春天。对于职后发展而言，严重的挑战在于跨越式发展，在于元知识、元策略的习得。这也是为何笔者总在强调，每经历一次教育改革，总会产生一些区域内的教育模式，人们也总被牵着鼻子走，这还不如自我自觉地建构教育教学模式，还不如掌握教学元知识和元策略。

教学模式践行，是职后发展方向的佐证，需要从课程价值、课堂制度设计、物质载体、实施主体等层面统整。若只是浅层参与，应用教学模式以求最佳效果，有限视域只会忽视模式相关的核心方法论，不会重视“系统辩证法”和“教育建模论”；只会聚焦教学问题而求得好的成绩，不会思考模式建构“内在逻辑的连贯一致，外在经验的整体证实”等。

勇敢尝试

学习教学建模，最需要的是能落地，包括技术思考和主体间性呈现价值的追问，包括技术理论和教育需求的沟通。只有着手教学建模尝试，准确把握教育课程现代化的价值，对课堂结构的理解才会更精准，对教育教学模式建构流程才会更熟悉。如明晰建模要求，需要抓住特点，理解过程，化繁为简；落实模式践行，需变换程序，重视细节，由简到繁；抓好模式评价，需研究条件，超越模式，灵活多变。如此实证，贯穿于“培养什么样的人”“怎样培养人”的深度实践中。

以上这些，尽是回答为什么需要自主教学建模，以及如何有条件满足自主教学建模。追逐专业化发展，涉及教学建模板块，关键在于掌握建模技巧，建构自我教学模式。学习教学建模，建议我们能遵循“三原理”①：

一者，模式变换原理。教育模式与教育过程是既有区别又相互联系的，两者之间的反馈、调整不断变换，才可能实现一定的教育目的。只有充分认识原型的内容与形式，理论与实践相结合，进行适度的简化和科学的抽象，才可能成功地建模。

二者，模式孕育原理。教育模式应是开放、发展、进化的。初级的教育模式中孕育高级的教育模式，高级的教育模式有待于发展到更高级的教育模式。只有目的明确，针对问题解决，从发展上认识模式的多种类型及其使用条件，才可能合理地建模。

三者，模式包容原理。应用教育模式应当是多种教育模式的综合，综合模式包含相关模式，形成整体结构，从而才可能发挥更大的整体功能。只有进行模式的检验、变换和组合，整体地将理论、模式和实践三者结合起来，才可能有效地建模。

教学建模的终极目标是为人的发展服务，既包括学生的发展，还包括教师的发展。当下，区域内或学校的模式推行效果往往被打折扣，总感觉差“最后一公里”，原因在于只是运用模式运输知识与真理，而不让教师接触建模领域，获得专业化发展。哪怕当前某区域内正在强力推崇（推行）某一教学模式，总感觉与假设目标达

① 查有梁.系统辩证法与教育建模论[J].教学科学研究，2017(1)：10.

成有距离。建议不妨来一场项目学习，将建模学习作为一个课题项目固定下来，如果条件不具备依然可以采用自发的方式，不仅可从教学模式概念上认识元知识及元策略，而且可通过教学实践创生新的课程产品。迎接个人成长第二个春天的到来，建议做到以下几点：

一是，让教学建模活动成为孵化器、创新坊和动力源。课程力提升需要用闲暇时间慢慢“煲”。教学建模学习是一条漫长的提升之路，建构模式、掌握模式，最终为了“超越”模式。从整体上看，建构模式须经历建构—超越—再建构—再超越，即从建构模式到超越模式，再到建构更高水平的模式，然后再超越。总体而言“建模方法”仅仅是现代科学方法中的一种综合方法，从建模到再建模，建模永无止境，是课程领域整体系统变革的内在要求。

全面推进课程现代化转型，研究模式，摆脱模式，超越模式，路径有两条：一者在教学实践中借鉴和运用模式；二者在教学实践中构建和创新自己的教学模式。给予正确的抉择，开展教学建模活动，忌讳搞形式主义或模式化的东西。自己没有深入研究，只是套用别人的东西，然后弄个与众不同的新名词，冒称自主创造，实则掩耳盗铃。

二是抓好教学建模的顶层设计。人的发展更多体现出时代的发展性和契合性，推动课程结构的全面优化，应及时做好经验积累、模式提炼和策略提升，这属于与之相关的重要工作。寻找影响事物或过程的因素，了解各因素之间的关系，以及各关系的发展变化，进而建立反映事物内部关系和发展变化的模型，对事物或过程做出科学的描述和解释，发现其中规律，是科学研究，也是教育研究的常用方法。建议我们通过网络平台，找出几种教学模式，如魏书生老师的六步教学法、龚春燕老师的创新学习教学模式、谭小林老师的读思练课堂导学模式等进行研读，不仅对当下前瞻性模式有所了解，同时对其模式结构进行解剖，了解构成要件以及建构的背景和过程，才能为教学建模提供经验。

三是开展好教学研修。关于教学建模研修，有关模式群的概念有必要再给大家说明。教学模式主渠道源于区域性教学模式的推行，通过概念引进或区域内专家生产的方式，一种自上而下的行政手段，促课堂理念和教学方式改革。积极应对区域内推崇的教学模式，展开实践应用研究的同时，我们应以此为契机研究教学模式、研究课堂结构，结合学科要求和自我教学主张，对前教学模式进行改良，生成对应课程产品。以此方式进入前模式子系统，这依然属于建模学习的捷径。区域内推行的教学模式，可称为总模式，围绕总模式建构的学科教学模式可称为子模式，若干不同学科、不同教学主张对应的教学模式集合，便推动模式群的产生。模式群的影响力虽然仅限于学科和个人,但因积极参与总模式群的应用研究,子模式作为总模式的拓展,易被总模式组织认可,促自我转化生成中间成就值。对于教学建模的初学者,积极参与子模式建构是睿智的体现。每一轮新课程改革,都会产生新的教育理念和要求,若已有一次子模式建构经历,在新一轮课程改革中依然参与子模式建构,那么对后续发展已然没有多大益处。前一阶段,像不会走路的孩子需有扶的过程;当一个孩子已经会走路,依然被扶着走,是不利于致远的。这需要我们能围绕自我教学主张,敢于大胆创建专属于自我的教学模式,自我未来发展才会因独特而有品性。

四是,铸就人格化的品牌意识。有关课程现代化的问题,教学建模实质上是人的现代化问题。区域内学会独立行走,因行动彰显独特的人格意义,从而给予未来拓展的空间,才可能在课程力提升进程中找到价值秩序。在乡村为师,依旧受空间秩序的影响,稍不注意就让自我价值下降,若我们抓住每一次课程改革的节点,在有限的空间促内生长,将是凸显自我课程产品品牌战略的有利时机。

我们的教育必须坚守以人为本的底线,必须保证按照课堂的一系列基本原则去工作。这是教学建模符合课程现代化转型的价值原点。每一个人都有专属于自我价值的认定秩序,且都有一个共同的特征,只有自我能力素养内驱动力系统持续增长,理想才有成为现实的可能。在乡村教书,生存空间本就是一道考题,能认真分析优势和劣势,敢于突破常规,迎接挑战,抓住关键时间,做关键的事,机会才会随之敲门。

九、有拿得出手的精品课堂

教师是什么人，远比他教什么重要。那些没有目标或目标不明的人，辛苦地穿越几十个春夏秋冬，其悲哀莫过于只有里程，却没有进程。

“教学主张、教学建模、精品课堂”三个方面，是为师者最重要的目标技术，这三个方面分三个章节连续呈现，是希望读者明晰卓越之师须习得这三个最重要的功夫。我多是后现代主义者和理想主义者，视野的着力点通常都指向未来的时间。我从没有忘记昨天，也不敢对此忽视。我经常发现同样是做一件事，人与人之间因为思维和行动的差距导致结局的天壤之别。

在乡村教书，总有少许人乐观积极向上，不计条件，敢于面对眼前的一切困难，敢于拼搏，最终成绩卓越超群；同样是在乡村教书，为何太多人盯着眼前条件，持悲观消极态度，最终一生平庸呢？原来，物资不是致使卓越的决定性条件，目标技术才是决定最终的差距。

当下，如课程力、教学主张、教学建模等，一些的确存在的目标技术，却成了人们觉察不到的东西。在本章和大家交流精品课程生产力，我将它纳入目标技术范畴，是因为其生成之理和前面所讲如出一辙。人们渴求精品课堂，看到的只是他者课堂精湛的教学艺术，溢美的语言之花，强烈的情感共鸣，浓厚的文化魅力，如若不思考其目标生成条件，不思考与“我”“我的”关系，没有“课程属于产品”的意识，又怎会有提升呢？

课程改革进入深水区，对乡村教师而言，除自然条件受限外，外部发展环境及平台并不低于同时代的他人。站稳课堂，着手内功修炼，铸就强大的内驱动力系统，比任何时代都有巨大的可能性。说句真话，笔者深知课程力提升、教学主张凝练、教学建模等，在乡村与城市间早已存在距离，尤其是在课堂中因数字化信息的差距，导致两者间差距越来越大。这些虽只是一个风向，不能实质性说明什么，但依稀可见城乡差距之源，在于对这些目标技术的把握。

课堂教学达成有效教学目标技术，生产精品课堂(产品)，需要强大的课程力支撑。这个世界，最大的差距不是自我与他者之间的距离，而是自我今日与自我明日之间的目标技术差距。我们与他者之间存在着差距,评价条件本身就存在不一致性,诸多条件不在同一起点,这种比较本身就无意义。能自己与自己比,以追逐卓越为目标,匹配与时俱进的技术,方才显后劲。

我们必须明确:精品课堂生成,教学风格形成,此在虽然存在着层级之分,但执教者自身潜质没有可比性,只要修炼点得当,积极的心理朝向自我极富潜力点掘进,完全可以达到他人无法比拟的层级。最现实的是,人们倾向于将精品课堂中执教者的教学风格进行艺术化理解,并推崇其稳定的思想观念和精神气质,甚至将之神化,但我更倾向将注意力投放在“我”“我的”教学行为之上,除了注重价值评判,更看重行为事实,包括教学经验的可控。至此,将围绕精品课堂生成,进一步探讨三个易被忽视的细化后的目标技术,即教学风格塑造暨谋求教学个性化的表达、“非常名”与“非常道”暨构建“精品课思维”和多形式课堂产品暨重视教育写作。

1.铸就富有生命张力的教学风格

课堂教学得以成功,形成自己的教学风格,自己的教学境界得以提升,不能缺少强大内驱动力系统的支撑。一个人的内驱动力系统可以通过修炼得以提升,短期内的动力势态多处于相对平衡状态。教学风格作为教师教学成熟的标志,对此,笔者习惯性探源,视角停留于成熟之前,对原因追踪。

思想的具体化

教学风格是教学思想的具体化,属于目标技术系统的外显表征,它也是精品课堂生成的重要条件,与教学主张、教学建模彼此间协作,方才达成合目的性。如若只考究教学风格,只观察教学行为轨迹,也依然会发现存在着系统性,人人都有独特的体质和潜质,神化教学风格,自我行为不落地,最终结局就多如诗人臧克家所描绘之境:“人生永远追逐着幻光,但谁把幻光看作幻光,谁便沉入了无边的苦海。”

风格是思想行为具体化的结果,谁在风格研究中追逐行为具体化,谁才可能赢得成功。风格具有相对性,每一位教师都可以通过努力,在教学过程中依靠自我情智行事,促进教学充满特色,体现超高层级与水平。当下问题是,无数教师悲叹生存条件差而意志消沉,加上方向不清楚,感觉前景渺茫而颓废。一个主体意识未觉醒和缺少扎实行动的人,该怎样从头开始塑造自我教学风格呢?

教学风格是目标技术系统的子系统,短时间内具有较强的稳定性,通过修炼发挥时间的累积功效,才会促其得以提升。我们观赏名师课堂,欣赏教学呈现的精彩,惊叹他们对教学内容的独特处理、教学方法的独特运用以及表达方式的独特设计等,心中无限赞美,却不知名师时时早起,于多年前便开始追逐,而我们却原地踏步。其实，若想在自我教学时彰显思想的张力，凸显语言的韵味，不免追问自我如璞石时是否敢于接受雕琢并全力追逐课程力的提升。

教学风格属于思想行为表征，相对于课堂呈现的显性知识，教学风格属于它的附加值，属于缄默性知识的范畴。专业化发展需要给予自我强大的理由。人群面对此在的“我”，像在茫茫人海中前行一样，出于自我保护，需刻意掌握“融入”的技巧，但专业化发展与之不同，教学风格一旦彰显，透露出的艺术性会接受审视。烈日炎炎的荷池，万绿丛中给予点缀的花红，最具有吸引人、感动人、启发人的魅力，教学风格的呈现也是如此，它多会经受准备之苦，大量铺陈性工作，才会让自己的教学荷塘荡漾着绿意，这一切都只为最后的那点花红被惊鸿一瞥。这过程需要修炼，需要积淀，才能为花红的出场做好准备，最终爆发似的抽身出花红，留下艺术之美。这正如尼采所指出的：“艺术是出场的方式。”这种出场方式，是“对生命最强的刺激”。

教学风格作为课堂教学闪亮出场的凭证，稳定性是其重要表征。笔者认定的表征，都是此在的产物，对于过去再无发展性。我们应看到，今天的此在是未来发展性延展的基础。教学风格稳定性的趋势，多像某位作家某一时期的作品，或某位画家某一时期画作，哪怕呈现不同的内容，也多会体现出统一的风格(艺术化的展示方式)，彼此作品间存在着的“亲属关系”，他者一眼便能确认。这种稳定性带给我们理解上的困难，因为我们只有此在的印象，而忽视了其含辛茹苦“哺育”的过程。

面对自我的教学，提炼教学主张，彰显人性关怀，张扬灵性，深刻把握要义，哪怕自己是一块石头，也同样会生成丰富的思想内核和内容。我们必须看到，稳定性属于教学风格的表征，但也更应明白发展性属于教学风格的生命，其稳定性需经濡化的过程，在教学主张、教学建模趋向于稳定之后，于某一时期内方才得以定型。我见过擅长画石头的一位画家，近年画风稳定，在于他所画的石头，尽露“石骨”风韵。当然，这种稳定的画风，在于画家一路走来，勇于对自我这块“石头”雕琢，方存“石骨”气势，最终画石方才如“石骨”。铸就教学风格，同理需要经历不间断的调整、丰富、完善和发展，才可能生成内化。

任何课堂行动，不可能只为完成一事、体现单一意义而存在。即使是常规课堂，我们也必须明白：“风格离不开思想，风格靠思想站立，风格用思想雕刻而成；风格怀着思想行走，风格表达的是思想；有思想的内涵的教学风格，才会如希腊文所认为的风格是‘直线全’，如拉丁文认为的风格是‘雕刻刀’，才会有思想的深度和张力。"[①]我们身为普通教师,只有敢于接受雕琢,才可以在开放的时间内,让思想及艺术充溢课堂。

笔者多年前曾提出"让课堂教学在'小溪里接受洗涤'[②]"的理念,源于参与课程课改以来,新的思想、新的理念杂糅于课堂实践,自我越来越理不清、听不懂、讲不明。那时,我在乡村教书,有新决定,源于聆听了路人建议:"如果选用洗衣机洗衣服,觉得费时,不如多走几步路,到小溪沟里清洗。"真解决此在的现实问题,着眼点是心态,只有多走几步路,到小溪沟里清洗,才会彰显另一番新意。

教学《古诗两首》(人教版四年级上册)的第一首《题西林壁》,我采用的是"读、查、画、写、背"的方法。教学后得到反馈,发现已达到教学目标,也突破了教学难点——理解了诗句和诗中所含的哲理,可依旧有一种说不清、道不明的失落。

教学第二首《游山西村》时,受"还不如多走几步路,到小溪沟里清洗"的启发,调整先前的预设,抛开教参的束缚,联系生活,引领学生想象诗歌所描绘的景象,感受诗人的心境。这样,多走了几步,给课堂注入了一池活水,结果把课上"活"了。现摘录部分教学片断:

师:同学们,老师读了这首古诗后,深深地被山西村民们的那种待客之道感动。知道我是从那一句诗中悟到的吗?

生:一定是"莫笑农家腊酒浑,丰年留客足鸡豚"这一句。

师:是的。我读这句诗时,感受到诗人在山西村做客的情景,就像刚刚发生在我们土家山寨一样。我想起到乡下做客时,就曾得到过这样的款待。同学们想一想,他们拿什么来招待诗人的呢?

生:浑浊的腊酒。

生:还有鸡腿。

师:还有其他吗?

生:还有猪肉。这里"豚"是"猪"的意思,不是"腿"。

师:纯朴的农家人,用腊酒、鸡肉和猪肉来招待诗人,那场面不全是在吃呀,可以想象他们一定有说有笑,互致祝酒词。读这两句时老师仿佛听到农家人非常谦逊的话语和诗人发自肺腑的感言。我们再读读,看看哪句是农家人说的呢?从哪几个字词中可看得出?

生:"莫笑"有点像我家招待客人时所说的客气话。

生:农家人一定在说,请您这位大诗人不要笑话我们拿出这样浑浊的腊酒来款待您哟!

---

① 成尚荣.教学风格的认识与追求[J].人民教育,2007(20):39.

② 钟发全.让课堂教学在"小溪里接受洗涤"[J].教育实践与研究:小学版(A),2008(2):27-29.

师:其实,不只是农家在说客套话,诗人也为这情所动,吃肉、喝酒之时,不免一番赞许。大家再想想诗人是如何做回应的呢?

生:作者见满桌都是香喷喷的酒与肉———“足鸡豚”,一定在称赞今年是“丰年”!

生:以前,在我家的宴席上听客人说“丰年”,我听出了那多有感激丰盛的款待之意。

师:下面,大家再读一读这首诗的后一句。我在查阅资料中,见有些书上说这里是写景发表议论的,但我觉得这两句是诗人吃过饭后,与村民们拉的家常。你们读读,看是不是这样的?

生:是的,他是在说:我来时,只见这里山峦重重,水道弯弯,正怀疑前面无路时,忽见柳绿花红,真没有想到能见到这样一个美丽的村庄。

生:我猜想,当时诗人一定是对山西村熟悉后,才谈出此番话的。这里多有赞美之意。

生:是的,前一句写诗人赞美丰年,说这里的人好,这一句是赞美这是个好地方。

师:此情此景勾起了我无限的遐想,仿佛大家与诗人一道正重游山西村。作者叙事、写景,寓情于景,整首诗无一字写“游”,但我们却能处处发现作者的身影。通过这种影随人移,情景交融的写法,呈现出一幅幅清新优美的画面,我们再来读读,读出自己的感受。

……

教学完这首古诗,心中的快感来自这充满活力的课堂。回过头来再次审视,多有一种“山是山”“山不是山”“山还是山”的感觉。在《游山西村》的教学中,能说它游离于新课程理念之外了吗?难道仅仅通过“读、查、画、写、背”几个流程,就能让学生对古诗的意境有“一览众山小”的感觉吗?以前满脑袋的新课程理念,教学时便显得亦步亦趋。所以我们需要引来“活水”,将实践中所留存的负面影响冲洗干净,以崭新的面貌根植语文教学,以崭新的视角使教学如行云流水一般。

凸显教学风格,课堂教学并不缺少活水,而是缺少轻装上路的思考,缺少引渠放水的思维。课堂本应是学生诗意地存在的一个“意义世界”,我们所能做的,便是让自己的教学风格与课堂相融。以上是笔者当年乡村教书时的一次教学实录和课后反思,堪称一次引得活水的实证。

教学风格并非奇思妙想,主要是在课堂中教学目标的落地,是教师自我个性化的表达方式。在笔者看来,在具体的教育教学行动中增添解决困难的办法,乡村教师有乡村教师的优势,教学实践受启发的方式有着独特的生态系统,只要拥有思想便可给课堂提高质量。课堂教学,像生命的存在一样,也有新陈代谢,需要充足的营养和对机体的调节,需要洗尽其浮躁。给课堂教学“一池活力”,让他人发现这个世界的美,是课堂彰显教学风格,凸显教学追求的终极目标。课堂教学的活力,源于对生命连续性的唤醒。课堂教学渴求新思考、新行动,唯有这样,教学才会活起来,才会更有实效。

智慧彰显

强化教学风格的修炼,强化智慧彰显,强化教学本真回归,融入人性关怀,是其具体精神生活的体现。因此,在教学中对道义的坚守,树立正确的三观就显得尤为重要。我曾见过一些反伦理的课堂,如教师的“麻辣”语言:“想当赌王先学好数学”“要学就学有用的数学,学能当赌王的数学”等,这样的教学实质是对伦理的亵渎;再如我曾见过反本真的课堂提问:“同学们,你们见过有几十斤重的小鸟吗?”回归教育本真,并非一件容易的事,需要长期坚守,能将道德聚焦在课堂中的任何环节,体现人性的伟大,有孺子牛般的虔诚,有善待万物的大爱思想,骨子里浸透真善美,课堂才会体现出真爱。

教学风格是目标技术具体化的表现,智慧凸显是它的又一要义。教学风格是彰显智慧的教学过程,最大的特点在于能将传授的知识转化为智慧,能将习得的技术转化为知识。智慧教学在教学过程中居于主导地位,教师最具智慧的教学风格是能用智慧统领知识,彰显智慧的重要性。记得多年前,笔者曾教学“舞”字,为让学生对这一个汉字产生形象感知,以“舞”为形,做出象形姿势示范,让学生对“舞”的字形字义快速掌握。在课堂教学中,如能增添文化底蕴,教师身份从主动转为被动,促进学生主动,张扬教育场域的悟性和灵性,教学才会魅力无穷。在课堂教学中,智慧体现于课堂对若干教学环节的处置之中,智慧融入并非张扬,也不是炫耀,更多是教学过程精细化的处理,让教学方法恰到好处,让学生学到知识的同时,学会思考、学会领悟,让智慧悄悄地生长。这一切离不开学习,离不开实践,同时也离不开自我行为的“塑造”,让自我离真理更近,其教学风格才会形成。

教学风格是目标技术教学价值最直接的反映,强化智慧彰显,往往会出现“人课一体”的现象,见其人如见其课,见其课如见其人。教学风格贵在追求,绝非名师的专利,关键在于我们不浮躁,不急功近利。在乡村教书,哪怕没有条件也要创造条件,没有机会也要创造机会,要有目的有计划地追求精品课堂的生产,方才能促进自我教学风格的突破。

当下,我们需要不间断提升自我课堂教学水平,像阅读一本小说一样,欣赏一幅美术作品一样,外显内容实是作者内心的反映,甚至是作者目标技术的具体化。提升课堂教学水准,塑造自我教学风格,完善自我的目标技术,形成独有的教学魅力，只有通过对思想、道德、智慧、价值和心理等逐一修炼，最终融会贯通，方才能满足教育、教学、教研等的需求。我们还应看到，风格修炼到人格外露，与师者教育理想、情怀以及心中驻守的道德相关联，最终呈现无限审美的价值。

知识形成靠传承，教学风格靠内生长。强化智慧彰显，我们踏入课堂，不能只是回答“正在做什么”，而应有对“我主张什么”作表达。教学风格彰显魅力，在于为教学主张铸魂、守魂。教学风格贵在价值彰显，若枯木没有生命表征，木然于课堂，只能是对学习者的折腾。

教学风格是智慧的外显并不抽象，它是师者教学技艺成熟的体现，是具体目标技术及要求的表达方式。为师乡村，不是阻碍精品课堂生成的理由，只要给予教师修炼的时间保障，使其认清自我知识背景和结构特点，坚持理论学习和实践总结，坚持教学相长，主动立于教学改革前沿修炼自我的目标技术，用掌握的前瞻理论指导实践，就定能铸就富有生命张力的教学风格。

2.着力于课堂目标技术的提升

当下，只要咨询“受到最大冲击的是什么”，估计很多教师会言智能时代到来，爆炸似的数字信息让人不堪承受。数字信息的确改变了教学方式，但它并没有使我们变得聪明。笔者以为城市教师与乡村教师的最大差异，除了生存条件外，更在于数字信息的使用频率。事实是，智能时代降低了人们的劳动强度，解放了人们的双手，却并没有使大脑变得更聪明，原因在于人们总是忽视目标技术的功效。借此，我们进一步探讨：目标技术与精品课程思维的相互影响。

即使在乡村为师也别颓废，因为乡村依旧是专业化发展的伊甸园。做一个有作为的乡村教师，着力于课堂目标技术的提升方才可称务本，有拿得出手的关键本领，才可确立自我的职场地位。纵观教育职场，会发现无数一线教师对名师的敬仰，不亚于人们对明星的仰慕。名师来自一线，超越了普通教师。我们只要扎根于课堂，超越普通课堂，才有成为名师的可能。德国教育家、哲学家雅斯贝尔斯(K. Jaspers)曾说过，“他们不是普通人，而是敢拿自己来冒险的个人。这个冒险既是现实的又必须带有想象力。”[①]考究发现，名师能从普通中走出来，必然有着非常之道，超越常规之道。其实，一切贵在有超强的目标技术支撑着课堂，贵在自我教学主张由模糊变清晰，贵在教学模式更科学，贵在教学风格更具有魅力。

精品课程思维

专业化修炼，着力于课堂找到适合自我的出路，才是智者的抉择。着力于教

① 王之望.文学风格论[M].成都：四川文艺出版社，1986.

育，佐证名师之名的方式非常多，如擅长于示范教学的，擅长于课程建构的，擅长于理论建构的，擅长于著书立说的，擅长于班级管理的……着力于教育教学行事，于某方面有着强大的课程力支撑，关键在于有拿得出手的核心本领。为师者都有自身独特的潜质，同时也存在短板，自身潜质早已告诉自我可以朝向某一点发展，需要规避自己的短板以防进入死胡同。为师乡村，只要我们立于课堂，有一个聪明的大脑用于对课堂规律的认知，有颗温暖的心用于对教学过程的把控，定能找到给予“非常名”的“非常道”。

追求卓越，构建“精品课程思维”，需要拿到出手的核心本领。核心本领需要教师孜孜以求，更需要有正确的专业抉择，围绕目标让专业技术得以提升。如运动项目，一个运动员只选择一个项目作为核心本领刻苦训练。为师者亦如此，虽然走进课堂需要必备的专业基本素养做支撑，但却并非得样样都精通。然则，我所知晓广大乡村教师的心里已经形成误区，他们大多只认可那些献课型教师。如果只抱有这单一目标价值的认定方式，注定无数教师难有卓越成就。当前，需要改变自我价值的认定方式，对自我潜质有新的认知，而后采用“非常道”，才会有拿得出手的关键本领。

人们推崇的优课，完全可以参照目标技术对其构成予以分解。如大赛中呈现的课，它多是一个智囊团队的成果，教学理念的确立，教学流程的固定，教学环节的设置，教学技术的运用等，不同的人在其中发挥着协同的作用。但是最终，大赛的结果只是对献课教师成绩的认定，导致我们短视，而对其背后人们的辛劳付出看不见。看名师献课，只要对其近年授课情况整体观察，便会发现他们所授课多着力于某一学科的某点，甚至是同一课题在不同地方复制风采。如语文学科名师献课，我没有见过一位名师是全才，能在阅读、作文、识字、口语交际等方面都献课，我也没有见一位名师在阅读教学中对诗歌、小说、散文、戏剧等不同体裁的文本教学都精通，所见更多的是他们结合自身潜质做选择，如只在作文教学某一方面作研讨，或只在鲁迅作品方面深入研究，将自己的目标技术点确立得非常细，而后加上多年的内功修炼，方才有登峰造极之态。

或许是深受现实主义思潮的影响，无数教师目标技术价值取向的着力点虽然定向于课堂，但是视野里似乎只有优质课和示范课。或许是深受宣传作用的鼓动，所见的阅读面只是与此相关的人和事，如窦桂梅执意教书，魏书生改行当教师，支玉恒40岁才走进语文课堂等。外界导向有一定的参考价值，但只有自我认定并敢于找到着力点，才会真有贴地前行的感觉。

构建“精品课程思维”，立于课堂需要有自己拿得出手的核心本领。为此，我建议排除两种倾向，一是杜绝“雕虫小技”掩人耳目，二是杜绝“眼高手低”什么物化成果都没有的结局。立足课堂追逐专业化发展，可以通过精进实现跨越式发展，教育职场里绝对没有跳过奋斗历程而获得发展的人。在我看来，只有自觉追逐精品课堂，走好人生每一步，把握住发展的关键年、转机年和转型年，达成完全发展以实现跨越式成长，才会对实现教师人生社会价值最大化产生积极的推动作用。

走进教育职场，站稳课堂，教育人生的每一步都需要抉择。如新教师入职阶段，很多人走了弯路，其中乐于接受前辈课堂经验，进行模仿者居多，但对风格思考摸索者甚少。调查显示，工作前五年，82.6%的教师主要关注的是备课与上课情况，仅有10%的教师关注教学风格的形成[1]。而后教师进入分化定型阶段，由于对待课堂的态度和自我的取舍不同，最终造成：一部分教师陷入职业倦怠，对教学工作产生烦恼，甚至厌倦的情绪；也有一部分教师积极应对压力，从工作中不断收获正能量。分化过后，一部分教师退守，一部分教师突破，退守者进入漫长的高原期，敢于突破者坚持创造性地前行，向“准学者型教师”目标发展，而后仍然坚持不懈，由“准学者型”上升为“学者型”。

朝向课堂的方向努力，一个人在确立目标技术时不能盲目跟随大众视角，只有真正的随心和随性找到适合自我发展的点，通过不断努力才会有拿得出手的核心本领。这过程，要求我们在入职后一年至五年的关键年，能自我重新认知，开始重视专业化发展方向，力争有拿得出手的核心本领。我们应看到，真正的名师不是少年靠优质课赛获胜，虽然荣光一身，但若没有多年不间断进阶与转化，没有多年的淬炼与升华，是难以继续在课堂走远的。年轻人成为名师的非常少，虚假的名师只会很快销声匿迹。我们须看到，源于课堂修炼而拥有拿得出手的核心本领，必然打上个性和品质的烙印，内驱动力系统包括价值观、态度、教育信念、自我效能等体现出的积极和高效状态，不仅有“成熟”，还要有“创造”，不仅有“知识”，还要有“智慧”，让自我有责任担当意识，走得足够远，站得足够高。

我们应注意，一个人在前行中考虑目标技术达成条件越多，往往最后会取得的成功越少。有很多实验表明“思考你在做什么”往往有碍生产，被阻止概念化行为的人比用理性描述过程的人表现得更好。在乡村教书，能否有拿得出的核心本领不在于短板，而在于特定情况下能完成他人不能完成的事情，或有自我生成的课程精品。如果我们在前行过程中不只靠理性，不只凭直觉，而是能把要做的事缩小到可以解决的范围内，那么，促进自我成功的根率肯定会更大。

我们不可忽视，自己的阶段目标没有创新的时候需要技术突围，往往凸显模仿

① 卢真金.教师专业发展的阶段、模式、策略再探[J].课程·教材·教法，2007(12):68-74.

的功效。首先是模仿名家高质量的教学技艺,认识到自己的不足,从而找到发展点,获得前进动力和智力支持。我们每一个人都可以结合自我选定的方向,找到与自我个性、经历相近的同类型的名师进行学习,在解决面临问题的方式上谋求共通之处。如此长时间吸取精华,易促进自我由模仿走向创新。

“非常名”与“非常道”

我们需要认清自我的目标技术,进行优势突破。个性心理特征对一个人的影响非常大,只有着力于精品课堂的生成,敢于独立思考,善于发现自己的长处,坚持发展自己的优势,在学、行、思的结合中不断探索,在学习和实践中思考,在反思和实践中学习,在学习和反思的基础上实践,如此循环往复,才能真正让自我拥有拿得出手的本领。

“道可道,非常道”,在于对特殊目标的确立。我们必须确立精品课程思维,以达成特殊的目标,这需要从两条路径着力展开探索。一是优质课,也可以理解成汇报课;二是常态课,须把常态课当作优质课上。站稳课堂,赢得课堂,生成精品课程的两堂课,都不能缺少。曾经有一位名师朋友,为鼓励笔者前行,给笔者开出的秘方就是这两条。

代表一个人课堂教学最高目标技术水平的课,需要接受打磨。为自己准备不同课题的两堂精品课,只要我们的教学主张经历提炼、完成教学建模、形成教学风格,就定会从教材出发在文本中找到灵感,从文本出发谋划,独有的审美视角让自我创生与众不同的课堂。如此准备,定能促成精品课程生成,获取认可就没有问题。可能有人质疑这一判断,大家不妨听听笔者曾多次与人交流有关“旗号”的一个比方:

好课依靠标准产生,大家应该不会怀疑这一价值判断。且不论标准设置是否科学、前瞻,至此只谈标准产生与好课产生之间的关系。

参加优课赛的人都知道,赛前将给参赛教师和评委预设评价标准,教师参照标准授课,评委参照标准评出等次。其实,课能否得以好评,不可忽视两个原因,一是谁在订制标准,二是标准评判权掌握在谁的手中。参加优课赛,参赛教师手执评课标准,却多处于弱势状态,毫无主宰裁决权,被评为好课的难度自然上升。其实,只要看看名师的汇报课,自然会感受到另一番情形——他们的课,都是好课。

名师的课,除了传递新的理念外,还在于对评价标准的把控。名师之课的评价标准,多根据他们的教学主张、教学建模、教学风格等而定制。虽然授课前与授课后没有将其明示于人,但评判标准早已呈现给人们。

我们先谈对名师的印象,再谈这标准。名师出场最先呈现的是什么?不外乎两个，一是所处门派，如浙派、徽派、川派等；二是教学主张，如童话作文、情境作文、漫话作文等。门派属于旗帜，教学主张属于旗号。大家想想，鲜明的旗帜与旗号呈现，这难道不是评判的标准？其标准订制权属于授课专家，虽给予其课裁定好坏权是听众，但事先却产生倾向性，何愁好课不生成？

了解到以上这些，再试想我们的课经历打磨，而后再上，结合自我教学主张、教学建模、教学风格等，也于课前拿出好课评价标准，也学名师在课前以鲜明的“旗帜”和“旗号”示人，在教学行为没有经受其他标准与之冲突的前提下，何愁好课不生成？

评好课，我更倾向于采用“劝酒说”作为评判标准：

一堂课的好与差，其情形就像一个人带领一群人入席就餐，教师好比其中的“酒司令”。根据“酒司令”劝酒水平和食客的醉酒状态，可对其优劣予以判断。最好的是“酒司令”醉了，食客也全部喝醉了；次之则为，“酒司令”自己喝醉，部分食客跟着喝醉；再次之则是，“酒司令”独醉，食客成了看客；最差的是，“酒司令”不在状态，食客少喝、没喝或拒绝喝。评课与此同理，具体以师生课堂互动倾情状态为参照标准，也可评出优、良、中、差四个等次。

“劝酒说”作为好课的评价标准，对达成有效目标实有一定道理。我们应看到，好课都有着非常强的目标技术性。我们在常规教学中，应有优质教学要求，努力朝向精品课方向发展，并把这当成一种习惯。学界对于精品课堂评选的标准把握，并非教师能独创模式和掐着课堂教学时间点完成教学，重点在于课堂能达成传道、授业、解惑的目的。我们也曾长时间为学生，对某位老师的好课还有印象吗？可能印象深的是老师于某一时间点的人性关怀。那些所谓的好课，真的是好课吗？好课产生的价值及影响在未来，关注学生，一切为了学生，为了学生的一切，这样的课方才可称好课。

我曾偶见有人评出的四节好课，四位授课者分别是：孔子、苏格拉底、耶稣、释迦牟尼，授课情境如下：

第一节，是孔子上的。授课地点可能是在孔子的书房，授课时间是在公元前460年左右的某一天，具体上了多长时间不知道，恐怕不是四十分钟。子路、曾皙、冉有、公西华坐在孔子周围。这哪像在上课呀！简直就是一个小型的哲学讨论会。评说这是一节好课，理由为：孔子一句“吾存点也”，至今绝响犹存。

第二节，是苏格拉底上的。苏格拉底是个义务教师，天天跑到大街上，逮住一个人就向他提问题。通过“苏格拉底式的提问”，最终让人“认识自己”。苏格拉底自己号称“催生婆”，他的课堂是在大街上完成的。评说这是一节好课，理由为：当时苏格拉底人长得丑，衣服也不常换，身上的虱子奇多，一边捉虱子一边谈话，弄得雅典城里的小青年都像今天的追星族一样，聚在他的周围。学生里面还出来个柏拉图。

第三节，是耶稣上的。教学内容为《最后的晚餐》，他只提出一个问题："你们当中有人出卖了我。"这句话似乎不是提问，而是一种质询。因为他的学生中出了一个叫犹大的人。第二天，他用自己的整个生命又上了一节课，教学地点在罗马广场上竖立着的巨大的十字架前。评说这是一节好课，理由为：他上的这一节课让人类思考到现在，至今许多学者和专家还在喋喋不休地讨论这一节课。

第四节，是释迦族的哲人释迦牟尼上的一节课。他知道油灯将灭，在病榻前嘱咐自己的弟子要以"自己为岛屿"。释迦牟尼做教师做了四十几年，知道世人迷悟已久，一般教学方法已经无法使他们开迷觉悟，于是先是说义理，再说小乘，最后弹小斥大，叹大褒圆，循序渐进，使人顿悟。一句"以自己为岛屿"的嘱托，将他的教学活动推倒了顶点，自己则走向无余涅槃。评说这是一节好课，理由为：这节课是释迦牟尼所有课当中最圆满的一节课，在当时的教学环境中，无人不受到震撼。

这四节课，早已是公认的好课。首先我们来看这几节好课的教学内容，这些教师们在教学内容方面都有着惊人的一致，所探讨的内容——一言以概之就是宇宙、人生的本质问题。再来看这几节好课的教学艺术，这些伟大的老师，上课没有固定的时间，也没有固定的地点，他们随机说"法"，因人而异，根据每个人不同的根性相机教化。只要愿意思考，愿意学习的人，他们都可以在一起讨论，甚至辩驳。他们对教学艺术的把握是炉火纯青，"大巧若拙"！实际上他们已超越了"巧"与"拙"。这些教师都是精神的巨人，有着惊人的目标技术，终身不息地传播着自己的思想，他们在理论上有着绝对的自信。

追溯好课，时下经常性围绕精品课程思考，参照不同的标准评选好课。今天的课难让人折服，根源在于课缺少对本原的追寻，缺少教师自我思想和精神的传承，总是纠缠在课堂教学技巧、结构完美等操作层面，忘记对育人本质的诉求，游离于精神追求之外。时下，"我们走向何方""我们去做什么""我们该怎么做"，需要我们用目标技术对应的行动给予回答，在精品课程中融汇的智慧予以诠释。

"名可名，非常名"，在于对特殊技术的追求。朝向打造精品课程（产品）的方向前行，我们沿着目标技术所做之事太少，给予行动作答的佐证乏力，亟待我们朝着两个点策马扬鞭：一是铸就有拿得出手的核心本领，因为那是让人信服的核心竞争力；二是上好常态课和优质课这两堂课，并上出好课的效果。深信我们只要勇于造就精品课程生成的特殊技术，敢于亮出"旗帜"和"旗号"，不忘初心，定能领略到人生中的另一番风景。

3.习得教学产品生产的目标技术

通过课堂教学生成课程产品，从而产生中间成就值，促成人生理想的实现，它是最经济的渠道。事实是，无数教师在课堂教学中生成的可称作产品的少得可怜。原因不过有二：一是缺乏课堂教学产品生产意识；二是促课程产品生成的课程力低下，不足以保证课程产品顺利生成。下面将针对两大原因，进一步探讨目标技术的实施，即如何增添课堂教学的产品意识，以及增添保证教学产品生产的能力。

多形式课堂产品

增添课堂教学产品的生产意识，即增添精品课堂的生产意识。课堂教学产品的生产意识，像画家参与写生一样，只有拥有一双擅长发现美的慧眼，才可能找到入画的素材。课堂教学从教学设计、教学实施、教学评价等环节都可以找到产品生成的素材，前提是我们行动前需要有强大的创生能力，并加上强烈的审美意识和产品生成愿望，才能满足精品课堂生成的基本条件。

课堂教学产品的种类非常多，像画画一样，可以是国画、水彩画、工笔画、油画等，课堂教学的产品呈现的种类可以是教育叙事、教学微案例、教学纪实、教学论文等，呈现的方式可以是资源包、资料集、专著等形式。我们必须认识到，促教学目标技术落地，课堂教学只有经过精心选材和剪裁，才可纳入课程产品系列。在课堂教学过程中增添产品意识，实是课堂教学中教学审美能力提升的保障，主要靠一个人长期形成的直观感，自我智力劳动的投入，产生生成精品课堂的冲动，以及表现方式的确立。课程产品意识有品质好坏、强弱之分，它并非天然素养，是教学实践经验不断得以强化，自身审美灵敏性不断提质的外显。很明显，在课堂教学中不能只有教学行动，更要有课程产品生产意识。

生成课程产品，除了拥有课程产品意识，还需要拥有超强的生产能力。在课程教学过程中促进产品生成，除了能在教学各环节中精彩预约外，还需要我们有领悟、内化、表现、创新、提炼等能力，同时辅以超强的归纳写作能力、现代技术应用能力等，方才会给予课程教学产品生成的保证。

纵观名师课堂生成，你会发现他们有独特的教材领悟能力、高超的课堂教学驾驭能力、超凡的课后归纳写作能力等。说真的，在我们身边只要具有这几种目标技术的教师，他们是当仁不让的名师；相反，缺少这几种目标技术能力的，又有多少能成为名师呢？现实是，促进课堂精彩生成的目标技术大家都重视，最终能达到什么层级，主要靠潜质和后天悟性决定。

人们并没有意识到，在专业化成长过程中，缺乏写作能力的后果很严重。如在前期教学中，智力投入无法找到好的表达方式，教学写作是最佳的补充；自我主张、理念渗透于课堂中的某一环节,找不到表现方式,但只要能开启教学写作,就会发现教学写作不但可以让经验系统化,同时还可以促课程产品生成。换言之,教学写作是教师在课程产品生产中最强有力的武器。谁没有这武器,谁就难以在课堂上打赢这场硬仗。其实,希望自我登高走远,不昙花一现,这是重视教育写作能力提升的全部缘由。

教育写作能力

教学写作能力依旧属于目标技术范畴,表面上看与课堂教学无关,属于课堂教学能力的边缘范畴,实则是专属于课程作品生成的专项能力。很多教师缺乏教育写作能力,抑或此项能力素养水平都还处于较低层级。也许有人会言读、写、算全都是教师的强项素养,但事实是大量教师的教学写作水平还有待提升,目前已严重制约着自我课程产品的生产。

教育写作能力是一项需要在课堂教学中历练,方才可得以提升的目标技术,非普通的写作素养。如作家,他们具有超强的文字功底,他们能完成洋洋洒洒的文艺大部头,但不能说他们具有教学写作能力。作家写作与教师写作不同,并且其思维方式及表现形式也不同,作家擅长于感性思维,教师写作需要的是理性思维。作家需要对生活进行观察而后提炼写作主题,教师写作需要有强大的教育教学理论素养作为根基。

教学写作能力,是职后苦学苦练才能累积的一项目标技术,掌握教育写作技巧,是提升教育写作能力的关键性步子。在我看来,教学写作的关键在于拥有强大的思维能力和精通各种表达方式及结构。教学思维能力主要表现在写作前,如对写作内容的剪裁、教学写作提纲的撰写、教学关键词的把握等。围绕教学前、教学中、教学后的情况,进行写作内容的剪裁,直接决定作品的品质,作品是否具有价值主要体现在对教学内容的取舍上。我经常与教师讲,我们一般的教师完成三千字左右的文章,似乎就是其极限,能完成三万字写作任务的就更少了。真能完成三十万字写作量的人更少,主要原因在于他们没有写作提纲的编写能力。关键词的掌握,需要经历多次教学写作,才会悟出它的精妙。特别是写大部头的作品,如果不能把握关键词,几乎很难完成。关键词像一个球心,文章标题对应的是一级关键词,文章或书稿各章节或小节对应的是二级关键词,以此推导下去是三级、四级关键词,关键词达到五级的通常不多。在教学写作中,如果能掌握递减层级关键词之间的包含和并列关系,所完成的教学产品定会中心突出,结构严谨。教学写作通常采用的文体有教育叙事、微案例、论文、报告等。下面针对教育叙事和微案例与大家进一步探讨教学写作文体的结构。

教育叙事，即陈述课堂教学中的事，其意义在于借助叙述体裁记下一个个鲜活的富有意义的事件，对教育行为、意义进行建构，并使教育活动获得意义。进行教育叙事写作，需要我们能针对课堂展开微观察，选择有一定影响和意义的教育教学事件与生活事件，抓住“本质东西”，从而进行独特视觉的观察和描写。撰写教育叙事的技巧在于：“没有创新，就纪实，形式多样，长短不一。”《论语》通篇采用教育叙事的写作，是最好的写作范本。如我发表在《教育科学研究》(2004年8月)中的一篇较短的教育叙事《下次你就坐着回答》一文：

公开课在多功能教室里有序地进行着。

“小芹，你把表现阮恒动作与表情的句子读一读。”

小芹读得不好，不是少读几个字，就是读错几个字，读完时满脸通红。“小芹，你怎么啦?”老师温和地问。

“今天教室里与往常不一样，老师，我心慌，脚有点站不稳。”

“你下次回答问题，就坐着吧，其他同学也可以这样。”

如此的一堂传递着“阅读教学是教师、学生和文本的对话”新课程理念的课，在师生间或是站着或是坐着的交流中进入高潮与尾声。

教育叙事写作起来非常简单，关键在于有一双擅长发现教育意义的眼睛。教学叙事写作，要求主要体现在五个方面：一是内容要真。在特定的环境、人物、时间、背景等众多因素下，才会有一定的故事发生。这要求教师平时善于捕捉这些教育故事的“原汁原味”。只有“原汁原味”的教育事件才有特定的意义。二是教育事件冲突要新。叙述对象必须是新问题，把握好教育叙事中人物的角色，用新视觉去洞察新的教育事件冲突，才能使人物角色“更饱满”，叙述更具有“诱惑力”。三是结构要精。抓住“事件本质”，绘声绘色地进行讲述，特别是在关键处、有冲突的地方和事情的高潮部分，进行“艺术处理”，切勿“记账式”叙事。四是感悟要深。所选事件(故事)要有一定代表性、突发性、可借鉴性，才能让读者从教育叙事研究中获得一定的理性感悟，并能自觉地应用于教育教学，在教学时起到指导作用。五是主题要明。必须要有一个明亮的“主题”，这个“主题”常常是教学理论中会经常被提出来讨论的问题。但它与理论研究中“主题”的不同之处在于，教学叙事的“主题”从某个或几个教学事件中产生，是从“实事”中“求是”，而不是将某个理论问题作为一个“帽子”，然后选择几个教学案例作为例证。

微案例写作，也是教师最常用的一种写作形式。课堂教学并非都值得记下来，特别在教学研究活动中，经常性地看到老师们辛苦地做着笔记，原原本本地将教学流程记下来，这样劳神有用吗？我曾多次与教师交流，对自己课堂的纪实或他人课堂的纪实,我们需记的是自我直观感最强烈,感触非常深的那个点,而不是毫无遗漏地记。今年五月,我曾去听一入职教师的阅读课,其中有一个环节引起了我的注意:进入新课学习环节,教师布置学生自由朗读,自己站在讲台的一旁看着下面学生,足足站有两分钟左右。就这一教学环节引起了我的注意,让我思考"教师布置学生阅读,在这其中的几分钟时间内,教师该干什么"。课后,与教师们讨论,当我提及这一教学细节,顿时有人发出感叹"这不就是一个有价值的微案例素材?"我们自己经历无数的课堂教学,参与过无数次的听课活动,为何没有教学产品的生成呢? 在我看来,除了没有写作意识外,还有就是没掌握微案例素材收集的技巧,不知晓有价值的素材多产生于"带给视角冲击或心灵触动的瞬间",产生于让自我上心的瞬间。我们还可以换一种视角说明:熟悉+意外,传递熟悉知识的同时,出现意外的地方,便是微案例素材出现的高频之处。

如去年参加一次阅读教学的教研活动。观察这几堂课,我发现执教者在课堂最后的拓展环节,几乎都安排了几分钟让学生以教材为范本,借鉴文中遣词造句、谋篇布局等技法进行写作的过程。表面看,让学生写作仿佛水到渠成,然则纵观生成效果,不免为教学的低效而黯然伤神——笔者思其低效的原因以求突围,顿生"不要轻易让学生写"的念头。随后,我撰写了一篇教学微案例《教师为何主动钻井教学套路》,发表在《中国教育报》。

我们只要进入课堂观察,只要留心就能找到观察点,课后撰写微案例,也就会有充足的写作素材。微案例写作其实非常简单,只要能成功把握四个特点,就能写出一篇质量不错的作品来。其一,微是形式,呈现的只是课例中的一个片段;其二,例(课例)是本质,是情景中呈现的问题;其三,呈现形式,用对话式(教学实录)或叙述式呈现;其四,呈现内容,包括教学设计片段、教学实录片段、教学过程中的某个环节的纪实以及评析反思和建议。

教学写作其实真不难,关键在于掌握文体结构,我曾给出一个公式:"写作=思维+结构",为调动大家思维的活跃性,我曾用"正方形六面体"比方,引导人们展开六面体思维:一者前面的,能看到的,认识到前面的是最易看到的,但不一定是最有价值的;二者后面的,能想到的,后面的不放置于前台,但它无时不发生关键作用;三者左右面的,能看到的,能深入对组织、结构进行分解,对其特征进行揭秘,同步让批判性思维跟进以发挥作用;四者上面的,能看到的,感知到上面代表着发展方向的部分;五者下面的,能看到的,感知到下面部分是基础,但这里也是盲区藏匿点。我们观察任何事物,如果能参照展开的"六面体"予以思考,那么不仅能看到现象,同时能看透结构,不仅能感知给予支撑的基础,同时能感触到代表发展方向的

未来。如此进行观察与思考,怎会无写作内容呢?

教学写作只要思维打开,有话可写,便已具备教学写作的基本条件,而后只要掌握体裁结构,就能完成一篇高水平的作品(课程产品)。教学论文经常采用体裁方式,论文写作讲究结构的条理化。一篇高质量的论文,结构的严谨性是其最基本的要求。纵观教学论文的结构,表现方式有两种:一是有明显的结构,二是没有明显的结构。结构不明显的文章,读者难把握其结构,虽隐匿文章结构,但都有着科学的文体结构。多年前,我曾对自己所写教学论文进行结构研讨,最后发现论文写作实质是"技术活",关键在于掌握文本结构。为此,我总结出了一套教学论文写作的"明结构",包括五个部分:一是教学综述,即对同类现象或问题的宏观把控,对整个大环境情况进行陈述。二是现象纪实,即对关注点进行微观把控,对问题及现象在小环境的状态进行描述。三是案例呈现,即给予文本案例的支撑,它主要通过微案例的方式积累获取,其中微案例可以多个,组织方式可以是递进的,也可以是并列的,以多角度立体式反映。四是教学反思,即对是什么、什么时间发生、为什么等命题辩护式分析。五是教学意见或建议,要求给出的建议一般控制在三条至五条,朝向量化或质化方向努力,为需要解决的问题提供策略。

教学写作对教师专业化发展影响非常大,虽然没有人明示,但不可否定它是通往成功的捷径。关于写与不写,李镇西老师曾说:"在教育教学中,我所做的,别的老师也在那么做,有人做得比我还好。然而,与众不同的是,我从教书开始就坚持写。是写成就了我,让我越走越远。"

回头再看我与大家有关课堂教学的目标技术交流,主要集中于对教学风格形成、两堂精品课的生成和教学写作等展开,这一切在于笔者认为:习得教学产品生产的目标技术,让自我在课堂教学中多生产课程产品,多生产高质量的产品,当自我拥有无数中间成就值时,自然便已经拥有登高望远的实力。

在乡村教书,职业自信,是职场人进步发展的源泉,是个人最动人的精神底色;职业愿景,是在专业化发展中提升自我人生价值的最大公约数。职业自信,是事关人生幸福、职场安全、精神独立的大问题。支撑幸福,除了需要强大的物质力量外,同时也需要强大的精神力量。我们只有修炼目标技术,舞台才会被拓宽,底蕴才会在实践中逐渐深厚,自我执行力也才会最终得以提升,进而感知到自我解决目标技术遇到的问题的强大定力。

十、家的概念和幸福的佐证

打破舒适的软壳，往往源于内在的力量。

明晰家庭对一个人有重要的影响，我认为，一个人从人生的起点到终点，都与家相关联，自然，乡村教师也不例外。

一个人的发展与自我崛起，离不开特定的生存环境，特别是家的影响。家庭与专业化发展本没有直接联系，但家庭对专业化的附加值(财富)提升的依赖度却不可低估。人们对于家的认识或对专业化的认知很多，但将两者整合而加以认识的却很少。对家的概念进行诠释之前，先谈两个题外话：一是“职业油腻”，二是物质获得数量和方式。

2018年有一家杂志社向教师们“众筹”了“油腻十条”，在此先摘抄，而后再言其他。其内容是：

说到上班就心烦，有职业倦怠感，有离职的想法但无离职的勇气。

说到上课就心焦，跟不上新的课程改革，缺乏动力去了解或做出改变。

说到学生就心碎，感到教育学生力不从心，认为现在的学生太难管教。

说到家长就心怒，认为家长不配合自己的工作，还给自己找各种麻烦。

说到考核就心慌，怕领导和上级部门对自己的工作进行考核。

说到家庭就心伤，在家庭中的地位不够高，能够教育学生却教育不好自己的孩子。

说到退休就心喜，对于现状有悲观消极的情绪，认为无论怎么努力，职称和职位都不可能有什么晋升，盼着退休。

说到研究就心累，知道教育科研工作很重要，但又懒于行动和下功夫。

说到身体就心悸，担心自己的身体出状况，喜欢讲养生而又不注重锻炼身体。

说到工资就心酸，对教师工作不认可，认为付出和收入不成正比。

为师者，不是只有工作，不是只有专业化成长，必须面临家庭、生活、社会等种种挑战。如果真像戏言所说，教师属于“四等公民，即等钱(工资)、等吃、等喝、等死”，那么这与我曾经听有人说“20多岁就死，70多岁才埋”有何不同之义？

以上这十条，我们完全可以自己作对比，看看中了几条。这些原本是对中年教师境况的归纳，但在观察中发现，中标对象的年龄在不断提前。这似乎也是对部分青年教师情况的描述，特别是与部分乡村青年教师的画像相符。要解决“油腻十条”症结，我感觉需先对家的概念做出清晰解释。

提及家的概念，人们也许第一个想到的便是财富。我曾在《卓越教师的理性成长》中明确提出：“专业化的附加值是财富。”在物质条件相对有限的时候，财富非常重要。有时，甚至感觉到金钱的“美”。今年有一件事引起我的重视，那是年后，腾讯、华为等企业大咖纷纷对“996工作制”[①]发表看法，网上同步引起人们热议。事实上，一些IT行业的白领们早就习惯“996工作制”，高薪酬让人心甘情愿付出青春。对于师者而言，真的只有钱最重要吗？有足够满意的薪酬就不会悲天悯人吗？

为师乡村，自己的职业生涯怎么样？可能不同的人有不同的标准。我以为知足疗法，是我们每一位师者积极向上的主要源泉。随着时代的发展，人们对教师职业的认可度越来越高。2019年重庆全科教师计划招生1500名，重本线上录取人数与往年比明显增多，达到1441人，占比为95%。教师职业并不影响幸福指数，如果我们对教育充满理想和情怀，能守住心灵的那份宁静，不断追求专业化发展，一切只会给自我的幸福指数增值。

提及物质获得数量与获得方式，源于我阅读马歇尔的《经济学原理》一书而深受启发。摘抄两段原文，如下：

政治经济学或经济学是一门研究人类生活事务的学问。经济学一方面要研究财富，因为一个人在多数情况下要考虑谋生的问题；另一方面经济学要研究与研究相关的人的问题……生存是人类面临的首要问题，在为了生存而孜孜以求的过程中，人的性格和心理会受到获得物质资源的多少，以及怎样获得物质等问题的深刻影响并逐渐形成。

对教师职场性格的形成，我曾提出它是职后发展的产物。这实则正与马歇尔所主张的性格形成受到获得物资资源的多少和方式的影响是一脉相承的。更多的人从进入职场开始，劳动而获得物质报酬，因为获得物质的数量与方式的不同，而为人性留下印迹，久而久之累积形成此在的性格。性格有生产性和破坏性之分，有大小和强弱之分，有保守性和开放性之分，其中，物质收获成为感受职场幸福的重要指数，当下还没有比物质更能够深刻影响性格心理的因素。

① 996工作制是指工作日早9点上班，晚上9点下班，中午和傍晚休息1小时(或不到)，总计10小时以上，并且一周工作6天的工作制度。

对教师职场幸福指数的思考,必然少不了对物质获取数量与方式的认知,不考虑人本生存方式的研究难以被人接受。

运用什么方式即怎样获得资源或收入,会对一个人的性格产生影响,但得到资源或收入的多少对一个人性格的影响可能更强烈……穷人也有可以有机会发挥自己的才能,并从中感受到快乐,但是,贫困总是会削弱较高的才能的形成与发挥。

这里,马歇尔告诉人们:满足物质,性格更会充满阳光,三观才能拥有包容与接纳,抑制敌意和破坏性等产生。当然,如果一个人因为从事某种职业,得不到满足生存的物质,职业幸福感便无从谈起,结果只会因生活条件低劣而奔波,让人难以发挥自我的才能。笔者认为,物质满足必须有一个基本需求红线,而从事教师职业所获物质,远远超越基本需求红线,物质多少对教师幸福指数影响虽不可小觑,但这早已不再影响教师个人才能的发挥。

时下,提及教师职业,考究幸福指数时,不可忽视物质报酬;考究才能发挥时,更应将人本因素纳入其中。当然,还应感知性格和心理对生存的影响。

提及以上两个题外话,思考家的概念,心里无不带有沉重之感。马丁·海德格尔曾说:“生存问题总是只有通过生存活动本身才能弄清楚。”加上前面讨论的一些话题,着力于课程力、教学主张、教学建模、精品课程等目标技术陈述,在最后章节里,将话题移向家庭幸福,围绕理性谈开,目的依旧明确——完全靠自我崛起而成就属于自己的家庭幸福,成为幸福的教师。

1.让幸福之家的概念变得清晰

在乡村教书,对于家的概念我比以前更模糊。说家的概念简单吧,主要就是那几口人;说复杂吧,扯上半天,也说不尽、道不完。“家是什么”“为什么这就是家”“家里有什么”“家不能缺少什么”……这些问题要是与时代挂上钩,我更是理不顺,虽然我们这一代乡村教师比上一代乡村教师的烦闷少,但却比他们更怕烦闷。

建构秩序

关于家的概念的思考,必然牵扯对终极问题的思考。特别是需要对“我从什么地来”“我为什么要来到这地方”“我的历史使命是什么”等进行思考,才可能真正给家的概念一个合理的解释。很明显,家不只是一个名称概念,还成了一个动词概念、一个形容词概念,甚至成了信息论、系统论、控制论、责任价值论概念。家的概念中,建构秩序通常有两种:

一是先成家,后安家。我经常与人说,我是一位有着特殊经历的教师,对于家的概念的理解,源于我一段长的乡村教师经历。最初为师时,我是没有家的概念的人。从县城的中师毕业，还差一年才到二十岁，背着行囊，在父亲的相送下，到一所乡镇小学教书。路途中，印象最深的是父亲对我的交代，大意是从此我便脱离原来的家，家里将不再给我任何物质上的帮助，父亲还得将全部的精力转向正在上学的弟弟。现在回想起父亲的交代，我才明白那时我才第一次有了模糊的家概念——原来属于我的家已经“不要”我了，我仅属于家族的成员，就像我曾写过的一句诗一样：

父亲把我当公粮，

上交到了一个叫学校的粮店。

我属于农民的子女，现如今乡村教师中很多人也都是农民的子女。二十世纪八九十年代，能考上师范学校是非常光荣的事，也是非常困难的一件事，因为只要考上师范学校，就可以跳出“龙门”。几年师范学校毕业后，便可以成为真正的知识分子，捧上“铁饭碗”，不再像父母那样务农。农民家庭的子女上学，父母都得含辛茹苦，我们那个时代上学的学费和生活费，全靠父母多出劳动力，多产粮食，从牙缝中积攒，而后肩挑背扛到集市，才换得人民币。在我们那一代师范生中，父母会营生的，在校求学时真“不差钱”，要是家庭里父母体弱多病，在校读书的日子实则非常艰难。以我夫人为例，她读书时那个窘迫似乎无法形容，有一年节假日放三天时间，其他同学都回家了，她因为没有回家的路费，就只能留在学校，因为没有生活费，就提前在学校食堂用国家补助的饭菜票购买九个馒头，度过艰难的三天。

进入21世纪，这个时代的乡村教师与我们那代人相同点非常多，多属于农民子女，虽然教师职业不再称“铁饭碗”，但因它稳定所以大家选择了这一职业；不同点也多，虽然父母都是农民，但是给予的学费和生活费的方式悄然发生变化。要是谁家子女考上学，父母首先想到的是外出务工，务工哪怕再辛苦收入明显比在家挣得多。当代乡村教师的父母依然含辛茹苦，挣得的学费和生活费都是“血汗钱”。

我们那一代人属于先成家，后安家的典型代表。一直以来，只要想到父母的农民身份，我对教师职业便非常认可。只是做乡村教师之后，我对于家的概念模糊了很长一段时间。在我的心里，家不过是那间只有近半尺缝隙的半间教室，同时入住的还有另一位新同事。那时，家就是堆放专属于私人物资的地方，一个可以供晚上睡觉的地方。我现今都记得，那时的家虽然有门和锁，一般是不会关门和上锁的，那个时候真没有什么值钱的物质需要关门上锁，除非远行要离开十天半月，怕小孩进去打闹才锁门。现今的乡村教师，对家的概念理解更深，只要走上工作岗位，家庭条件好一点的，父母便会在乡镇或城市给其购买住房，家庭条件不好的，至少也会给予最大化的支持。真要比较，我们那个时代学校特供的宿舍，只能称作“窝”。

二是，先安家，再成家。我们那一代乡村教师多是先成家而后再安家，现今的乡村教师多是先安家再成家。在物质特贫乏的时期，我们住宿靠学校分配，根本没有房屋的所有权。我属于赶上好时机的，学校为解决教师住房问题，财政划拨一部分资金，不足部分由教师集资，最终住上比较舒适的家。那是在工作三年后，我靠父母资助，住进不足三十平方米的房子，但那房子的产权不属于我们。随着工作的变动，只要没在那所学校任教，就再没有住那房子的资格，集资款便由下一位住进去的教师补上。严格地说，20世纪的乡村教师所走的多是先成家后安家的路线。

一个家的成立，有清晰的概念，绝对不像动物界那样，只要子女到了发育成熟期，就会被赶出族群，开始建立自己的家，找到专属于自我生存的领地。在我的大脑里真有家的概念，是在有子女之后。当然，我对家的概念的建立，是从父亲的交代那天开始计算，而后找到伴侣过上二人世界，由一个人组成的家过渡到有两个人，打包拼凑成家的模型。这种组合方式的变化，让家的意义发生质变。

幸福的起点

我们必须认识到家是幸福的起点。作为社会人，虽然我们不能以家庭成员的多少论幸福的高低，但可肯定的是畸形的家庭哪怕融入太多的人为因素，都不可掩盖出于人之内心对幸福家庭追求而不获的缺憾。为了一个完整、健康之家的崛起，我们应注意以下几点：

一是在家的概念中，择偶非常重要。在一个家的组合过程中，虽人们总在说有缘千里一线牵，但伴侣的组合方式变数非常大。当今时代年轻的乡村教师和我们那时代的乡村教师择偶方式上也存在着不同，经历的可变性也比较大。以前，乡村教师队伍性别结构是男多女少，当今时代正好相反，特别是在近年更为突出。我所在区县近几年新入职的教师队伍中，女教师所占比例差不多在80%，并且男教师比例逐年呈下降趋势。教师队伍中男女比例不同，多会致使择偶方式有诸多不同。以前的乡村男教师找女朋友非常困难，在工作地找乡里姑娘做配偶的真不少，现今我见很多乡村女教师快到三十岁，都还没有解决个人婚姻大事。针对这一现象，在近十年与年轻教师做入职培训时，我都特意用一段时间给他们讲如何择偶，因为在我看来婚姻伴侣是人生幸福的基础，稍不注意会让人产生“一脚踏进坟墓”的感觉。

古人讲成家立业，成家才可以称家的开始，有先成家而后立业之意。一个人在乡村教书，真要能立业，有一生的幸福，择偶成家必须充满理性。我见过不理性的，对其选择伴侣的道德、人品、职业等都没作认真考量，草率而步入婚姻坟墓的真不少；我见过心气高傲，一生没有择偶，孤独终身的乡村教师；我见过自身成家条件不成熟，努力提升自我能力素养，等自我小有建树，再晚婚的乡村教师……如今，针对

年轻人择偶,我经常性给出这样的建议:

选男朋友,只要他道德品质过关,身体健康,就是一只潜力股,就可“有智慧”地追求。

选女朋友,只要她知书达礼,身体健康,是一个充满“灵性”的人,便可“苦苦”追求。

先成家也罢,先建家也罢,拥有好伴侣,是成家立业的大道。家是社会最小的组织单元,主要体现在对家庭成员的保护。一个具无限潜力的家庭,往往比一个凑合型的家庭更具生命力,因为其家庭成员间能充分彰显互补性与保护性。乡村教师由于职业的特殊性,成家与建家理性至上,择偶时不能有一点含糊,否则,家庭最基本的单元不稳固,会带来遗憾。我考究过很多乡村教师的家庭,其家庭解散真正原因不是责任,而是一方对另一方不满意,这都源于择偶时的勉强。

二是,家的概念里包含着责任。为了一个家的发展,为了真正的立业,责任与付出是致远的保证。最初由二人组成的家,随着人员的逐渐增添,幸福指数也随之增添,这样的家庭才会具有生命力。先成家而没立家,现今依旧有这样乡村教师,眼下组织的家虽然还不可称稳定,但不需怀疑,这只是暂时的。不知大家发现没有,一个家庭只要健康向前推进,进入职场十年左右,会稳定下来,完成安家的使命。

家庭稳定,立业才会进入状态。包括凸显家庭的责任,对子女的抚养,对父母的赡养,对同事的关爱,对社会的参与等,更会因所立之业而给出对应的决策。其间,不需要考虑家庭和立业的逻辑关系,“家才真像个家,家才算是个家”。

我从成家到立业,再到安家,方才真让我产生有家的感觉,或者说才真有成年的感觉。成家后最不习惯的是,当子女出生后,有人叫“爸爸”时,一个身份的转变,才真让我开始对家新生责任意识,才开始给家注入新内涵,包括对幸福概念的理解。有时关于家的责任,更是上升到使命感层次。如子女读书问题,看到他人的子女被送到城市学校就读,不免心痒痒的。现在想来,这里不免存在认知误区,小孩子需要更多的是父母的陪伴和关爱,过早离开父母,不仅可能不能养成好的生活习惯,反而会使孩子的更多的习性得不到纠正,缺乏父母的关爱,严重可能造成心理问题,就像有意识制造“孤独的城市儿童”,与留守儿童所产生的负面效应对等。我们当初读书,父母把我们送到村小学就读,教文化课的老师有些只是小学文化,并没有对我们成长有太大的影响。其实,对于小孩子来说,并非城市教育就是对孩子成长有利的教育。身为乡村教师,自我孩子的教育不能由此产生攀比心理,须以有效教育为基准。

家庭里能产生责任感,才算是幸福的体现。如我的父母,能送子女读书,到最后跳出"龙门",见子女们通过读书的方式改变命运,他们人前人后尽说,今生最大的满足是见子女们有出息,一生辛苦干得最值的事是节衣缩食送子女读书。我们为师乡村,成家立业,担当责任,享受到幸福的同时,产生压力也是自然的事。一位乡村教师如果成家后没有感受到压力,一直处于理想状态,很有可能这人还没有建构起家的概念;如果意识到压力而又没有产生动力,只能说明他已提前步入消极状态。一个乡村教师家庭的生产力,其发端多起源于压力,而后就像前面章节中阐述的那样,通过系列的努力与行动,最终促成自我强大的内驱动力系统提升,从而具有拿得出手的核心素养,诸如课程力等,最终得以提升专业化水平的附加值,彰显服务家庭的责任能力。

三是,家的概念里,包含着使命。家的概念的内涵是一个动态发展的过程。家庭由安家或成家开始,用心维护,一直到扩展壮大,这就像人的生命一样将经历着若干的环节。乡村教师之家的处所并非一成不变,特别是在当今教师经济地位已经提高到一个明显的层次时,家的处所向城市转移是一个大趋势。家的处所并不是家庭幸福的核心要素,只能称作重要元素,只要有稳定的家庭成员关系,只要经历压力变动力的过程,给予理想的处所定然是不需要怀疑的事。

现今,家的概念内涵最多的是使命。我在所组建家庭里有应有的使命,我应该在家庭中肩负使命,这是笔者理解幸福标准的重要参考指数。对于家庭的演化,我也只能顺其自然,其他人也只能如我一样顺其自然。子女逐渐长大,我也会像我父母一样逐年变老,家会由现今的固定成员,发展到一个极限,最终成员逐渐缩小都是正常之事。就像我年迈的父母一样,他们组建家庭,养家糊口,艰难地维护家庭,到最终子女都离开农村,儿孙们多次催促他们进城养老,但他们都不肯离开农村老家,我们后辈理解的缘由是,故土难离,农村与城市比较,农村带给他们的舒适绝对不比城市差,他们的命运已经紧紧地与农村联系在一起。其实现在看来,也许父母的本意并非全如我们后辈的理解,他们的坚守更多的在于要守住他们创造的家,以便子孙回到故里有一个落脚的地方。虽然他们的主要目的就是要守住他们的家,虽然这个家已经在岁月的风雨中飘摇,带有无限的残酷性——由于家里成员最终的减少,会彻底地消失,但是他们依旧固执与坚守,坚守自然有坚守的特殊意义。我知晓父母组成的家,正在逐渐完成家的历史使命,我组建的家,只不过其使命正在上演罢了。

乡村教师对家的概念的理解,一切只为崛起,一切都只为达成这一合目的性。当然家的概念中,更多的存在着无限的矛盾性、挑战性,需要我们继续深入探讨才行。如虽然我是乡村教师家庭,但若让子女提前患上富贵病,这是我最不愿意看到的事实。

2.从家门开始让幸福之路延展

继续探讨家的概念，明白如何从家门开始让幸福之路延展。如要是家里有教师，就可以称作教师家庭。不管你是乡村教师，还是城市教师，不管你是中国教师也好，还是外国教师也罢，属于你的家都可称作教师家庭。教师家庭有着教师家庭的共性，就像不同区域的人一样，受着独特的区域文化影响，生活在海洋边的人性情多随和，生活在大陆内的人性情多坚毅。教师家庭与军人家庭、工人家庭等有着明显的不同，除了不同的家庭文化影响可感知到性格上的差别外，思维和行为方向、价值取向等也可影响教师感知。

守家业

建家不易，守家业会更难，我们真还不能丢掉教师家庭概念坐而论道。时下，我们需要明确"我的责任"，这需要从以下三个方面来谈。

首先，为守好家业，我们必须认识到，一个人深受家庭的影响，家庭又深受家庭成员品性的影响。任何类型的家庭，都有其阳光、幸福、希望等属性，但其体现方式和呈现内涵存在差异。这就像人们填写履历表时，一定要求填写上家庭成员，特别是进入某些特殊行业，家庭成员都要接受政审一样。如2019年湖南有一参加高考的考生，志愿填报某军事院校，高考分数超那所学校提档线四十多分，结果因其父亲之过被退。通常人们多会忽略家庭成员的影响，特别是近些年来，人们正在逐渐淡忘家的概念，事实上，家庭及家庭成员品性所产生的影响是不可忽略的。

一个人深受家庭品性的影响，并由此产生正效应，是人生幸福的一件事。作为教师家庭，努力让其发挥品性正效应，是一件值得努力追逐的事。诸如提及教师家庭，往往带有"书香之家"之类的褒义。

"书香"是指古人为防止蠹虫咬食书籍，便在书中放一种芸香草，这种草有清香气，夹有这种草的书籍打开后清香袭人，故称为"书香"。

我们为师乡村，试问其家庭真留有书香的有多少？从建家或安家开始，很多新的内涵开始逐渐增添，包括是否成为书香之家，也固然与"家是什么""家需要什么"等概念相关联。乡村教师家庭不是因有乡村二字做定语，就可改变教师家庭的属性，是否具有书香的雅韵，依然是判断其未来，甚至是百年家庭命运的风向标。

为师者拥有智慧和知识，才让其显美。我见无数乡村教师外露知性，无不由衷地敬佩。相反，我见过很多缺乏知性的教师，其形象受损。书香之家，非教师家庭与生俱来的属性，教师家庭没有书房、书架，图书没有一定藏量，没有对书籍产生特别好感，不读书的也多。这种不爱书、不读书、不藏书的家庭，与教师家庭概念中的"教师"二字不搭调，与教师身份不相称，如家庭氛围中体现出浮躁，稍不注意就会破坏长远发展的格局。

构建乡村教师家庭,需要守住书香雅韵,守住家人的和睦,守住家庭的未来和希望。是否属于书香之家的乡村教师家庭,主要与家庭主人的学识高低相关联。书香之家并非贵族的代名词,它最大的优点在于出自如此家庭的人,骨子里会透露书香的高贵。对于书香家庭的展望,我得出的结论是:

哪怕贫穷,也是暂时的;

哪怕低贱,也是暂时的;

哪怕弱小,也是暂时的;

不管家在闹市,不管家在深山;

书香之家的居所,定是聚气纳新的福地。

乡村教师家庭概念的延展,书香是判断教师是否守住教师身份的基准,也是评判其是否变质变味的基准。要知道,乡村教师属于乡村的知识分子,可通过其留下的印迹判断其幸福指数。考究中国近百年的中国乡村教育,乡村教师可分成三个段或三个类型:第一代是改革开放前的具有朴素情感的乡村教师,这一部分教师与乡村贴得非常近,有无数乡村教师走进教室一个身份,走出教室走进农田又换成另一个身份;第二代是改革开放二十年前后的与乡村基本脱钩的乡村教师,经济市场改革让这一代教师感觉业绩不如人,总落后于时代;第三代是近21世纪后踏入教师队伍而完全不入乡村之俗的乡村教师。谈幸福必提及其社会政治地位、职业地位,甚至指向经济收入,但我发现这些都不是影响幸福指数的关键因素,这些只属于前台可观看的部分,真正带来较大影响的是给予幸福保存的缓冲地带——自我组建的教师家庭。哪怕有病苦灾难,因家庭缓冲地带保存的幸福而让其渡过难关,因书香带给的浸染来医治暂时的困苦,让他们感觉为师一生是最值得的,感觉为师乡村一生不遗憾。

其次,为守好家业,我们必须认识到,家庭的幸福与职场的幸福有着属性上的区别。家庭中产生的幸福有累积性,明显的是家人努力而让家庭中的其他成员能产生获得感和幸福感,并且家庭成员共同所取得的成就,成为他人幸福感累积的值。职场中取得的成就,除了因自身专业化发展而逐级累积发生质变外,其他的幸福感却在获得时便开始消失,久而久之就荡然无存了。构建书香气息的乡村教师家庭,一个非常经济而长效的策略就是,只要用心且不丢失自我应有的知性,就会让整个家庭浸染书香,从而让家庭幸福得以不断积累,让人人都产生获得感。

幸福的教师家庭,有着非常多的相似之处。我们不能仅仅停留在现实,应着眼于远方。着眼远方才会让一个家庭长远的发展。构建书香气息家庭,最具体好处是书籍可以带来最为深远的浸润和慰藉。目光停留于远方,让家庭成员接受书香文化熏陶,是先进思想的体现。如我们父辈倾尽全部心血送子女读书,他们的先进思想就体现于此。优秀家庭有优秀家庭的发展规律,就像优秀家族有优秀家族的发展规律一样,均需经历文化沉淀。对教师家庭而言,能否致远,书香绕梁尤其重要。

乡村教师家庭的成员,太理想化还真不行,心在远方的时候,必须立足当下。稍不注意,好高骛远会导致家庭负能量上升,如琐碎、迷惘、不甘、隐忍和辛酸,会削弱家庭向上的力量。特别是那些没有好好地活在当下的人们,心里不能只有远方,希望能面对当下的一切。只有这样,才可能因懂得生命的艰辛和困窘,清楚自己的边际和局限,也才更会以豁达的态度面对家庭中的一切,更易让"我行我素""相对任性"得到克制,让乡村之家成为通往希望的起点。

最后,为守好家业,我们必须看到,乡村教师家庭的内涵中包含危机和机遇意识,才可称完整。规避危机,最有效的办法是让家稳定向前发展。乡村教师的家庭存在危机,多可归结为乡村危机。当前,生活与生存已经不再是主要的问题,关键是防止"成功危机"的产生。为师者必须理解"成功危机"产生的方式和根源,在我看来它差不多指向欲望的生成。更多乡村教师生存方式的危机,主要体现于对自我乡村生存方式不认可,身在乡村,心在远方,如对城市教师生存方式的渴望。事实上,很多人将城市生存方式确定为自己未来一段时间奋进的方向,可真等实现后却发现进入的是幸福神话的圈子,感觉到在城市为师反而让生活品质下降。打消教师家庭的乡村危机,主要在于看到成功的希望,在危机意识产生之初能提前予以根治。乡村危机主要是乡村条件所致,反映在方方面面,物质上的改善和满足不能治本,只有帮助家庭成员制定发展规划,帮助实现人生理想才可达成终极目标。

家庭里丛林效应从来都不存在,抱团发展反应更强烈。我曾在《卓越教师的理性成长》中,有关家庭影响的论述时指出:

在一个家庭里,谁为主?谁为辅?专业化发展层级高低是判断家庭成员中谁为主、谁为辅的唯一标准,绝对不以性别、年龄、性格等作为参考,并且判断家庭的幸福指数也是以专业化发展趋势的演化作为标准,一个家庭里没有家庭成员专业化的不断提升,其家庭幸福指数不升反降。其实,命运始终掌握在自己手中,自我才是现实命运的缔造者。

一个家庭的成员总受"主命运之人"的影响,"主命运之人"往往会影响着其他人的发展方向和幸福指数。判断的标准是谁具有强大的专业化水平,谁才是家庭中承担"主命运之人"。为此,特指出在家庭中对具有强大专业化发展势头之人的保护,要认识到对"主命运之人"保护的重要性。现今看来,我依然坚持这一观点,并发现这并不是迷信,而是一种处理家庭关系的理智做法,并且这定然会是带给教师家庭希望,解决乡村危机的最好办法。

全动力向前

家风的形成,是其众成员秉性最集中的体现。教师家庭出身的人差不多具有特定群体的集体人格,只不过人们对家风体现出的潜意识、无意识或集体无意识等,都没有过多的关注而已。在我看来,优良家风是传家宝,不断提升家庭成员文化水平的同时,也应注意道德水准的把握,不能将文化水平与道德水准两个不在同一个维度的东西搞混淆。特别是在道德融入家庭概念时,定然应把好真善美与假丑恶之间的界线,绝对不能颠倒黑白。其实,这些都是可在我们组建教师家庭的过程中,稍加注意便可做到的事。在此,围绕如何全动力向前,特别建议:

一者,为师乡村能守候宁静,着眼未来。乡村教师除了完成本职工作外,其他时空几乎都属于家庭,幸福主要看家庭成员的心态把控。特别是一些不理性的想法,无不经常性地影响着人们的理性判断,甚至会将家庭带入深渊。如一个形象的比方:

晨曦时,身影拉长了,认为自己无所不能,力大无穷;正午时缩小了身影,认为自己就是那小不点,总妄自菲薄。

乡村教师家庭的幸福,主要靠守护,教师年轻时与中年时的心态都会发生变化,守护幸福的最佳策略在于体现教师家庭的知性和家风,同时彰显学风。不学习不上进会使一个家庭老气横秋。意大利教育家蒙台梭利有过一个美妙的比喻:一个人在空气清新的森林或海边散步,如果这时突然从远方传来柔和的悠长的钟声,一下子,这个人心中的那份美好感受就会得到提升和深化。其实,我们身为乡村教师,作为乡村的使者行走在乡村路间,我们给乡民布道时,应感受到源于乡村的宁静,若感受到了清新中柔和而悠长的钟声,让心灵透彻,那束低处暗处的一抹光,依然会带我们走向高远。

二者,开足马力,促全动力向前。我们只有真正把时空演绎成发展的地方,真正变成一个发展性共同体,才会带给家的发展力量。家庭中,为师者格局往往是家庭的格局,我们外露出的气派是一个家的气派,我们在其中所发挥的作用,要么承上启下发挥着过渡作用,要么承前启后发挥着榜样作用,其中学风依旧是知识分子应有的品格,只有它才会真正发挥传承作用,肩负起家的使命。

幸福是家庭家风、学风、格局的附加值,这些尽属于家这列车前行的动力。一个家只要有学习的氛围,就一定有希望;一个家有奋斗的氛围,就不会闹饥荒。守候家庭的幸福最怕的是什么?尽干自欺欺人的事,尽干掩耳盗铃的事,就像一则消息讲述的一样:“高速动车上不许可抽烟,而有人悄悄躲进卫生间抽,结果报警装置响起。”“有人自作聪明去逃票,采用掐中间、购买两头的办法。”这些属于行为不端之举,是为师者绝对不可做的事,若这些低级错误出现在家庭这列动车上,就会大大延缓家奔向幸福目的地的时间。

对于一列正穿行于乡村的教师家庭列车,最怕的是什么?对于笔者而言,当初最怕的是才智被掏空,尽显弱智而动力不足。特别是年轻的时候,这方面非常明显,由此带给自我对人生的不自信,甚至经常做梦就会被惊醒。真带给我希望,踏上家的快速列车,用才智弥补不足,通过勤能补拙获得幸福。

三者,给生命一个出口,延展家的无限幸福。源于乡村家庭的阻力,我发现更多的是我们自己专业化发展无潜力无方向。就像昨天清晨,我还在睡觉,家里咚咚咚的声音吵醒了我,原来是一只不安分的小麻雀在玻璃窗上乱撞,不知几时它偷偷地跑进了我的房间。当它闲逛一圈想出去时,却找不到返回的方向。我发现它的痛苦在于不知道原来还有玻璃这东西啊,明显看得见外面,就是用尽全力也出不去。正如我们身居乡村,因为缺乏生命的高度,缺乏表现的张力,虽然努力却让我们在原地踏步。

特别需要提醒的是,作为乡村家庭的主要成员,我们每一个人都是家庭这所学校的创造者,都是这一所学校的学员,也是家庭这一列高速动车的乘务员和旅客,只要到了这所学校我们就应该全身心地将职业演变成事业,让潜能变成现实让家庭拥抱幸福。如我当初,决定朝向专业化发展前行的时候,源于家庭的阻力真还不小;启动当初,家庭成员间的消极意识增加,各种思想蜂拥而来,企图要你放弃他们不懂的领域方向。

把握住自己,用独立思想,保护自己的脚,才会致远,给家带来希望。当然,这也是在人们看不到希望时,希望还非常渺茫时,才会出现家庭阻力或开倒车的现象。在我看来,努力让自我成长,努力让自我强大,是乡村教师坚守家庭最有力的办法。在拼搏、付出之后,才会享受到幸福,并且才会拥有专属于家庭累积的幸福。

3.坚守“我”变“我们”的内涵

乡村教师家庭的概念建立,从建家到守业,幸福完全以附加值方式呈现。此刻,我还得进一步探讨乡村教师家庭的主语之变的问题,因为这里虽然只是简单的人称“我”变成“我们”,物态词“我的”变成“我们的”,但却深藏着一个人主体意识之变,并且相对于个人而言是跨越性之变,家庭概念真正内涵的产生是从主语之变的那刻开始生成的,严格说,那是爱情与婚姻两者之间产生的分界线,判断的标准不是仪式或凭证。

主语之变

乡村教师家庭中的主角,定然是乡村教师,主语之变多在不经意间就开始,这里最明显之变在于"我"只具有教师属性,而"我"变成"我们"之后,虽然教师属性是骨子里的内涵,相对于乡村教师家庭概念,教师属性已经被隐藏,"我们""我们的"概念属性更多的只属于自然人的概念。我们从词性比较中,便会发现"我"只具有指示性的意义,而"我们",其义在脑子里有家、家庭成员、家庭责任、家庭幸福等概念。所以,对乡村教师家庭意义的探讨,抓住"我"之变,更能抓住整个幸福的纲领。我们在组建乡村教师家庭的过程中,主语之变,其表征凸显在以下三个方面:

一是,"我"变"我们"期间必然经历挣扎,需要专注于对生存的考虑。其实,一个人只有真正经历了这种超越人称代词的主语之变,人生百态才可称正式开始,自我成熟之道才开始,心中不再只有自己一个人,不再像以前那样完全以自我为中心。"我"变"我们",便会对两个家庭进行吸纳,如见配偶的长辈,以求得不只是对"我"的认可,更多是求得对"我们"的认可,对"我们"的祝福,让他们对"我们"的未来抱有期待。

二是,"我"变"我们",心中有他人是最典型的特征,并且这也是幸福的表征。如彼此的父母、兄弟姐妹都成了"我们的",彼此的命运都被"我们的"融为一体。一个家庭的组建,最能体现幸福的时刻是"我"变"我们",并且"我们"保持的时长的长短是幸福感强弱的量表。在整个家族的演绎过程中,"我们"的内涵可以无限增长,只要"我们"这一词性发展衰变或裂变,如将"我们"变成"我",或将"我们"变成"他们",这绝对不是喜事,一定是家庭中发生意外事件的见证。守住"我"变"我们"之后的内涵,这将是每一位乡村教师应有的职责。

三是,"我"变"我们",是一种解决困苦最有力的办法。乡村教师家庭中肯定会出现矛盾,肯定会出现困难,我所见到的,只要"我们"这一内涵没有发生变化,即便在矛盾和困难中也能找到幸福。对于家庭的幸福而言,"我们"的内涵是最有力的支撑——"我们"已经变成了一种与贫穷、疾病、摩擦、对错等无关的信念,甚至是一种只对"我"产生意义的一个至高无上的美德。

时下,"我"变"我们"的形式,非常值得人们探讨。爱作为基础,责任作为保障,其中不乏尽可能的做事,所做的是"我们"之事,不做有损"我们"的事,多做增添"我们"外延的事,以让家庭因此拥有牢固的情感、物质、生活、信念、文化等基础。"我们"之变内涵的增添往往是从梦想开始的,包括对"我们"的生活生计、职场交往、职称评聘、学历提升等,都将纳入其规划范畴,哪怕暂时性的执行困难,只要心路历程中坚守"我们"的特殊内涵,都会以幸福的方式坚守。

幸福的勇气

“我”变“我们”,这定然不是一件容易的事,特别是在坚守“我们”之内涵不变的过程中,将“他”的“我们”与“她”的“我们”融合在一起,必然需要经历无数的磨合,特别是两人家庭文化背景差异大时,最终要形成统一的“我们”更需要经历无数挫折,其中可能对对方的某些梦想不认可,但此刻最需要的是尊重它们,尽可能让它们变成“我们”共同认可的抉择。当然,这里必然包括妥协的艺术,不过那都只为完全地保护“我们”内涵的纯真,让“她”不受任何一点损伤和破坏。幸福,靠勇气得来,建议我们能围绕以下几个点着力:

一者,让“我们”充满理性和智慧。“我们”对于乡村教师家庭的特殊意义,在于我们拥有无穷理性和智慧,能坚决让“我们”保持纯真,除对自我具有使动作用,同时对配偶具有驱动作用。幸福融入其中,表现形式往往通过对话展开,学会和问题在一起,让所有问题都得以有效解决。这里包括理解、支持、包容等融入,也包括尊重和对方至上。纵观“我们”与家庭问题之间的关联,自然会发现到最后便是“心有灵犀”。特别是完全信任和以对方角度思考问题,将“我”在“我们”内涵中变得可有可无。如你中有我,我中有你,完全地分不出一个“他”。这样的例子举不胜举,比如对对方长辈的孝敬,家庭钱财的开支,彼此的荣辱等,都为“我们”共同所有。

二者,凸显“我们”强大的聚合力。虽然强调“我”具有主动性,其背后力量并非只有“我”第一人称支配。特别是对于乡村教师在“我”变“我们”的初期,我经常给年轻人讲:

“1+1不能小于2。”即你本身为1,所找的伴侣为1,两者组合成家庭,两个人的合力小于2,便是一种无多大发展潜力的家庭;合力小于1,便是一桩不合格婚姻;只有等于或大于2时,这样的婚姻组合,才是更有发展潜力的家庭。

“我”变“我们”之后,更多的是感性至上,更多的是以家庭这个单元为思考的出发点,或者有无法让自我勉强认可时,为了幸福甚至采用糊涂的方式。一个人一旦步入婚姻的殿堂,基本单元已经成为定数之后,即“我们”的主体确立之后,变数几乎锁定在预算范围内。我与年轻的乡村教师们交流,主要针对的对象是还伫立在婚姻殿堂之外徘徊的人们,多告诫他们:如果建立“我们”概念之前缺乏理性,搞不好人生的悲剧便会从那一刻开始,甚至一生凄苦都完全有可能。在进入婚姻大门之前,“我们”的演化不能融入“差不多”“勉强”“拯救”等词,只有理性建立“我们”这样才能真正给自我人生的幸福铺垫。

可能大家已经感知“我们”似乎属于情感储蓄,非常有必要防范“属性”的质变。特别是随着岁月的递增,“我们”一词缺乏原始动力支撑向前时,便会走入衰弱蜕变

的危险期,对其产生的负面情感必须限时清除,这是我们必须要有的理智的行为。如果处理不及时,积累过多,零存整取似的破坏力一旦出现,便会催生毁灭。

理性选择婚姻,不亚于重新就读一所大学,但绝非悲观似的理解成“坟墓”。在爱情和婚姻中获得幸福,必须摆脱自我中心式的生活方式,需要把人生的主语由“我”变成“我们”。并且,通过既不是对“你”也不是对“我”,而是对“我们”的贡献感,完善自己、获得勇气、趋向幸福,才可能真正在这婚姻这所大学学到真知。

为师乡村,组建乡村教师家庭,越是没有完成“我们”的整合,这样的家庭出现的问题越多,越会出现险情。特别是在“我们”力量还非常弱小时,虽然成家,但是还没有安家,虽然有职业,但是还没有事业,这一段黎明前的时期,便是对“我们”的考验。这个阶段,外界的很多东西对“我们”都具有诱惑力,诱惑过多会让“我们”丧失判断力。其实,维护“我们”这一主语依然是最佳的捷径,但必须认识到幸福需要在磨合的作用下,从无到有慢慢培养其真性情,最终才会因两人合力演化成我们,真正让“我们”一词拥有幸福的内涵。

三者,让“我们”共担课题实证责任。让“我”变“我们”,是一个由两人共同研究的课题。其间如果没有对“他”之“我”、“她”之“我”结合关系的重点理解,想要靠征服、欺骗等方式整合,实则并没获得幸福。当然,对这课题的研究,“爱”必然将作为研究的关键词,重要的是对象问题,需要对爱的方法的寻觅。现实是,一个本应由两人去完成的课题,很多人成了“甩手掌柜”,将对“我们”“爱”等关键词的解读权推给对方,对研究的内容、假设等都不负责的交给对方。作为只享有成果而不进行两人之课题研究的人,他无法对解决“我们”问题的方法予以掌握。

在“我”变“我们”这个课题的研究中,只有一起解读其内涵,才会让幸福感存在。在整个研究的过程中,只有真正感觉到“我”对某人“有用”的时候,才能体现出自己的价值,才可能获得归属感。我们应从贡献感中寻找幸福,获得喜悦。当然,在这一课题的研究过程中,“我们”的概念也会无限增长,虽然主要研究的场所被固定在乡村教师家庭,但研究主题是不会轻易发生变化的,特别是对“我”变“我们”产生的贡献感,彻底而无私地对参与此课题研究的“主研人员”,特别是对此项课题后来参与的“参研人员”给予无限的帮扶,通过信赖拓展课题的内涵,让彼此关系更加和谐,氛围更加温馨,真正形成一个向上的共同体。

在“我”变“我们”的课题研究中,“爱”总是建立在不可分割的“我们”的基础之上。最明显的是“我”只是一个下位词语,“我们”比“你”“我”“他”更高一级,看得出人称主语发生变化,“我们”为一切最高利益的代言词。“我”这一生的主语变成了“我们”,既不是利己,又不是利他,而是紧紧地维系着乡村教师家庭,在全新的准则下生活。这期间，伟大的奉献所体现出的无私的爱、真实的爱随处可见，并且是隐藏自我幸福而促进他人幸福而体现出的一种无私，最终通过“我们”共同的获得感，体现出自我贡献感的价值，从而弥补自我的幸福。

在整个课题研究过程中，为达成某一项成果，“我们”内涵的拓展不需要讲究任何条件，只会主动奉献金钱、时间、精力，甚至是生命，以求让自我在“我们”的世界里是自由的。其实，在参与课题以前，“我”是相对独立的，通常是习惯性地以自我为中心，“我们”在不需要被迫高压的情况下，才自发地打破这种平衡，采用接纳的方式，让“我”在“我们”的世界里更加独立，不再脆弱，真正赢得“我们”在整个世界的独立，并让“我们”与其他一切的界线分明，当然，这不只是一个“窝”的概念。这里也必然包括主权的宣誓，“我们”的概念不允许被任何不纯洁玷污，“我们”在家庭中的责任、使命也非常透明。

四者，让“我们”更显自立和独立。不得不说主语之变，自立和独立是一个最明显的呈现方式。我们所有的乡村教师家庭中，经济问题、生活问题往往不是最主要的元素，而是对待人生、生活等的态度，让家人感受到爱和温暖从而彼此渐渐成熟起来。身处乡村，“我们”可能会深受更多的困苦，但都会主动付出，不需要任何承诺和担保，都会尽自我一切力量去爱家庭中的每个成员。在“我们”之中，一切都是自我自立和独立的体现，靠“我们”努力打造才会有好的结果。

“我们”是一个不断发展的概念，通过爱的无限延展，才会让自我从中解放出来，体现出一种真正的自立，彰显自我对家的贡献。找到“我们”共同的表达方式，用一种最放松的表态诠释内涵，如此便会发现，除了渴求幸福，还是渴求幸福。自从“我”之变开始，踏出最初的一步，真正的考验是继续走下去的勇气。“我们”的未来存在着无限可能性，这是“我们”课题专题成立而永恒的缘由——正因为我们看不清未来，所以“我们”才会拥有无限潜力。

家的概念中，有“我们”独立的元素，这对任何人而言都非常重要。从组建家庭，到努力养家糊口，都让人非常难忘。从两情相悦到居家过日子，从漫不经心到疲于奔波，始终离不开责任。在我看来，一切都浓缩进了“我们”这一组词语之中，其他任何问题都围绕“我们”独立的内涵迎刃而解。

五者，智慧地让“我们”一词彰显积极意义。如，“我们”的外延是一个有无限极的包含关系，也是一个无限极整合的使动词语。磕磕碰碰在所难免，关键是“我们”这一关系的维护是对智商、情商的考验，同时也是对“我们”勇气的检阅。这里无须隐晦地指出，乡村教师家庭哪怕出现暂时性的困顿都非常正常，面对生存性与发展性的问题，只要“我们”的内涵里融汇的积极意义被固定下来，一切问题都不是问题，一切阻碍都不是阻碍，幸福全在其中。“我们”的内涵多会以合理的方式存在，以积极的方式承担自我应有的责任，如此，才会让我们享有幸福。其实，“我们”内涵里的反证也多，如俄国作家列夫·托尔斯泰曾有一句名言：“幸福的家庭都是相似的，不幸的家庭各有各的不幸。”坚守住“我们”这一专属于家庭关系调和的主语，相信世界都会为我们得到幸福而提供方便。

最后再次提及两点：一是有正确的职业观，专业化发展才会让“我们”看到乡村教师之家带给的希望；二是有正确的家庭婚姻观，如那些有分散“我们”意识的人，必然是家庭破裂的导火绳，家庭十之八九会破裂。

叔本华曾说：“所谓人生，就是欲望和它的成就之间的不断流转。”一个人的幸福画卷需要用心去编织。努力吧！著名诗人艾青曾说：“蚕吐丝的时候，没想到会吐出一条‘丝绸之路’。”可能我们为师乡村的整个人生中，只要真正诠释清楚“我们”的内涵，就会知晓幸福的全部秘诀。

后记

幸福，在路的尽头

书稿落地，心又可以“放下”。

一本专门探讨乡村教师幸福之路的著作，诉说的尽是拥抱幸福的勇气，敢于一路探索一路高歌，傲然屹立于乡村讲台才有幸福。如果我们依然徘徊，我最担心的不是路的抉择的问题，而是在这发展速度比发展方向还重要的时代，时间成了最紧缺的资源。

“反”现象的存在，依然是我最担心的事。心之向往，与事实存在距离，如果达不到调和，必将是一场灾难。我并非说书稿中所指出的一些路径，是必经之路，只是我曾这样一路走来，我现在正走在这一条道路上，未来依然会在这一条道路上前行。只是，在前行的路途中，我依旧孤独地追寻着梦想，我希望你成为我的同行者。

在现实生活中，我与大家一样，幸福成为我所有“欲”的总纲。这不免告诉世人，在现实生活中都在渴望一片心灵净土，在现代生活中哪怕疲惫，我们也得奋力向前。

说句真话，哪怕我将乡村教育的未来描绘得多么好，哪怕我将乡村教师未来的幸福说得多么天花乱坠，如若你的心不在这里，最终都只等于空谈。幸福，在路的尽头，没有足够的勇气，难以收获我们所渴望的幸福。

这一本书源于西南师范大学出版社高等教育分社郑持军社长的厚爱，他给了我一个《做幸福的乡村教师》的命题作文，我应答而述，最终成书。有关幸福的话题太宽泛，却真有达到某项目的，而后又步入“幸福的神话”之感。为完成这一命题作文，我曾撰写过几个写作大纲，都因感觉其缺乏幸福的包含关系，最终尽被我淘汰。我沿着自我的心路，将自我作为“前乡村教师”的路径进行了归纳，而后方有了现在的册子。

在此,我依旧转述我前面几本小册子中后记处的话语,请恕我再多言几句:

人的一生,认识的人有限,心中记下的人更有限,对于那些给予自我产生影响的人,更是少之又少。

人的一生,读的书有限,读者与我有“缘”相逢的更是少见。如若你真想与我进一步探讨,可以通过我的QQ——“重庆小钟”联系。

当然,如钱锺书所言:“你吃了鸡蛋觉得好就行了,何必要见那只下蛋的鸡呐。”不见,或晚见,也许更有一种朦胧美、期许美。

见,或不见,我都在这里等你……

我是一个思想大于文字的人,往往词不达意。撰写此书,很幸运的是,得到很多朋友的帮助,他们不遗余力地参与文字的修改。至此,向为本书能顺利出版而给予帮助的朋友们道声诚挚的谢意。要罗列的话,可真不少啊!诸如,多年给予我文字梳理的张朝全老哥,以及河南杨凤利老师,他们所给予的无私帮助,使我的文章经过他们之手,有化腐朽为神奇之感;西南师范大学出版社的编辑老师们对书稿的整体把关,亦师亦友的郑持军社长高屋建瓴的指点,以及责任编辑陈才华老师的精心审读与斧正,都对我的成书有莫大的帮助。

撰写本书的过程中,我参考了大量的书籍和资料。由于我初始学历受限,科研水平有限,参考文献未能精准列录,或恐断章取义,在此一并道声:“抱歉!”希望能得到原创者真诚的谅解。囿于水平和能力,书中肯定还有诸多论述不到位、不精准的地方,望各位读者、同行、专家批评指正。

二〇一九年国庆期间

主要参考文献

[1] 罗素.幸福之路[M].刘勃译.2016.

[2] 悠木崧麻.哈佛幸福的方法[M].范丹,译.北京:北京时代华文书局,2016.

[3] 菲得普·阿迪,贾斯廷·狄龙.糟糕的教育[M].杨光富,等译.上海:华东师范大学出版社,2018.

[4] 项贤明.教师现代化的四个层次[J].中国教师,2017,10(15):20-23.

[5] 维克多·E.弗兰克尔.活出生命的意义[M].吕娜,译.北京:华夏出版社,2018.

[6] 阿尔文·托夫勒.未来的冲击[M].黄明坚,译.北京:中信出版集团,2006.

[7] 钟发全,谢芝玥.课程力,成就卓越教师——对课程及课程力的说明[M].福州:福建教育出版社,2017.

[8] 邬志辉.乡村教育现代化三问[J].教育发展研究,2015(1):53-56.

[9] 赵建芳,宋远航.教育现代化进程中的教师素质现代化[N].佳木斯大学社会科学学,2017(12):27-28.

[10] 宣小红,史保杰.教育学研究的热点与未来展望[J].教育研究,2019(3):50.

[11] 刘坡妮,李艳丽.论教师专业化发展[J].课程教育研究,2019(6):186.

[12] 高志军,刘保团.如何促进教师专业化发展[J].教书育人,2019(2):54-55.

[13] 范慰慈.职业道德[M].北京:劳动社会保障出版社,2016.

[14] 稻盛和夫.活法[M].曹岫云,译.北京:东方出版社,2013.

[15] 谢芝玥,钟发全.卓越教师的专业修炼[M].福州:福建教育出版社,2014.

[16] 郭文斌.醒来[M].北京:中华书局,2016.

[17] 徐万山.论教师课程力及其影响[J].中国教育学刊,2011(8):39-41.

[18] 李建军.教学主张:教师专业发展的内存维度[J].教学科学研究,2009(1):70.

[19] 钟发全.对讨论式教学的探索[J].中国民族教育,2002(3):41.

[20] 查有梁.系统辩证法与教育建模论[J].教学科学研究,2017(1):10.

[21] 成尚荣.教学风格的认识与追求[J].人民教育,2007(20):39.

[22] 钟发全.让课堂教学在"小溪里接受洗涤"[J].教育实践与研究:小学版(A),2008(2):27-29.

[23] 王之望.文学风格论[M].成都:四川文艺出版社,1986.

[24] 卢真金.教师专业发展的阶段、模式、策略再探[J].课程·教材·教法,2007(12):68-74.